中公クラシックス W12

ヘーゲル

法の哲学 I

藤野　渉
赤沢正敏　訳

中央公論新社

目次

法の哲学Ⅱ　収録

社会正義の哲学

長谷川　宏

法の哲学とは、法の本質をあきらかにしようとするものだ。が、法とはなにか。法の本質をどこにさぐりあてればよいのか。

そう問うとき、いささか厄介な用語上の問題にぶつからざるをえない。日本語で「法」と訳されるもとのドイツ語は „Recht“ だが、「法」と „Recht“ は、その意味するところがぴったり重なるというものではないからだ。

ドイツ語の話にはついていけないという人は、„Recht“ にほぼ重なる英語の “right” をもとに考えてもらってよい。“That's right.” や “Might is right.” の “right” だ。その意味合いが日本語の「法」とかなりずれることはわかってもらえると思う。

“right” や „Recht“ は、「正しい」「よろしい」「それでよい」といった思いを核とすることばであって、そこから、やや格式ばった訳語としては「法」「正義」「正当性」「権利」などが当てられる。だから、「法」といっても、権力によって押しつけられるもの、という意味での「法」からは遠く、みんなが正しいと認めるもの、という意味合いが強い。人間がこの世で生きるとき、自分が正しい生きかただと確信し、人からも正しい生きかただと認められる生きかたとはどういうものか。それをあきらかにするのが法の哲学だ。„Recht“の原義に思いをいたすとき、法の哲学をひとまずそのように定義することができる。

そこで、正しい生きかたとはなにか。

思いやりのある、節度をわきまえた、正直で、誠実な生きかた、といったものを思いうかべる人もいるかもしれない。が、それはヘーゲルのものの見かたとは方向がちがう。思いやり、節度、正直、誠実といった徳目は、正しい生きかたの一側面をなすとはいえるが、ヘーゲルの思いえがく正しさの本質をなすものでも、正しさの本筋に当たるものでもない。徳目とは個人の生きる姿勢に着目して、その是非善悪の評価の基準を提示しようとするものだが、ヘーゲルは個人の生きる姿勢に正しさ（法）の本質を見ない。個人の生きる姿勢ではなく、社会のなりたちかた、社会の秩序のありかたのうちに正しさ（法）の本質を見るのが、ヘーゲルの法の哲学である。

そのことを理解するには、ヘーゲルの全哲学体系のうちに法の哲学がどんな位置を占めるのか、それを考えてみるのがよい。

ヘーゲルの全哲学体系は大きく三つにわかれる。第一部が論理の学で、そこでは、世界がどのようにしてなりたつのか、その基本的な骨組が示される。第二部が自然の学で、無機的自然から有機的自然に至る全自然過程が叙述される。最後の第三部が精神の学で、そこでは、自然を土台としつつ、それを超えた人間世界の全体が、叙述の対象となる。この第三部が、一、主観的精神、二、客観的精神、三、絶対的精神の三つにわかれ、法の哲学は「二、客観的精神」の全域を占める。法の哲学とは精神の客観的なありかたをあきらかにする学問なのだ。

とすれば、法の哲学が個人の生きる姿勢を本題とすることはありえない。個人の生きる姿勢とは精神の主観的なありかたにかかわることで、「一、主観的精神」において本題とされるべき事柄なのだから。

客観的精神とは、個々人の内面にある主観的精神が個人の外に出ていき、個々人が相互に関係する社会の場で客観化されたもののことをいう。具体的にいえば、習俗、習慣、規則、法律、制度、集団、機構などが客観的精神である。そうしたもろもろの客観的精神のうちに具現されている正しさ、正義、法をあきらかにすること——それが法の哲学の課題なのだ。その意味で、法の哲学は社会正義の哲学といいかえることができる。

わたしはいま、正しさ、正義、法がもろもろの客観的精神のうちに具現されている、といった。ヘーゲルの社会観、現実観を踏まえたいい草のつもりだ。正しさ、正義、法は形而上《けいじじょう》の神の世界にあるのではなく、また抽象的な純粋観念としてあるのでもなく、現実の社会のうちに実現されてこそ本当の正しさ、正義、法だというのが、ヘーゲルの社会観の核をなす考えなのだ。

思うに、法の哲学が対象とする客観的精神は、前段の主観的精神や後段の絶対的精神（芸術・宗教・学問）とくらべるとき、わたしたちの生きる現実にもっとも近い領域をなす。人間関係が幾重にも交錯する社会は、生きていることをわたしたちにもっとも強く実感させる現実的な場だ。個人の主観的な意識や精神のありようも、絶対的とされる芸術や宗教や学問も、それぞれに精神の現実のすがたといえなくはないけれども、それらにまして、人びとが寄りあつまって織りなす社会と、そこでの人びとのさまざまな動きは、現実味の濃いものとしてわたしたちにせまってくる。

理性的なものは現実的なものであり、
現実的なものは理性的なものである。

という有名なことばは、ヘーゲル哲学のどこに置いても不似合いということはないが、やはり、『法の哲学』の序文こそがもっともふさわしい場所であるように思う。

さて、社会という現実のなかに、正しさ、正義、法はどのように具現されているのか。社会の表面をなでまわしていては、具現のさまはあきらかにならない。あきらかにするには、社会を一つの体系としてとらえる立体的な目が必要だ。別のいいかたをすれば、社会を矛盾に満ちた運動の過程としてとらえる弁証法的な目が必要だ。理性的なものが現実的なものであり、現実的なものが理性的なものであるさまは、そういう目にしか見えてこない。見つめるべきは、正しさ、正義、法という理念と社会という現実とが、矛盾と対立をはらみつつ統一へとむかうありさま。

ヘーゲルはそのありさまを例によって三つの視点からとらえる。三部構成の部立てが、三つの視点に対応する。

第一部は「抽象的な権利ないし法」と名づけられる。一人一人の人間がばらばらの点として存在するような場面を思いうかべるとよい。たとえば、多数決でなにかをきめようとするとき、わたしたちはそういう場面に遭遇している。挙手で決をとる場合でも、投票による場合でも、数の多い少ないにすべてはかかっている。人間一人一人が同位同格の点として勘定の対象となるのだ。が、点は点でも、その点は外からどうにでも操作できるような、そんな受身の存在ではない。点として教えられる挙手や投票には、一人一人の意志が表明されている。個人の内から発する自由で自立的な意志が。点としてある個人は自由な意志をもつ点なのだ。

自由意志をもつ点として個人をとらえるとらえかたは、古代のローマ法においてはじめて明確に打ちだされたものだ。古代ギリシャの共同体（ポリス）が解体するとともに、人びとは共同体のうちで有していた地位、身分、役割、職能、義務、徳から解放されて、あるいは、それらを失なって、ばらばらの個人となる。それが「法的人格」と呼ばれるものだ。自由意志をもつ点としての個人が「法的人格」だ。

日本語で「人格」というと、なにやら立派な存在に思われがちだが、『法の哲学』の「人格」に立派さはない。第一部の標題は「抽象的な権利ないし法」となっているが、そこで主役を割りあてられる「人格」も、「抽象的」と評するのがふさわしい。個人のもつさまざまな要素――資質、人柄、趣味、性格、業績、経験、交友、特技、等々――をはぎとって、たんなる点としてとらえたものが「人格」なのだから。

その人格を所有の主体、および、契約の主体としてとりあげ、主体とその意志、主体と所有物、主体と所有権、主体と契約、主体と他の主体、主体と法律とのあいだにどのような正しさ、正義、法がなりたつかをあきらかにするのが、「第一部　抽象的な権利ないし法」の主題である。さきにいったように、個人をばらばらの点（抽象的人格）としてとらえる視点はローマ法ではじめて本格的に打ちだされたものだから、第一部ではローマ法が引きあいに出されることが多い。ローマ法を参照しつつ、点と点のあいだにどのように公平性、対等性が保たれるかを追求するのが、第一部の課題だ。

第二部は「道徳」と銘打たれる。

ここでは、精神の内面が問題となる。主体は社会の現実から身を引いて、自分の内面へと還っていくのだ。社会的現実のうちに具現される正しさ、正義、法というより、主観の内面で確信される正しさ、正義、法が問われる。

客観的精神の領域に主観的なものがまぎれこんできたのだろうか。

そんなことはない。ヘーゲルは、むしろ、主観的な道徳を主観のうちに閉じこめておくのをきらって、『法の哲学』の第二部に道徳を拉《らっ》しきたったのだ。道徳的な正・不正や善悪は、個人の内面で自閉的に評価され決定されるものではなく、社会の地平で他人の認知の対象にもならねばならない。それが道徳を問題とする際の、ヘーゲルの基本的な立場だ。そこにカントの道徳論とヘーゲルの道徳論の決定的な分岐点があって、カントが精神の内面に道徳の領域をしっかりと確保しようとするのにたいして、ヘーゲルは、道徳を精神の内面から引きだして社会の現実に対面させようとするのだ。むろん、彼我《ひが》の道徳論のちがいをヘーゲルは強く意識していて、その点、『法の哲学』第二部は、カント批判の意図の濃い展開となっている。

たとえば、道徳と行動とを密接不可分のものとしてとらえるヘーゲルの視点。道徳の純粋性を守ろうとして、道徳心と行動とを切り離して考えようとするカントにたいして、ヘーゲルは、道徳心が行動をうむ過程、そして、行動の結果が道徳心にはねかえる過程を重視する。道徳を社会的現実のうちにどう織りこむかは、ヘーゲルの道徳論にとって本質的な課題だったのである。

「第二部　道徳」のあとに「第三部　倫理」がくる。

「道徳」と「倫理」はどうちがうのか。

日本語では二つのことばに明確な意味のちがいがない。あるとすれば、「道徳」のほうが日常になじむことばで、「倫理」というとやや他人行儀になる、といったニュアンスのちがいぐらいであろうか。

ヘーゲルは「道徳（Moralität）」と「倫理（Sittlichkeit）」を明確に使いわける。「道徳」とは、『法の哲学』第一部に登場した抽象的人格が、自分みずからをどう律していくのかを問うものだが、それにたいして、「倫理」は、抽象的人格の生きかたではなく、社会を構成する集団や機構や制度がどのような合理性のもとになりたち、そこに生きる人びとにどのような正しさ、正義、法を要求するのかを追求する。割り切っていえば、「道徳」があくまで個人の生きかたを問題とするのにたいして、「倫理」は共同体、集団、機構、制度を問題とする。社会という現実に正面からむきあって、その構造と、そこでの人びとの生きかたをあきらかにするのが「第三部　倫理」なのだ。

現実的なものを理性的なものとして洞察する、というヘーゲルの哲学的情熱は、当然ながら、「第三部　倫理」においてもっとも強く発揮される。欠点をもふくめて、『法の哲学』第三部は、数あるヘーゲルの論述のなかで、ヘーゲルの思考の特質がもっともよくあらわれた、もっとも読みごたえのある箇所の一つだといってよい。分量からいっても、第一部、第二部とくらべて、倍以上のページがここの叙述に当てられている。社会的現実をヘーゲルがどのような理路のもとにとらえているかは、直接に本文に当たってもらうほかないが、近代社会を構成する大きな枠組として「家族」と「市民社会」と「国家」の三つが考えられていることは、たえず念頭に置いて読まれるのがいいと思う。「第三部　倫理」は家族論と市民社会論と国家論の複合体なのだ。家族・市民社会・国家の三つを軸として社会を統一的にとらえるという試みは、わたしの知見の範囲では、ヘーゲル以前にあまり例がないように思う。

法の哲学の講義をヘーゲルはハイデルベルク大学で一回、ベルリン大学で六回と、計七回おこなっている。そして、ベルリン大学での三回目の講義（一八二一～二二年、冬学期）からは、手引書『法の哲学要綱』(„Grundlinien der Philosophie des Rechts")が聴講生に配付され、それをもとにして講義がおこなわれた。ヘーゲルの生前に刊行された法の哲学の著作は、この『法の哲学要綱』のみである。

ヘーゲルの死んだのが一八三一年。二年後の一八三三年に、弟子ガンスの編集した『法の哲学要綱』がヘーゲル全集の第八巻として刊行される。これは、さきにいう手引書を本体としつつ、それに、一八二二～二三年講義の聴講生ホトーのノートと、一八二四～二五年講義の聴講生グリースハイムのノートからの抜萃《ばっすい》をつけくわえたものである。本訳書で「追加」として扱われているのが、ノートからの抜萃である。

本訳書がシリーズ「世界の名著」の一冊として出た時点では、ホトーのノートもグリースハイムのノートも公刊されてはいなかったが、いまはイルティングの編集になる『法哲学講義』（全四巻）の三巻と四巻にそれぞれのノートのドイツ語全文がおさめられている。全文と抜萃を照らしあわせてみると、ガンスのノートからのぬきだしは、かなり恣意《しい》的になされたものであることがわかる。なお、四巻のグリースハイムのノートについては、長谷川宏訳『法哲学講義』（作品社）にその全文が訳出されている。

凡例

テキストは本文と注解を一九五五年のホフマイスター版により、「追加」を一九三〇年のラッソン版によった。ただし、「追加」を各節の本文・注解のあとに入れる配列の仕方は一九二八年のグロックナー版（つまり一八三三、四〇、五四年のガンス版）によった。§《パラグラフ》から§へ移るさいには「追加」を無視して読むことが必要である。「追加」（従来の邦訳では「補遺」）は、一八二二～二三年のヘーゲルの講義を筆記したホトーのノートと、同じく翌年の講義筆記に仕上げを加えたフォン・グリースハイムのノートから、ガンスが選んで各節につけ加えたもので、不備の点がないとはいえず、ヘーゲル自身の文章ではないため、ラッソンは巻末に一括して入れている。ホフマイスターはホトーとフォン・グリースハイムのノートをガンスのように選び出さないでもとのままの全文を一九五六年秋に刊行すると予告していたが果たさずに故人となった。そのためにホフマイスター版には「追加」はない。そのかわり、ラッソンを受け継いでホフマイスターはヘーゲルの『覚え書』をほぼ完全に解読して巻末におさめている。これはヘーゲルがとくに自分用に製本させた『法の哲学要綱』（その前半§一八〇までの部分だけ、一枚ごとに白紙をはさみこんだ製本）に講義用の覚え書をインクや鉛筆で記したもので、専門的研究に貴重な資料にちがいないが、本訳書にはごく一部を訳注に取り入れえたにとどまる。また「訳注」は、英訳者ノックスのものおよび金子武蔵氏『法の哲学』写真版の「解題」に負う部分が最も多い。なお訳注で、全集として巻数をあげたものはグロックナー版の巻数である。本文を組むにあたっては、注解は一字下がりとした。ヘーゲル原文中の自著引用の§またはページは初版のもので、現行版とは違っているので、現行版の§またはページを（）に入れて示した（このさいの現行版は、『エンチクロペディー』については一八三〇年の第三版の§のページ数）。翻訳は「序文」と§一四一までを藤野渉が、§一四二～§三六〇を赤沢正敏が担当した。

なお、全体にわたって、訳文中の〔〕は原文中にあるパーレンおよび読者の理解を助けるために原文を訳者が囲ったものであり、［］はテキスト編集者による補正、（）は訳者による補訳を示す。訳文で傍点を付した字句は原則として原文がゲシュペルト（隔字体）の語である。なお、ホフマイスター版の本文と注解でゲシュペルトの語になっているもののうち、ラッソン版とグロックナー版にくらべて適当でないと思われるものは、ラッソン版あるいはグロックナー版に従った。明らかに誤植、脱字と思われるものも、この二つの版によって訂正した。しかし、いずれの場合も、いちいちそのことを断わっていない。また注の番号については、ヘーゲルの自注は〔〕で、訳注は（）である。なお、ヘーゲルの自注についての訳注は自注中に（）を付して示した。

法の哲学

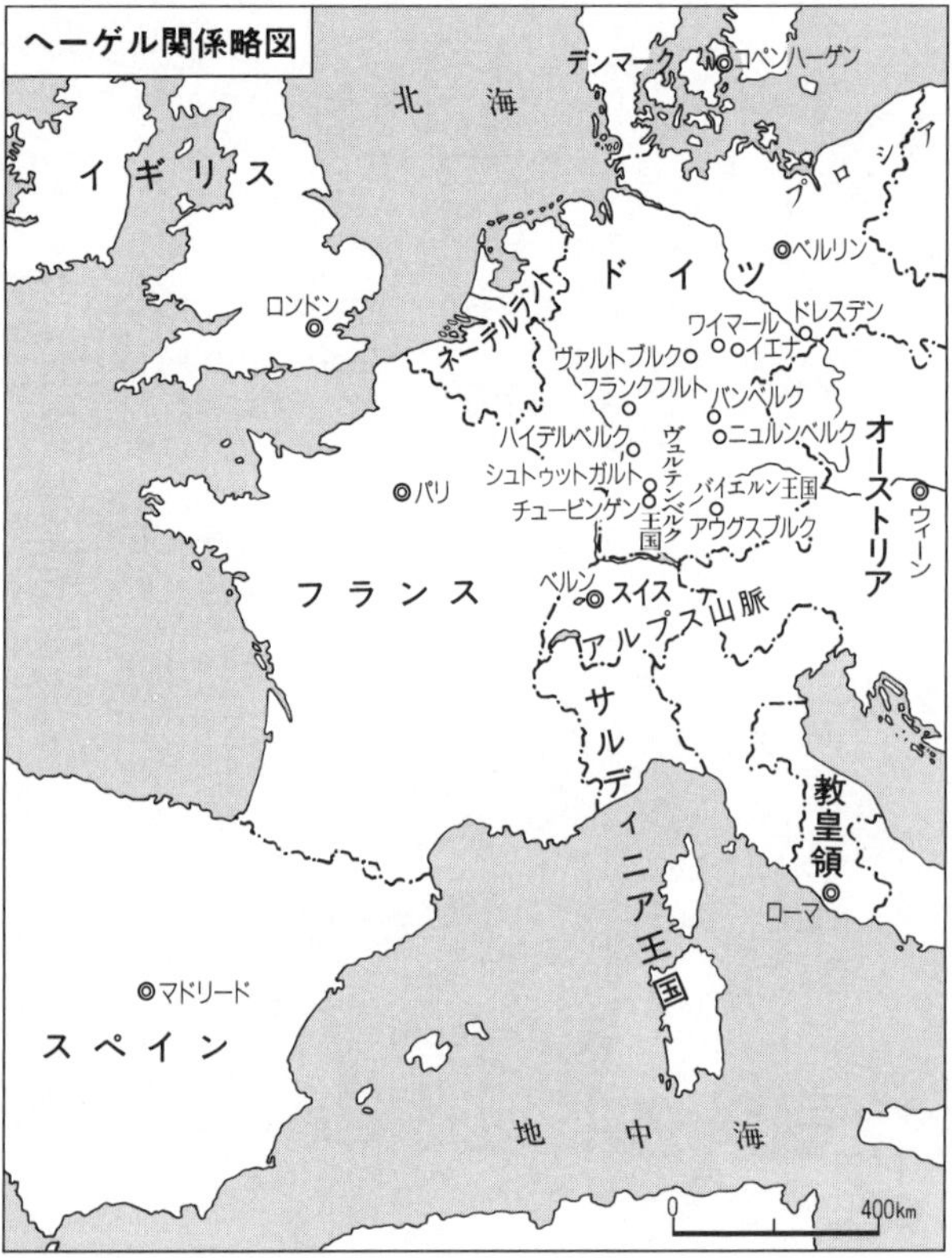
北海
イギリス
ロンドン
デンマーク
コペンハーゲン
プロシア
ベルリン
ドイツ
ネーデルラント
ワイマール
ドレスデン
イエナ
ヴァルトブルク
フランクフルト
バンベルク
ハイデルベルク
ニュルンベルク
オーストリア
シュトゥットガルト
ヴュルテンベルク王国
バイエルン王国
チュービンゲン
アウグスブルク
ウィーン
パリ
フランス
ベルン
スイス
アルプス山脈
サルディニア王国
教皇領
ローマ
マドリード
スペイン
地中海
0
400km
ヘーゲル関係略図

序文

この要綱を出版する直接のきっかけは、私が職責上、法の哲学[1]について行なう講義のための手引書を、聴講者たちに持たせておく必要ということにある。この教科書は、私が以前に講義用に指定した『哲学的諸学問のエンチクロペディー』〔一八一七年、ハイデルベルク刊〕のなかに、哲学のこの部分にかんして、すでにふくまれている（第三部「精神哲学」の第二編「客観的精神」）のと同一のもろもろの根本概念を、もっとすすんで、とくにもっと体系的に論じたものである。

だが、この要綱は印刷されて出される以上、聴講者だけでなく、もっと広大な公衆のまえにも現われるということを考慮したために、注解（凡例に記したように本文中一字下がりの部分）の扱い方を、はじめのつもりとは少し変えざるをえなかった。はじめのつもりでは、注解は、ちょっとした言及のかたちで、著者と近い考え、もしくはちがった考え、もっとさきの帰結などをそれとなく示して、講義のなかで然るべき説明が与えられることになるはずだった。それが、本書ではしばしば注解をもっと詳しく述べることになってしまった。それは、ときどき本文のかなり抽象的な内容を明瞭にしたり、すぐにそれとわかるような当今のいろいろ世に行なわれている考えをもっと広範に顧慮したりするためである。そういうわけで、要綱といわれるものの目的とスタイルがふつう、どうしても必要とするよりも、もっと長い注解がいくつか生じた。

けれども、本来の要綱といわれるものは、ある学問のすでにできあがったものと見なされた範囲を対象としている。要綱に独特のものは、おそらくちょっとした補遺がときどきあるのを除けば、何よりもまず、その形式に昔からきまったいろいろのルールとやり方があるのと同じく、昔から認められてよく知られている内容の、本質的なもろもろの契機をまとめて順序づけることである。

だが、そのような体裁は、哲学的な要綱については期待されていない。その理由はすでに、世間ではふつう、哲学が成就するものは一夜だけの仕事であり、ペネロペ[2]の織物が日ごと新たにはじめられるのと同じだ、と思われているというような事情にも求められる。

もちろん、本要綱はまず第一にそこで主導的なものをなしている方法によって、ふつうの要綱とはちがっている。だが本書では、一つの題材から別の題材へとすすみ、しかも学的に証明するという哲学的な仕方、この総じて思弁[3]的な認識の仕方が、他の認識の仕方とは本質的に区別されるものであるということは、前提されるのである。ふつうの要綱とのそのようなちがいの必然性を洞察することだけが、ほかでもなく、哲学を現代それがおちいっている恥ずべき頽廃《たいはい》から救い出すことができるであろう。

現今はたしかに、悟性的認識④の規則にふくまれている、以前の形式的論理学のもつ定義、区分、推論のいろいろの形式や規則が、思弁的な学にとって不十分であることは認識されるにいたった。あるいはむしろ、認識されるというよりもただ感じられるにいたった。そこで、これらの規則はただ枷《かせ》でしかないものとして投げすてられてしまい、心情とか空想とか偶然な直観から思うままに語ろうとされるにいたった。⑤けれども、実際には、やはり反省も思想と思想との諸関係も入ってこずにはおかない以上、無意識のうちに、まったく通常の結論づけと理由づけという軽蔑《けいべつ》された方法で、哲学は行なわれているわけである。

思弁的な知の本性は、私の著作、『論理学』⑥において詳しく展開してある。それゆえ本要綱ではただときどき、進行と方法の説明がつけ加えられたにとどまる。本書のとりあつかう対象の性質が具体的で、それ自身ひじょうに多様であるため、すべてのどの個々のばあいにも論理的にすすめつづけていることを指示して目立たせるということは、なるほどゆるがせになっている。一つにはこれは、学的な方法がよく知られていることを前提にしている以上、よけいなことだと考えることができたしだいである。しかしまた一つには、本書の全体もその分肢の形成展開も論理学的な精神にもとづくということは、おのずから読者の目に立つであろう。実際また私はこの面から、この論述が理解され、評価されるように、とくに望みたい。というのは、本書において眼目とすべきことは学[7]であって、学においては、内容は本質的に形式に結びついているからである。

なるほど現代は、ものごとをきわめて根本的に考えるような人々の口から、形式はなにか外面的なもので、ことがらにとってはどうでもよいものであり、肝腎なのはことがらだけであるという声を聞くことができる。人はもっとすすんで、著作家、ことに哲学的な著作家の仕事はもろもろの真理を発見すること、真理を言うこと、真理と正しい概念をひろめることにある、とすることもできる。

ところで、そのような仕事がほんとうはどのように営まれるのをつねとしているかを考察してみると、一方では、同じ古くさい話があいかわらずむしかえされて、あらゆる方面にほどこされていることがわかる。この仕事はたしかに人心の教養と覚醒《かくせい》にかんしてその功績を有するであろう。たといそれが、むしろおせっかいのよけいなこと――「けだし彼らにはモーセと預言者とあり、之《これ》に聴くべし[8]」――と見なされるかもしれぬとしてもである。

とりわけ、われわれはしばしば、そうした仕事の行なわれるさいに示される語調と自負におどろくことがある。まるでこの世の中に欠けていたものといえば、わずかにただこれらの熱心な真理の普及者たちだけであったかのような口ぶりだからである。また、むしかえされた古くさい話が、もろもろのまだ聞いたこともない新しい真理をもたらすかのような、そしてとくにいつも

「いまの時代に」こそ、ことのほかそれが意にとめられるべきであるかのような、僭越《せんえつ》な口調だからである。

ところが他方、そうしたもろもろの真理のうち、一つの方面からほどこされるものが、他のいろいろの方面からほどこされるまったく同じたぐいのもろもろの真理に押しのけられ、押し流されるのが見られる。いったい、このもろもろの真理の押し合いへし合いのなかで、どれが古くもなければ新しくもなくて、永続するものであるのか。どのようにしてこれを、それらのぶかっこうにあっちこっち行ったり来たりするもろもろの考察のなかから取り出したらよいのか。――学による以外にいったい、どのようにしてそれが区別され、それの真なることが証せられるというのか。

元来、法、倫理、国家にかんしては真理は、もろもろのおおやけのおきて、おおやけの道徳と宗教のうちに公表されており、よく知られているのとまったく同じほど古いのである。この真理は、思惟《しい》する精神がそれをこうした直接的な仕方でもつことに満足しないかぎり、それをまた概念において把握すること⑨以上に何を必要とするだろうか。すでにそれ自身において理性的な内容にとって、また理性的な形式をも獲得し、この内容が自由な思惟にとって正当とされて現われるようにすること以上に、真理は何を必要とするだろうか。――自由な思惟は、与えられたもののところにたちどまりはしない。たといこの与えられたものが、国家とか人々の意見の一致とかいうような、外的な既成の権威によって支えられていようと、内的な感情と心情の権威とか、精神の直接に同意する証《あかし》とかによって支えられていようともである。自由な思惟はおのれ自身から出発するのであり、まさにそのことによって、おのれが最内奥において真理と一つになったと知ることを要求するのである。

とらわれない心をもった人の単純なふるまいは、信頼にみちた確信をもって、おおやけに知られた真理にたよること、そしてこの固い基礎のうえに自分の行為の仕方と生活上の確固たる態度をうちたてることである。こうした単純なふるまいにたいしては、すぐにも、つぎのような困難と称されるものがあらわれる。すなわち、無限にいろいろとちがった意見のなかで、どれが、あまねく認められ、あまねくあてはまるものであるかは、どのようにして区別され、見つけ出されるのか、という困難である。そして世間の人は、ともするとこの当惑をことがらにかんする正しくて真実のまじめさと解しがちになりかねない。

だが、実際には、この当惑をなにか大したことのように思う連中は、樹を見て森を見ない状況にあるわけで、彼らがみずからひき起こした当惑と困難が存在しているにすぎないのである。それどころか、この彼らの当惑と困難は、むしろ彼らが、あまねく認められたもの、あまねくあてはまるものよりも、すなわち、正しくて倫理的なものの実体よりも、なにか別のものを欲している証拠なのである。というのは、もしほんとうにこの実体こそが眼目とすべきものであって、自分の意見と存在の特殊性という空虚なことが肝腎なのではないというのなら、彼らは実体的な正しいものに、すなわち、倫理と国家の命令にたより、これに合わせて彼らの生活を正すはずだからである。——

だが他方、もっとさきへすすんだ困難さが、人間は思惟するものであって思惟のうちにおのれの自由と倫理の根拠とを求めるものであるという方面から起こってくる。思惟のこの権利ないし正しさはいかにも高く、いかにも神的なものである。けれども、もしこれだけが思惟と見なされ、あまねく認められたもの、あまねくあてはまるものからはずれて、思惟がなにか特殊なものを自分に案出することができたときだけ、思惟はおのれの自由を知るのだとすれば、さっきの正は逆に不正に転化される。

われわれの時代には、総じて思惟と精神の自由はおおやけに認められたものとの相違によってだけ、それどころかこれにたいする敵対によってだけ証拠立てられるかのような考えが、国家への関係のうちに最もかたく根づいてしまったように見える。このために、とくに国家にかんする哲学といわれるものは、本質的に（国家だけでなく）一つの理論、しかもまさに新しくかつ特殊な理論をも案出して与える、という課題をもつように見えかねないことになった。

こうした考えと、それに従った営みを見ると、まるでこの世の中にはまだ国家と憲法は存在したこともなければ、現に存在してもいないかのようにみえるかもしれない。また、まるでいま

――しかもこのいまがいつもずっとつづくのだが――まったくはじめからやりはじめなくてはならず、倫理的世界はひたすらそのようないまの、考え抜いて根本を究めて基礎づける営みを待っていたのであるかのように、思われるかもしれない。

自然については、哲学は自然をあるがままに認識しなくてはならないこと、賢者の石[10]はどこかに、しかし自然そのもののなかに隠されていること、すなわち、自然はそれ自身において理性的であることが認められている。したがって知は、自然のうちに現にあるこの現実的な理性をとらえなくてはならない。すなわち、表面にあらわれるいろいろの形態化されたものや偶然的なものではなくて、自然の永遠な調和を、しかも自然の内在的な法則と本質として、研究し、かつ概念においてとらえなくてはならない。これは世間で認められていることである。

これに反して倫理的世界たる国家、つまり、自己意識の本来の境域でおのれを実現する理性は、この境域で実際に力と支配に達したもの、そこでおのれを固守し、そこに内在するものが、ほかならぬ理性であるという幸運を味わわないのだそうである。むしろ精神的宇宙は偶然と恣意《しい》にゆだねられており、神に見すてられているのだそうである。したがって、この、倫理的世界の無神論によれば、真なるものは倫理的世界の外にあることになる。また同時に、――それでも倫理的世界には理性もまたあるはずなのだから――真なるものはただ課題[11]であるという。

だがこの点に、それぞれの思惟にとって、自分もスタートをきる権利、それどころか義務があるということになる。しかしスタートするといっても、賢者の石をさがし求めるためではない。というのは、現代の哲学ぶる営み⑫によって、このさがし求める労ははぶかれており、だれでもが何もしなくてもそのままで、この石を意のままにしうると確信しているからである。

追加⑬

〔自己意識と法秩序〕二種類の法則がある。自然の法則と法のおきてとである。自然の諸法則はもんくなしにあるのであって、あるがままに妥当する。個々のばあいにはそれらに反するまちがったことがなされかねないとはいえ、自然の諸法則はなんら侵害をこうむらない。

自然の法則がどういうものであるかを知るためには、われわれは自然を知らなくてはならない。なぜなら、自然の諸法則は正しいのであって、ただわれわれのそれについてのもろもろの表象があやまっていることがありうるだけだからである。これらの法則の尺度はわれわれの外にあるのであって、われわれの認識の働きはそれらの法則になにものをもつけ加えず、それらの法則を促進しもしない。ただ、それらの法則にかんするわれわれの認識がひろがりうるだけである。

法の認識も一面ではそのとおりであるが、他面ではそうでない。われわれはもろもろの法律をもまた、それらがもんくなしに現にあるがままに知るのであって、市民も多かれ少なかれそういうふうに法律をうけとっており、実証的法学者もこれに劣らず、与えられたもののところにとどまっている。

他方、自然の認識とちがっている点は、法のおきてのばあいは考察の精神が起こることであって、もろもろの法律のちがいということがもうそれらの法律は絶対的ではないということに注意させる。法のおきてはさだめおかれたもの、人間に由来するものである。内なる声は必然的にこれに衝突しかねないか、それともこれにくみしうるかである。人間は現に存在するもののところにとどまらないで、なにが正しいかの尺度をおのれのうちにもっていると主張する。人間は外的な権威の必然性と力に服していることがありうるが、けっして自然の必然性に服するのと同じようにではない。なぜなら、いつでも彼の内なるものが、ものごとはいかにあるべきかを彼に言うからである。人間は、妥当するものの真もしくは非真なることの確証をおのれ自身のうちに見いだすのである。

自然において最高の真理は、そもそも法則なるものがあるということである。法のもろもろのおきてにおいては、ことがらは、それが有るから妥当するのではない。各人はことがらが彼自身の規準に照応すべきであると要求する。こうしてここでは、有るものと有るべきものとの抗争、どこまでも不変のままな、即自かつ対自的に有る正ないし法と、正ないし法と見なされるものの規定の恣意性との抗争がありうる。⑭そのような分離と闘争はただ精神の地盤のうえにのみ見いだされるのであって、精神の長所は同時に不和と不幸に通じるように見える。そこで、人はしばしば人生の恣意から自然の観察へもどることを命じられ、自然に範をとれといわれる。だが、即自かつ対自的に有る正ないし法と、恣意が正ないし法として妥当させるものとの、そのようなもろもろの対立のうちにこそ、正しいものを根本的に認識しようとする要求が存している。人間の理性は法のすがたで人間に出会うにちがいない。だから人間は法が理性的であることに目を向けなければならない。これこそ、実証的法学がしばしばただもろもろの矛盾を問題にする[15]だけであるのと対照をなして、われわれの学のたいせつなことがらである。

そのうえなお現在の世界には一つの切迫した必要がある。というのは、むかしはまだ既存の法律への尊敬と畏怖《いふ》が存在していたからである。しかし、いまは時代の形成と教養が方向転換したのであって、思想がいっさいの妥当すべきものの頂点に位置を占めるにいたった。もろもろの理論が、現に存在するものにおのれを対置し、即自かつ対自的に正しくて必然的なものとして現われたがる。だからこそ、いまは、正ないし法のもろもろの思想を認識し、概念において把握することが、いっそう特別の必要となるのである。

思想が本質的な形式にまで高まった以上、われわれは法をもまた思想としてとらえようとこころみなくてはならない。このことは、もし思想が法にかんして、ないしは法を越えて現われるとされるならば、もろもろの偶然的な意見に門戸をひらくように見える。だが真の思想は、ことがらにかんする、ないしはことがらを越えた意見ではなくて、ことがらそのものの概念である。

ことがらの概念はわれわれに生まれつき生じるものではない。人間にはだれでも指があり、絵筆と絵具を持つことができるが、だからといって彼はまだ画家ではない。思惟についてもそのとおりである。法の思想はけっして、だれでもがはじめから手もとに持っているようなものではない。正しい思惟はことがらを知りかつ認識することであって、だからこそわれわれの認識は学的であるべきである。


ところで、もちろん、こういうことが起こる。すなわち、国家というこの現実のなかで生活し、そのなかで自分たちの知識と意欲が満たされていると思うような人たち、——そしてそのような人たちは多いどころか、そう思われたり知られたりしている以上に多い、というのもひっきょう、みんながそうだからであるが、——したがって、すくなくとも、意識的に自分たちの満足を国家のうちにもっているような人たちは、さきに述べたあの哲学と称する思惟の行なうもろもろのスタートと真理の請け合いとを笑い、それらは、いささかおもしろかったり、いささか本気だったり、愉快だったり、危険だったり、中味《なかみ》がからっぽだったりする遊戯なのだと解することになるのである。

たしかに、あの、空虚な反省のおちつかない営みも、その反省の受ける迎接と応対も、実際、それなりの仕方でそれ自身のうちで展開されるまったく特別のことがらではあろう。だが、そのようなさわぎによってさまざまの軽蔑と不信のなかへ身をおとしたのは、哲学一般なのである。それらの軽蔑のなかで最もたちのわるいのは、前述のように、だれでもが何もしないでもそのままで哲学一般にかんして、よくわけを知っていると信じこみ、ひどい批評をすることができると確信しているということである。ほかのどんな芸術と学問にたいしても、自分がこれをさっさとものにしていると思いこむほどの、この最低の軽蔑は示されはしない。

実際、国家にかんする最大の僭越な要求をもって近ごろの哲学から生じてきたものを見ると、そういう話の仲間入りをしたがっただれにでもおそらく、それと同じようなしろものを自分のなかからさっさと作ることができ、またこれでもって自分が哲学をもっている証拠を自分に示してやれるという、こうした確信を正当化するであろう。

もともと、自分で哲学と称する哲学は、はっきりとこう言っている。すなわち――真なるものそのものは認識されえない[16]のであって、倫理的なもろもろの対象、ことに国家、政府、憲法にかんしては、各人の自分の心情と感激からおのずと生じてくるものこそ、真なるものである、と。

これにかんして、わけても青年の口に合うように語られなかったものがいったい、何かあるだろうか。青年も実際またけっこう、言ってもらったものである。「主はその愛《いつく》しみたまうものに寝《ねぶり》のうちにあたえたまう」[17]――これが学問に適用されたのであって、眠っているものはだれでも自称哲学者の愛しみたまうものに数えられた。もちろん、そのように諸概念の眠りのうちに彼が与えられるものは、実際またそれに応じたしろものであったのだが。――

哲学する営みと自称するこの浅薄さの一人の将帥《しょうすい》、フリース氏は[1][18]、ある祝祭的な、悪評高くなったおおやけの機会[19]に、国家と憲法という題目の演説のなかで、つぎのような考えを述べることをあえてした。すなわち、「真正の共同精神が支配しているような国民であれば、おおやけの諸問題のどんな仕事にも生命は下から国民からやってくることであろう。国民教育と国民的奉仕のどんな個々の仕事にも、生きたもろもろの結社が友愛の聖なる鎖によって固く結ばれて、身を捧げることであろう」等々と。――

浅薄さというやつのおもな了見は、学を思想と概念の展開のうえに立てるかわりに、むしろ直接的な覚知と偶然的な思いつきのうえに立てようとすることである。だが倫理的なもののそれ自身のなかでのゆたかな分節と編成こそ、国家である。そして国家の理性的なあり方の建築術は、公的生活のもろもろの圏とそのもろもろの権能の確たる区別により、またそれぞれの柱・アーチ・控え壁が保たれる度合の厳密さによって、全体の強さを諸部分の調和から生じさせるのである。ところが、浅薄さというやつの了見は、国家というこの形成された建築物を、「心情、友情、感激」という粥《かゆ》みたいなもののなかへいっしょに融《と》かしてしまおうとするのである。

そのような考えによれば倫理的世界は、総じて世界がエピクロス[20]によればそうであるように、意見と恣意の主観的な偶然性にゆだねられ――ているのではもちろんないが、しかしそうだとされ――ることになろう。このかんたんな自家製の万能薬は、理性とその悟性の、しかも数千年の労作であるところのものを感情のうえに立てるというわけであるから、思惟する概念によって導かれた理性的洞察と認識の骨折りは、もちろんすべて、はぶかれている。

このことにかんしてゲーテのメフィストフェレスは、――といえば十分な権威だが――ほぼつぎのように、私がほかのところでも引用したせりふを述べている――

「知と学と。人間のこの
最高のたまものを軽蔑するがいい――
そうすりゃ悪魔に身を引き渡したわけさ。
破滅はまちがいなしさ」[21]

そのような見解がまた敬虔のすがたをも帯びるのは、きわめてありそうなことである。なにしろ、このさわがしい営みがおのれを権威づけるために利用しようとこころみなかったものはないではないか。だがそれは、敬神と聖書でもって、倫理的な秩序ともろもろのおきての客観性とを軽蔑することにたいする最高の正当化を、おのれに与えるものと勝手に思った。実際また敬虔《けいけん》はたしかに、この世界のなかで一つの有機的[22]な王国になるほど分節して張りひろげられた真理を、もっと単純な感情の直観にまでくるむのである。だが敬虔が正しい種類のものであるかぎり、それは内的なものから外へ出て、理念の展開態とその開示された富という白日のなかへ歩み入るやいなや、この感情地域の形式をやめる。それは、この内的な形式をこえて即自かつ対自的に有る真理と諸法則にたいする、崇敬をともなってくるのである。[23]

あの浅薄さというやつがいい気になってくりひろげる能弁の方式に表明される、やましい心の特殊な形式に、このさいとくに注意しておくことができる。しかもまず第一に注意してよいのは、その形式は最も精神のないときに最も多く精神のことを論じ、最も生気のない鈍感な話をするときに、生命とか生かすという言葉を最も多く口にし、からっぽな高慢の最大の我欲を示すときに、最も多く国民という言葉を口にのぼせるということである。

だがその形式がひたいにつけている独特のしるしといえば、法則にたいする憎しみである。正と倫理は、したがって法と倫理的体制との現実的世界は、思想をとおしておのれを把握し、思想をとおしておのれに、理性的であることの形式を、すなわち普遍性と規定されたあり方とを与えるということ、――このこと、つまり法則というものこそは、自分のがわに好みをのこしておくあの感情、正しいものを主観的な確信にありとするあのやましい心が、自分に最も敵対的なものであると当然見なすところのものである。このやましい心には、義務と法則としての正しいものの形式は、死んだ冷たい文字であり、一つの枷であると感じられる。なにしろこのやましい心は法則のうちに自分自身を認識しないし、したがって法則のなかでは自由でない。なぜなら、法則はことがらの理性であって、理性は感情に、それが自分一個の特殊性にぬくもるのをゆるさないからである。

法則はそれゆえ、この教科書のなかでどこか（§二五八）に注解してあるように、とくに合言葉《シボレト》[24]であって自称国民のいつわりの兄弟、いつわりの味方は、これで区別されるのである。いまでは、恣意というやつの三百代言ぶりが哲学の名を横領して、広範な公衆に、まるでそういったたぐいの営みが哲学であるかのように思わせることができるようになったことによって、国家の本性にかんしてなお哲学的に論じるのはほとんど不名誉とさえなってしまった。したがって、正直な人たちが、哲学的な国家の学についての論を聞くやいなや、我慢できなくなるのは、悪く取るわけにはいかない。

なおさら驚くわけにはいかないのは、諸邦の政府がそのような哲学の営みにとうとう注意をむけるにいたったことである。そうでなくても、もともとわれわれにあっては哲学は、ギリシア人たちのばあいのように一つの私的なわざとして練習されるのではなくて、一つの公的な、公衆に触れる存在を、とくに、またはもっぱら、官職のかたちでもっている[25]からである。

諸政府がこの学科に専念させた学者たちに、哲学の教育と中味についてはまったく彼らを恃《たの》むという信頼を表明したとすれば、——どうも、ときおりは、それは信頼というよりはむしろ、この学そのものにたいする無関心さであったといってもいいようで、この学の教職はただ伝統的に保存されただけらしい〔実際、私の知っているところでは、フランスではすくなくとも形而上学《けいじじょうがく》の講座が廃されたのだが〕としても——諸政府はしばしばそのような信頼にひどいむくいをされたことになるか、それとも、あとの場合、無関心さが見られるようだったとすれば、その結果として根本的な認識がおちぶれたことは、どうやらこの無関心さの罰金と見なされねばならないか、どちらかであろう。

　さしあたり浅薄さというやつはたしかに、すくなくとも外的な秩序と安寧には、きわめてよく調和しているようにも見える。なぜなら、浅薄さというやつはことがらの実体に触れるところまでは来ない——どころか、ただ予感するにさえいたらないからである。したがって、国家がもっと深い形成と洞察の要求をまだいだいておらず、この要求の充足を学に要請しないとしたら、浅薄さというやつはさしあたり、すくなくとも警察[26]関係で反対をうけることはなにひとつないであろう。

　だが浅薄さというやつは、倫理的なものにかんして、総じて権利と義務にかんしては、この圏で浅薄なものをなしている諸原則、われわれがプラトンの著作[27]からあれほど決定的に知り合いになるソフィストたちの諸原理に、おのずから導いてゆく。それらの原理とは、正が何であるかは主観的なもろもろの目的と意見、主観的な感情と自分一個の特殊な確信にもとづくとする原理である。そしてその結果は内的な倫理と誠実な良心の破壊、私的な人どうしのあいだの愛と正の破壊ともなり、公的な秩序と国法の破壊ともなるような原理である。

このようなたぐいのもろもろの現象は諸邦政府にとって重大な意義をおびてこずにはおかない。こうなると、学位称号などが、その贈られた信頼そのものを恃みとし、官職の権威に依拠して、国家にたいする要求を行ない、そして、もろもろの行為の実体的な源泉たる普遍的な諸原則をほろぼすものばかりではなく、まるでそれがさも然るべきことであるかのように主張するその反抗心までも国家は放任してのさばらせておくべきであると申し立てようとしても、そんな権限などによっては、事の重大さはしりぞけられはしないであろう。[28]

神は職を与えたまう者にまた分別をも与えたまう、――この古い冗談は、おそらく、われわれの時代にはよもやまじめに主張しようとする人はいないであろう。

哲学する営みの方式の重要さは、周囲の事情によって諸邦政府のもとで新たにされた。その点では、哲学が他の多くの方面にそれを必要とするようになったと思われる保護と助成の契機を見あやまることはできない。

なにしろ、実証的な諸学の分科のものや、同様になお宗教的な教化ものや、他のさだかでない文献の、これほどたくさんのもろもろの産物を読んでみれば、そこにはただ、さきに言及した哲学への軽蔑が示されているばかりではない。つまり、思想形成においてすっかりおくれている連中、哲学が彼らにはなにかまったく縁遠いものであることを同時に証明してもいるような人々が、しかも哲学をなにかそれ自身かたづけられたものとして取り扱う、という軽蔑[29]が示されているばかりではない。そこでは明らかに哲学がののしられ、哲学の内容、つまり、神と物理的および精神的な自然を概念において把握する認識、真理の認識が、一つのおろかな、それどころか罪深い僭望《せんぼう》であると宣言されている。そして理性が、またしても理性が、無限にくりかえして理性が告発され、非難され、弾劾《だんがい》されている。——そうかと思うと、この学的であるそうな営みの一大部分にとって、なんとしても避けられない概念の諸要求がいかにも不都合となるさまは、すくなくとも知らされる。そういうありさまを見れば、——よろしいか、もしそのようなたぐいのもろもろの現象を目のまえに見れば、この方面からは伝統はもはや、哲学研究に寛容と公的な存在を保証するほど尊敬すべきものでもなく、それほど十分でもないのではないか、という考えを容《い》れたくなるであろう[2]。——

われわれの時代の世に行なわれている、哲学反対のもろもろの僭越な熱弁は奇妙な光景を呈している。それらは一方、この学がおとしめられているあの浅薄さによって正当さをもつとともに、他方、それらみずからがこの思惟ほんらいの境域に根ざしながら恩知らずにもこれに反対しているのである。

なにしろ、哲学すると自称するあの営みは、真理の認識を一つのおろかなこころみだと宣言したことによって、専制主義ローマ皇帝が貴族と奴隷、徳と悪徳、名誉と不名誉、知と無知をひとしなみにしたのと同様に、あらゆる思想とあらゆる素材を水平化した。したがって真なるものの諸概念、倫理的なものの諸法則もまた、もろもろの意見や主観的確信より以上のなにものでもない。そして、きわめて犯罪的な諸原則が確信としては倫理的なものの諸法則とひとしい位におかれる。同様にまた、どんなに不毛の特殊なもろもろの客体も、どんなにつまらない材料も、思惟するすべての人間たちの関心事と倫理的世界のもろもろの絆《きずな》をなしているものとひとしい位におかれているのである。

してみれば、あの哲学する営みは一つのスコラ哲学として[30]それ自身のなかで考えこむ営みをつづけたかったのに、それが現実とのもっと近い関係に入らされたということ、そしてこの現実はもろもろの権利と義務の諸原則について真剣であり、これらの原則を意識した白日のなかで生きるので、あの哲学する営みがおおやけの破綻《はたん》におちいったということは、学にとって一つの幸運と見なすべきである。――実際にはそれは、前述のように、ことがらの必然であるが。

まさにこの現実にたいする哲学の立場こそは、もろもろの誤解の起こるところである。そこで私は、まえに述べたこと[31]にたちもどる。すなわち、哲学は、理性的なものの根本を究めることであり、それだからこそ、現在的かつ現実的なものを把握することであって、彼岸的なものをうち立てることではないということである。そんな彼岸的なものがいったいどこにあるかは神さまだけが知っている――それとも、じつは世の人はそれがどこにあるかをよく言うことができる。つまり一面的でからっぽな、理由づけばかりをやる思惟の誤謬《ごびゅう》のなかにあるのである。

私は以下の本論考中（§一八五注解）に述べておいたが、空虚な理想のことわざと見なされているプラトンの『国家』ですら、本質的にはギリシア的倫理の本性よりほかのなにものをも把握しなかったのである。だからプラトンは、ギリシア的倫理のなかへ闖入《ちんにゅう》してくるさらに深い原理[32]を意識したとき、この原理はギリシア的倫理に直接的には、あるまだ満たされていない渇望として、したがってただ滅びとしてしか現われえなかったので、彼はまさに渇望からこの滅びにたいする救いをさがし求めざるをえなかった。しかも、いと高きところ[33]から来るのでなくてはならなかったその救いを、プラトンはさしあたりただ、あのギリシア的倫理の外面的な特殊な一形式のうちにしか求めることができなかったのである。この形式によってプラトンはあの滅びを圧伏することを考えたのであるが、それによって彼はギリシア的倫理のさらに深い衝動、自由な無限の人格性[34]を、まさしく最も深く傷つけた。

だが彼の理念のきわだった特徴の中心をなす原理が、まさしくその当時、世界の切迫している変革[35]の中心となった軸であるということによって、[36]プラトンは偉大な精神たるの実を示したのである。

理性的であるものこそ現実的であり、
現実的であるものこそ理性的である。[37]

とらわれない意識はいずれも、哲学と同様に、この確信に立っているのであって、哲学は自然的宇宙の考察と同じく精神的宇宙の考察においても、この確信から出発する。もし反省とか感情が、あるいは、主観的意識のもつどのような形態でもが、現在を空虚なものと見なし、現在をこえ、もっとよく知っているふりをするなら、それは自分が空虚なもののうちにいるのである。またそれは現実をただ現在のうちにしかもたないのであるから、それみずからがただ空虚性でしかないのである。

逆にもし理念[38]がただなにか思念のなかにある観念ないし表象でしかないようなものと見なされるとするなら、哲学はこれに反して、理念よりほかにはなにものも現実的ではないという洞察を得させるのである。

そこで肝腎のことは、時間的な過ぎ去りゆくものの外見のうちに実体を、しかも内在的な実体を、そして永遠なものを、しかも現在的な永遠なものを、認識することである。というのは、理念と同意義である理性的なものは、おのれの現実性のうちにありながら同時に外的な現存在のなかへ踏み入る[39]ことによって、無限に豊富なもろもろの形式、現象、形態化されたあり方において出現し、多彩な外皮でおのれの核心をつつむからである。意識はさしあたりまずこの外皮のなかに居をしめているが、概念がはじめてこの外皮をくまなく貫き通して、内的な脈動を見いだし、もろもろの外的な形態化されたもののうちにも同様にこの脈搏《みゃくはく》がなお打っているのを感じることになるのである。

とはいっても、この外在態において、このなかへ本質が照り込むことによって形成される無限に多様なもろもろの関係、この無限な材料とその規制は、哲学の対象ではない。そんなことを対象にしたら哲学は自分に関係のないもろもろの事物に介入することになろう。そんなことにかんして然るべき助言を授けることなど、哲学はしなくてもよい。

プラトンは乳母《うば》たちに、子どもをだいてけっしてじっとしていないで、いつも腕のうえでゆさぶっているようにとすすめること[40]はしなくてもよかったし、同様にフィヒテも旅券警察の完備を、容疑者たちについては旅券にただ人相書の文字を記すだけでなく肖像画をかきこむものとする、というところまで構成する〔と言われたが〕こと[41]はしないでもよかった。

このようなたぐいの詳論のうちには哲学のどんな跡形ももはや見られず、哲学はこのたぐいの超-知恵はやめておいてもよいのである。それらの無限にたくさんの対象にかんしてこそ哲学は最も自由でこだわらないという実を示すべきだから、ますますもってそうなのである。この自由でこだわらないという実を示すことによって、学はまた、空虚な知ったかぶりというやつがたくさんのもろもろの事情や制度のうえに投げかける憎しみからも、最も遠いという実を示すことになろう。——この憎しみこそは、ちっぽけさというやつがもっぱらそれによってなにか自信を得るものだから、それで最もいい気になっている当のものなのであるが。

そこで実際、本稿は、国家学をふくむかぎり、国家を一つのそれ自身のうちで理性的なものとして概念において把握し、かつあらわそうとするこころみよりほかのなにものでもないものとする。それは哲学的な著作として、あるべき国家を構想するなどという了見からは最も遠いものであらざるをえない。そのなかに存しうる教えは、国家がいかにあるべきかを国家に教えることをめざしているわけはなく、むしろ、国家という倫理的宇宙が、いかに認識されるべきかを教えることをめざしている。

Ἰδοὺ Ῥόδος, ἰδοὺ καὶ τὸ πήδημα.

Hic Rhodus, hic saltus.

〔ここがロドスだ、ここで跳べ[42]〕

存在するところのものを概念において把握するのが、哲学の課題である。というのは、存在するところのものは理性だからである。個人にかんしていえば、だれでももともとその時代の息子であるが、哲学もまた、その時代を思想のうちにとらえたもの[43]である。なんらかの哲学がその現在の世界を越え出るのだと思うのは、ある個人がその時代を跳び越し、ロドス島を跳び越えて外へ出るのだと妄想するのとまったく同様におろかである。その個人の理論が実際にその時代を越え出るとすれば、そして彼が一つのあるべき世界をしつらえるとすれば、このあるべき世界はなるほど存在してはいるけれども、たんに彼が思うことのなかにでしかない。つまりそれは、どんな好き勝手なことでも想像できる柔軟で軟弱な境域のうちにしか存在していない。

さっきの慣用句は少し変えればこう聞こえるであろう――

ここにローズ（薔薇《ばら》）がある、ここで踊れ。[44]

自覚した精神としての理性と、現に存在している現実としての理性とのあいだにあるもの――まえのほうの理性をあとのほうの理性とわかち、後者のうちに満足を見いださせないものは、まだ概念にまで解放されていない抽象的なものの枷である。

理性を現在の十字架における薔薇《ローズ》[45]として認識し、それによって現在をよろこぶこと。この理性的な洞察こそ、哲学が人々に得させる現実との和解である、――いったん彼らに、概念において把握しようとする内的な要求が生じたならば。したがって、実体的なもののなかにいながら、しかも主体的な自由を保持しようとするとともに、主体的な自由をもちながら、しかも一つの特殊的で偶然的なもののうちにではなく、即自かつ対自的に存在するもののうちにいようとする、内的な要求が彼らにひとたび起こったならば。[46]

これこそまた、さきにもっと抽象的に形式と内容との一体性と言いあらわしたものの、いっそう具体的な意味をなすものである。というのは、形式とは、その最も具体的な意義においては、概念において把握する認識としての理性であり、内容とは、倫理的ならびに自然的な現実の実体的な本質だからである。この意味での両者の意識的な同一性が哲学的理念である。――

思想によって正当とされていないものは、どんなものでも、心ぐみのなかで認めまいとすること、これは一つの偉大な我意、人間の名誉とされる我意である。——そしてこの我意こそ近代の性格の特徴をなすものであり、もともとプロテスタンティズム㊼の特有の原理である。ルターが感情とそして精神の証とにおける信仰としてはじめたもの、それは、さらに成熟した精神が概念においてとらえようとし、そうして現在のなかでおのれを解放しようとし、これによって現在のなかにおのれを見いだそうとつとめているものと、同一のものである。

なまはんかの哲学は神からそれたほうへ導くが、——そして、認識するということは真理にだんだん近づくことにあるとする㊽のも、これと同一のなまはんかな哲学だが、——真の哲学は神に導く㊾、ということは有名な言葉になっている。それは国家についても同じことである。

熱きにもあらず、冷やかにもあらず、それゆえに吐き出される㊿ようなしろものたる、真理にだんだん近づく哲学などでもっては理性は満足しない。他方また、この現世ではたしかに万事がひどいか、せいぜい中くらいの状態だということは認めるが、そこではどうせましなものは得られないものとし、それゆえただ現実との平和が保たれさえすればいいとするような、冷たい絶望でもっても理性は満足しない。認識が得させるものは、もっと熱い、現実との平和である(51)。

世界がいかにあるべきかを教えることにかんしてなお一言つけくわえるなら、そのためには哲学はもともと、いつも来方がおそすぎるのである。哲学は世界の思想である以上、現実がその形成過程を完了しておのれを仕上げたあとではじめて、哲学は時間のなかに現われる。これは概念が教えるところであるが、歴史もまた必然的に示しているように、[52]現実の成熟のなかではじめて、観念的なものは実在的なものの向こうを張って現われ、この同じ世界をその実体においてとらえて、これを一つの知的な王国のすがたでおのれに建設するのである。

哲学がその理論の灰色に灰色をかさねてえがくとき、[53]生の一つのすがたはすでに老いたものとなっているのであって、灰色に灰色ではその生のすがたは若返らされはせず、ただ認識されるだけである。ミネルヴァのふくろう[54]は、たそがれがやってくるとはじめて飛びはじめる。

それはともあれ、この序文を終わるときがきた。序文としてはもともと、それがまえおきになっている著述についてただ外面的かつ主観的に語ることだけがふさわしかった。なにか内容について哲学的に語れといわれても、その内容はただ学的、客観的な取り扱いにしか合わないのである。実際また著者にとっては、本書にたいする反対論がことがらそのものの学的な論考よりほかの性質のものなら、それはただ主観的なあとがきと勝手な請け合いとしか見なされず、著者にはどうでもよいものとならざるをえないのである。

一八二〇年六月二十五日　ベルリンにて

〔1〕彼の浅薄さについて、私は別に証拠をあげておいた。『論理学』〔一八一二年、ニュルンベルク刊〕、序論の（XVII）ページを見よ。

〔2〕このたぐいの見解に私は、ヨハンネス・フォン・ミュラー（一七五二〜一八〇九。ドイツの歴史家）のある手紙〔著作集（チュービンゲン、一八一〇〜一二年刊）、第八部、五六ページ〕で、ふと思いついた。そこには一八〇三年のローマの状態について、この都市がフランスの支配下にあったときのことだが、なかんずくつぎのように言っている。「公の教育機関はどういう状態かと問われて、ある教授は、売春宿のように大目に見られている、と答えた」――

いわゆる理性学、つまり論理学は、大目に見られるどころか、たしかにまだこれを推薦する声も聞かれるが、まあそのさい確信されていることは、それは無味乾燥で不毛の学問として、そうでなくとももはやこれに没頭しないか、それとも、もしときどきはそれに没頭することが行なわれるとしても、この学問のなかで得るものはただ無内容な、なにひとつ生じることも滅することもないもろもろの定式でしかなく、したがって推薦はけっして害にもならないし、またひとつも役に立たないであろうといったところであろう。

（1）「法」のドイツ語「レヒト」Rechtはまた「権利」をも意味し、正と不正というばあいの「正」をも意味する。§三三とその追加でわかるように、これはふつうの意味でのたんなる法の哲学ではなく、権利の哲学、正の哲学であり、倫理学と国家論をふくむ「法の哲学」である。

（2）ギリシア神話の人物。オデュッセウスの妻で、夫のトロイア遠征中、たくさんの求婚者をしりぞけるために、しゅうとの棺衣を織らねばならぬと言い、昼は織り夜はほどいて完成をのばした。

（3）ふつうは、経験によらないで頭のなかで理性だけに訴えて考えることで、よくない意味にとられるが、ヘーゲルは、個別のものやもろもろの対立のところに立ちどまらず、それを全体の体系的つながりで把握する論理的概念による思考としてこれを積極的に認める。

（4）ふつうは知力、知性のことだが、ヘーゲルによると、これはものごとを固定化し、ほかのものとの区別に立ちどまり、ほかのものとの内的なつながりや、ほかのものへの転化の必然性の理解へすすまない思考である。

（5）ヤコービ、フリースなどが理性と論理を軽視して、直覚とか直観で真理をとらえると称する立場。

（6）一八一二〜一六年にニュルンベルクで出た二巻もの。ふつう『大論理学』と呼ばれる。

（7）個々の知識が必然的なつながりで結合され組織されて全体をかたちづくる体系化された知識。したがって学は哲学と科学とに大別される。ヘーゲルではしばしば哲学と同じ意味に用いられる。

（8）『新約聖書』「ルカ伝」第一六章第二九節。ある金持が死んで、あの世の地獄の火炎のなかで苦しんでいるとき、ひどい貧乏人だったラザロが天の父アブラハムのふところにいるのを見て、せめてまだ現世にいる自分の五人の兄弟にはこんな苦しいところへ来ることがないようにと警告するためラザロをつかわしてくださいと、アブラハムに頼んだのにたいして、アブラハムが答えた言葉。

（9）概念といえばふつう、概略的な知識の意味にとられやすいが、哲学上は直接の知覚や表象や直観ではとらえられない、ものごとの本質的な特徴をとらえる思考形式のことである。ヘーゲルはとくに概念を重要視する。

（10）中世の錬金術士たちが発見しようとつとめた秘密のふしぎな石で、卑金属を貴金属に変える力があるものと信ぜられた。ここでは自然の本質的な法則のこと。

（11）原文はギリシア語のプロブレーマ——目の前に投げつけられ、提出されたもの。ここは、現実ではなく課題だという意。
(12) 注(5)であげた直覚主義、直観主義の哲学。こういう手きびしい、素人哲学批判の言葉はたびたび出てくる。
(13) ガンス版ではこれ以下をヘーゲル自身のつけた注としているが、一九一一年にラッソンによってこれは「追加」であることが明らかにされた。凡例参照。
(14) 即自的は「アン・ジッヒ」an sich、対自的は「フュール・ジッヒ」für sich。即自的に有るとは、それ自身がそれ自身に即して有る、それ自体において有るの意味。即しては、ぴったりついての意味。対自的に有るとは、それ自身がそれ自身に対して、向かって有るの意味。向自的とも訳される。対自も向自も、自分が自分に対し、向かうのだから、自分が二つになり二重になっているが、そのことによって自分を確認し自覚するわけである。即自のばあいはこの二重化、分裂、対立があらわれず、自分が自分とぴったりついて一重である。即自かつ対自的とは、右の分裂と対立をとおしてその一体性へ帰ったことである。たとえば、「精神的生活は直接な姿ではまず第一に、罪がないもの、そしてとらわれのない信頼としてあらわれる。ところが第二に、こうした直接的な状態は廃されるということが、精神の本質のうちにふくまれているのである。なぜなら、精神的な生活はそれの即自的な有り方のうちにとどまらないで対自的に有るということによって、自然的な生活とは別なものになり、もっと精確にいえば動物的な生活とは別なものになるのだからである。つぎに第三に、この二つ割れの立場もまた廃されねばならないのであって、精神は自分自身によって一体性へ帰るものとされる」(『小論理学』§二四補遺三)。ここでは「絶対にまちがいなく存在している」の意味。
(15) §三、§一八〇、§二一一の各注解参照。

(16)カントが理論的認識を現象の範囲にかぎり、物自体は認識できないとしたのにつながって、ヤコービ(一七四三〜一八一九)などの直観哲学は、認識とは条件づけられたものから条件づけられたものへと系列をなしてすすむ思考の進行、つまり有限なものの認識でしかなく、無条件な、無制約な、無限なもの、真理そのものは認識されえないとして、直観と信仰をもち出した。

(17)『旧約聖書』「詩篇」第一二七篇第二節。邦訳聖書は「……寝をあたへたまふ」、口語訳聖書は「……眠っているときにも、なくてならぬものを与え……」としているが、すこし訂正しておいた。

(18)(一七七三〜一八四三)。ヘーゲルが一八一六年ハイデルベルク大学教授になる前まで、そこの教授であった。翌年の手紙にヘーゲルは「フリースには五、六人しか聴講者がいなかった論理学の講義で、私はこの学期に七十余人の聴講者を得た」と書いたほど、めのかたきにしていたらしい。

(19)一八一七年十月十八日のヴァルトブルク祭のこと。

(20)(前三四一〜前二七〇ころ)。ギリシアの原子論的唯物論者。デモクリトス(前四六〇〜前三七〇ころ)の説をうけついだが、世界を究極の根源的要素としてのもろもろのアトムの偶然的な出会いから理解しようとした点がデモクリトスと異なり、アトムがほんの少しだけもとの軌道から恣意的にそれると想定した。

(21)ゲーテ『ファウスト』第一部の「書斎」の場で、ファウストが去ったあと、そのガウンをつけて悪魔メフィストフェレスがひとりごとに言うせりふ。『精神現象学』でもヘーゲルはこれとすこしちがった言葉で引用している。記憶にまかせてかなり自由に言葉をかえて引用するのがヘーゲルのならいで、ここでもゲーテのテキストの一八五一、二行から一八六六、七行にとび、言葉もテキストどおりではない(『世界の文学』5、手塚富雄訳四四八ページ下〜四四九ページ上を参照)。

(22) 有機体は狭い意味では生物と同じだが、諸部分のあいだに形態上も機能上も分化がありながら、それら諸部分どうしのあいだ、および全体とのあいだに不可分の連関があって統一体をなしている構造をもったものを広い意味でいう。ここでは有機体のように分節と組織、連関と統一をもっているという意味。

(23) ここでヘーゲルがシュライエルマッハー（一七六八〜一八三四）を念頭におきながら攻撃している「敬虔」は、世界が神に見すてられていると見なし、内的な確信の神聖な感情は現世の邪悪をこえたものとして、これをほめたたえる。だがそれは神がこの世界、自然と歴史のなかに姿をあらわすということを忘れていると、ヘーゲルは考える。

(24)『旧約聖書』「士師記」第一二章第六節。エフタはギレアデの人々をあつめてエフライム人を打ち破り、ヨルダン河の渡し場をおさえ、逃げてくるエフライム人をここでしらべて、エフライム人にあらずと答えた者に、「シボレテ」Shibbōleth というヘブライ語を言わせてみて、セボレテ（Siboleth）としか発音できない者をいつわりとして捕えた。ヘーゲルは§二五八の注解でもハラーにたいしてこの言葉を用いている。一方では当時の進歩派であるフリースに、他方では保守派であるハラーに反対しているヘーゲルの態度に注目すべきである。

(25) 国家公務員たる国立大学教授によって、哲学が研究、講義されていること。

(26) 原語ポリツァイについてヘーゲルはたんに警察というよりもっと広い意味を与えて用いていることは§二三一〜二四九で判明する。ここでは、学生ザントによるコッツェブー刺殺に端を発し、自由主義的教授たちが解職、休職にされた事件を指す。

(27)『プロタゴラス』『ゴルギアス』『国家（ポリテイア）』など。

(28) ここは、学問研究と思想の自由を政府に要求するばあいに、思想の客観性、ないしは客観的な確固たる原理にもとづく体系的思想、すなわち学そのものを根拠とすべきだとして、主観主義の形式論的な自由論を批判しているものと解される。メッツケはここの「その反抗心」の「その」dessen が「官職」を指すとしているが、「普遍的な諸原則をほろぼすもの」を指すと解した。ともかくヘーゲルは、「官職の権威」そのものがすでに特別なもろもろの特権を与えると思うのは誤りだとする。ヘーゲルは、主観的精神の域に与えられた実在性を把握することが肝腎だとするのである。

(29) ヘーゲルの思想の世界は宗教的な根をもってはいるが、哲学を神学に引き渡しはしない。世界は、真に絶対的な存在としての神あるいは絶対的理念が、自然という別のあり方をとおして展開するものにほかならない。真理は有限なものと無限なものとの一体性であって、神を彼岸にしか見ないのはたんなる抽象であり、真理の縮減である。

(30) 中世キリスト教会の聖堂や修道院に付属の学院または大学の学僧たち（スコラスティキ）の説いた哲学。正統派の神学の下位に立って教会公認の教義を擁護すべきものだったから「神学の婢《はしため》」「教会の婢」であった。ここでは、自主独立して現実に向かうのでない哲学のあり方を指す。

(31)『精神現象学』の「序論」、『エンチクロペディー』（一八一七年）の§五（第三版による現行版では§六の内容に近い）を指すと思われる。

(32) 主体的自由の原理。ヘーゲルによればプラトンの根本思想は、習俗倫理的な客観的なものが個人たちの真の実体、いわば第二の自然であるということだが、この根本的確信に反して個人たちの主体的自由を求める「渇望」が起こってくる。その「原理」は、客観的でしかないものと対照された人格的決定への要求として「さらに深い」ものなのである。

(33) キリスト教の啓示を指す。
(34) §五、§二一、§三五参照。なお§一八五、§二〇六でもプラトンに言及している。
(35) キリストの出現とキリスト教の成立を指す。
(36) 人間はその真実の本質を内的な精神的本質のうちにもち、精神、理念が真の現在的な現実性であるということを、キリスト教は普遍的な原理にしたのであり、こうしてプラトンのイデア、もろもろの理念を、キリスト教信仰の地盤のうえで生産的に取り入れたからである。
(37)「理性的」はたんに個人の主観的理性の意味に取ってはならない。理性は万物をつらぬく存在の理法、合法則性、必然性として、現実のうちに内在し、現実において顕現する。ヘーゲルは超個人的な実在としての「客観的精神」を論じている。「現実性」Wirklichkeit というカテゴリー〈二五二ページ注(4)参照〉は、本質と現存在ないし現象との、内的なものと外的なものとの、直接的となった一体性である。
(38) 理念についてヘーゲルはさまざまに論じている。理念は即自かつ対自的な真なるもの、概念と客観性との一体性、つまり真理である。絶対者は普遍的な、かつ一つの理念である。理念は理性であり、主観=客観であり、観念的なものと実在的なものとの一体性である。理念は弁証法的過程である、等等(『小論理学』§二一三〜二一五参照)。なお§一追加参照。
(39) 思想はどの段階でも現存在のなかへ踏み入ってなにか客観的なものに具体化するのでなくては十分に現実性を達成したとはいえない。宗教的信念も、もろもろの制度や教会などに客観化するまでは真に現実的とはいえない。国家も人間の理性的な意志の外的世界として、そこでのみ人間の意志の本質たる自由が十分に現実的となるものである。

(40) プラトン『ノモイ』第七巻のはじめ（789 c）に見られるが、じつはプラトンはこれをアテネ人の旅人に語らせたうえで、そうした規制は不必要でばかげていると言っている。ヘーゲルの引き合いの出し方は正確でない。

(41) フィヒテ『自然法の基礎』（一七九六年）の§二一。ヘーゲルは一八〇一年に「フィヒテとシェリングの哲学体系の相違」のなかでもこれを批判している。

(42)『イソップ物語』に、あるほら吹きが、ロドス島でものすごい跳躍をやらかしたこと、おまけにそれを見ていた証人たちがいたことを自慢したので、聞いていた人たちが「お前さん、もしそれがほんとうなら、証人なんかいらない、ここがロドスだ、ここで跳べばいい」と言った話がある。

(43) ローマの文法家アウルス・ゲリウス（一二三ころ～一六五）がギリシアに滞在した冬の夜に材料を集めて書いた論集『アッティカの夜』に「むかしの詩人の一人が真理は時代の娘であると言った」とあり、またフランシス・ベーコン（一五六一～一六二六）の『ノヴム・オルガヌム』の八四節にはこれについて「真理は時の娘と呼ばれて、権威の娘と呼ばれないのも当然である」と記されているのに対応するようだ。

(44) ギリシア語のロドス（島の名）をロドン（ばらの花）に、ラテン語の saltus（跳べ）を salta（踊れ）に「少し変え」たしゃれ。ヘーゲルはここにギリシア語もラテン語も記してはいないが。

(45) 十字架は苦しみ、ばらは喜びのしるし。『宗教哲学』でも「現在の十字架のうちにばらをつむためには、おのれ自身に十字架を負わなくてはならない」と述べている。別のところでヘーゲルは「ばら十字架会の周知のシンボル」と記しているから、十七、八世紀ころの神秘主義的な秘密結社「ローゼンクロイツァー」Rosenkreuzer のシンボルからの示唆かと思われるが、メッツケによると、ルターの楯紋様が白いばらで取り囲まれた一つの心臓のまんなかに黒い十字架を描き、題銘に「キリスト者の心は十字架のまなかにあるときばらの花に向かう」とあるのを連想し、ルターにおいてはキリスト信仰の純粋な表現であったものがヘーゲルでは理性信仰になり、現実のもろもろの対立分裂のなかにおける和解の力としての理性のシンボルになるという。

(46) スピノザが神または世界を実体ないし必然と見る考え方は、キリスト教の説く主体性と主体的自由の教えによって補わなくてはならない。神は実体である、しかし同様にまた人格ないし主体でもある。ヘーゲルはこの学説を国家にあてはめ、国家は実体であるけれども、近代では国家はその市民たちと君主においてそれ自身を意識するにいたったのであって、たんなる外的な必然ではもはやなく、自由の具現となったのだと考える。

(47) 「ルター的信仰の真相は、人間は神との間柄のなかにいるということである。……人間の敬虔・至福の望みなど、いっさいはそのさい、彼の心、彼の最内奥のものがそこに在るということを要請する。彼の感情、彼の信仰、端的にいえば彼の自分のものが要求されている。彼の主観性、最も内面的な自己確信が要求されている。……こうしてここには主観性の原理、……すなわち自由が……もんくなしに要求されている」(ヘーゲル『哲学史』第三巻一四九ページ)

(48) カント『純粋理性批判』(B版六七五ページ)の「純粋理性の統制的使用について」における「理性の仮言的使用は統制的でしかなく、それによって特殊的な認識のなかへできるだけ統一をもちこもうとし、それによって規則をできるだけ普遍性に近づけようとするものである」という思想にあてつけたものらしい。

(49) フランシス・ベーコン『学問の進歩』(一六二三年)に「浅はかな哲学の知識は人間の精神を無神

論に傾かせるが、その道にもっと進歩すれば、精神はふたたび宗教にたちかえる」とあるのを指すと思われる。

(50)『新約聖書』「ヨハネ黙示録」第三章第一五、一六節、「われなんじのおこないを知る、なんじは冷やかにもあらず、熱きにもあらず、われはむしろなんじが冷やかならんか、熱からんかを願う、かく熱きにもあらず、冷やかにもあらず、ただ微温《ぬる》きが故にわれなんじをわが口より吐き出さん」

(51) したがって問題は、理性と現実とのなまぬるい和解ないし接近ではなくて、没現実的な理性と没理性的な現実との空無性、無効性を根本的、原理的に見ぬく洞察である。思惟の諸要求も現実の諸要求も弱め和《やわ》らげられるのではなくて、そのどちらもが本気に受けとめられる。だがまさしくそのことによって、両者のより深い諸連関と、両者がたがいに頼みとし合っているあり方とが、その根底からして、「認識の得させる」ところの真実の「平和」として把握される。

(52) ヘーゲルは『哲学史』で、「哲学は一つの実在的世界の没落とともにはじまる」、「ほとんどすべての国民において、公的生活がもはやその国民の利益と関心を満たさなくなったばあいにはじめて哲学は出現する」といって、古代ギリシアにおけるイオニア諸国家の没落とイオニア哲学の出現、ローマ共和国の崩壊とローマの哲学の出現、ローマ帝国の没落と新プラトン派ないしアレクサンドリア派哲学の出現、中世の没落と哲学復興などの事例をあげている。

(53) ゲーテ『ファウスト』第一部の「書斎」の場でメフィストフェレスがファウストに扮して学生に向かい、「いいかい、きみ。すべての理論は灰いろで、緑に茂るのは生命の黄金の樹だ」(『世界の文学』5、手塚富雄訳四五四ページ)というせりふがヘーゲルの念頭にあったと解される。西田幾多郎『善の研究』(一九一一年)の序文にもこれを引いて、「思索などする奴は緑の野にあって枯草を食う動物の如しとメフィストに嘲けらるるかも知らぬが、我は哲理を考えるように罰せられているといった哲学者（ヘーゲル）もあるように、一たび禁断の果を食った人間には、かかる苦悩のあるのもやむをえぬことであろう」と結んでいる。メッツケはこれをあきらめ調と解してはならぬという。それは空虚な観念的おしゃべりと、熱っぽくて押しつけがましい知ったかぶり、教えたがりの哲学にたいして、「存在するところのもの」＝理性（理法、合法則性、必然性）を概念において把握するという哲学の唯一の課題を対置している。現実を観念的に美化する主観主義哲学にたいして現実の冷静な認識を強調する。哲学の唯一の課題は、存在するところのものを概念において把握することである。「経験」のうちにないものはどんなものでも知られないからである（『精神現象学』序論）。だからこそ哲学は、たんなる「教えること」のためには「いつも来方がおそすぎる」のである。哲学することは、現実と現実経験を前提とするということがその本質に属している。それゆえに哲学は「現実の成熟のなかではじめて」現われる。哲学は生を「若返らす」のではなく、もっぱらただ認識することを課題としている。そしてこの認識そのものは、世界と人間にとってたんに無用な付加物ではなくて、それによって世界と人間の本質があらわになり、充足されるところの、本質的に重要な出来事なのである。「来方がおそすぎる」のは、あとからのろのろと足を引きずってくるものと誤解されてはならない。哲学はむしろ、そのときどきに、一つの発展の完成であり頂点達成である。哲学は精神の「最高の開花」である。「総じて人間の尊厳は、おのれが何であるかを知ること、しかもこれを最も純粋な仕方で知ることにある。すなわち人間はおのれが何であるかということの思惟に達する点に、人間の尊厳と真価がある」。この知によって精神はたんなる現存在とは区別される。この知は「精神の発展における一つの新しい形式をつくり出すもの」でもある。かくして哲学は未来を指向し、「現実よりも」のちに「現われてくる」ところの「精神の内的生誕地」たらしめられる（ホフマイスター版ヘーゲル『哲学史』一四九ページ以下）。ここに没落調でなく疲労消耗でなく高い哲学的エトスを感じるべきである。ヘーゲルは「ベルリン大学就任演説」でも、「若い人の精神」にアピールし、「健全な心」とともに「真理を求める」勇気をもっているような、「堅実な精神の曙光」を歓迎すると述べている。

(54) ローマ神話のミネルヴァはギリシア神話のアテーナー（アテーネー）と同一視され、アクロポリス、英雄王侯たち、国家を守護する女神で、また技術・音楽・いくさ（その知的方面）の女神。そして知性の擬人化と見なされた。鳥に変じたり、「ふくろうの目」「青い目」と呼ばれたりし、アテネではふくろうがこの女神の聖鳥とされた。ここでは知性ないし哲学の意味。

緒　論

［法の哲学の概念。意志、自由、権利ないし法の概念[1]］

§一

哲学的法学が対象とするのは、法の理念であり、したがって法の概念と、これの実現とである[2]。哲学があつかわなくてはならないのは、もろもろの理念である。それゆえ哲学は、ふつうよくたんなる概念といわれているものにかかり合うのではない。哲学はむしろ、それらの概念が一面的で非真理であることを明らかにする。そしてまた［ふつうよく概念と呼ばれてはいるが一つの抽象的な悟性の規定でしかないもの、とはちがうところの］概念こそがもっぱら現実性をもつものであり、しかも、みずからこの現実性をおのれに与えるというふうにして現実性をもつものであるということを、哲学は明らかにする。

概念みずからによって定立されたこの現実性でないものはすべて、すぐ過ぎ去るような現存在[3]、外面的な偶然、私的な意見、本質のない現象、非真理、思いちがい、等々である。

概念が実現するさいに、おのれに与える形態化されたあり方は、概念みずからの認識のためであって、理念がただ概念としてのみ有る形式とは区別された第二の本質的な、理念の契機[4]である。

追加

〔理念〕概念とその現存在[5]は、たましいと肉体のように、別々でしかも一つになっている二つの面である。肉体とたましいは同一の生命であるが、しかもなお両者は別々にあるところのものと言うことができる。肉体のないたましいは、なんら生きたものではなかろうし、その逆もまた同じことだろう。

こうして概念の現存在は、概念の肉体であり、またこの肉体は、それを生じたたましいに従う。芽はまだ樹そのものではないけれども、おのれのうちに樹を有し、樹の力ぜんたいをふくんでいる。樹は、芽の単純なすがたにすっかり対応する。肉体がたましいに対応しないとするなら、まったくなにかみじめなことである。

現存在と概念、肉体とたましい――この一体性が理念である。それは調和であるばかりではなく、完全な相互浸透である。なんらかの仕方で理念であるものでなくては生きたものではない。

法の理念は自由であって、それが真に把握されるためには、それの概念においてと、そしてこの概念の現存在において、認識されなくてはならない。⑥

（1）［　］のなかはヘーゲル自身の出した初版の目次から取って訳者が入れたもの。
（2）法の絶対的な真理そのものという意味。法が、あるべき法であるばあい、つまり法の実在態が法の概念にかなっているばあい、それは真の法である。これが法の理念である。
（3）ダーザイン Dasein――これはヘーゲルの定義では、「規定された存在ないし有」だから「定在」とか「定有」と訳されるのがふつうであるが、da は「そこに、現に」であって「定」の意味はない。
（4）モメント。もともとは動きの意味。事物が運動し発展する過程として、その全体が成り立つとき不可欠の要素、条件、段階、側面、点など。――それだけでは存在できないものだが、それらがなくては、より広い関係も全体も、その運動発展も成り立たないもの。
（5）エクシステンツ Existenz――このカテゴリーは、㈠それ自身のうちへの折れ返りのない無反省の直接態としてのただ「有る」というだけの「存在」Sein と、㈡反省ないし折れ返りとの、直接的な一体性、したがって「現象」である。そして、ふつうのドイツ語で Existenz と Dasein はまったく、ないしはほとんど同じ意味だから、本書では多くの場合、どちらも「現存在」と訳し、区別する必要のあるときはエクシステンツを「実存在」と訳した。
（6）これは自由という名詞として読まれたい。自由で、自由な、と誤読されないように念のため。

§二

法学は哲学の一部分である。それゆえに法学は理念を、——これがおよそ対象といわれるものの理性なのだから、——概念から展開しなければならない。あるいは、こういっても同じことだが、ことがらそのものの内在的な発展をよく追って見てゆかなければならない。

哲学の一部分として法学には一定の開始点がある。この開始点は、法学に先行する部分の成果かつ真理であるところのものである。そしてこの先行する部分がその開始点のいわゆる証明をなしている。したがって法の概念は生成の面では法の学の外にあることになり、法の概念の演繹《えんえき》は法の学では前提されているので、——与えられたものとして受け入れられねばならない。

諸学の形式的な、つまり哲学的でない方法からいえば、まず第一に定義が、すくなくとも外面上の学的な形式のためにさがし求められる。

それにしても実証的な法学にとっては、そのこともそれほど中心問題ではありえない。というのは、実証的な法学がとりわけめざしているのは、なにが法にかなっているのか、つまりどれが特殊な法律上の諸規定なのかを述べることだからであって、それだからこそ戒めにこう言われたのである——「ローマ市民法においては定義はすべて危険である」と。

また実際、ある法のもろもろの規定がたがいに連関し合わないで、矛盾し合っていればいるほど、その法におけるもろもろの定義は、それだけますます可能でなくなる。というのは、それらの定義はむしろ普遍的な諸規定をふくむはずであるが、これらの規定はただちに、矛盾するものを、ここでは不法なものを、そのあらわなすがたで目に見えるようにするからである。たとえばローマ法にとっては人間についてのどんな定義もできないであろう。というのは、奴隷はこの定義のもとに取り入れてもらえないだろうし、奴隷の身分においてはかえって人間の概念がそこなわれているからである。同様に、所有[5]と所有者についての定義も、いろいろ多くの関係にとっては危険に見えることになるであろう。——

ところで定義の演繹は、だいたい、語原から行なわれ、ことに、定義がもろもろの特殊なばあいから抽象されるということにもとづいて、しかもそのさい、人々の感情と表象[6]が根拠にされるということにもとづいて行なわれる。そうすると、定義の正しさは現に有るもろもろの表象との一致におかれるわけである。こういう方法にあっては、学的にもっぱらそれだけが本質的であるものが、すなわち、内容にかんしてはことがらそれ自体の〔ここでは法の〕必然性が、また形式にかんしては概念の本性が、わきにおかれる。

ところが哲学的な認識においてはむしろ、一つの概念の必然性が眼目であって、生成しおえたという成果としての進行が、概念の証明と演繹である。

そのように概念の内容がそれだけで必然的であることによって、つぎは第二に、もろもろの表象と言語のなかにおける、この内容に対応しているものをさがして見ることになる。だがこの概念が、それだけでおのれの真理においてあるあり方と、それが表象のなかにあるあり方と、――この二つは相互にちがうばあいがありうるばかりではなく、形式と形態からいっても相互にちがわざるをえないのである。

それでも、もし表象がその内容からいってもまちがっていないならば、たしかに概念はこの表象のなかにふくまれているもの、かつその本質上、この表象のなかに現存しているものとして示されうる。つまりこの表象は概念の形式にまで高められることができる。だがこの表象は、それ自身だけで必然かつ真である概念の、尺度と規準であるどころか、反対に、おのれの真理を概念から受けとり、概念にもとづいておのれを訂正し、かつ認識しなくてはならないのである。――

ところで、定義、推論、証明などといったもろもろの形式的なものをともなう、あの認識の仕方は、こんにち、多少ともすがたを消しているとしても、この認識の仕方が手に入れたものは、反対に、よからぬ代用物なのである。というのは、これを手に入れたやり方といえば、総じてもろもろの理念を、したがってまた法の理念と法のもっとすすんだ諸規定の理念をも、意識の事実としてそのまま直接無媒介に拾いあげて固持するのであって、自然的な感情、ないしは、ある高められた感情、自分の胸の感激を、法の源泉にするやり方だからである。(7)

この方法があらゆる方法のなかでいちばん便利だということは、それが同時にいちばん非哲学的な方法だということである。――そのような物の見方は、たんに認識することばかりでなく行為することにも直接に関係するが、⑧ ここでは、それのもつ他のもろもろの側面のことは述べずにおくとしても。

最初にあげた方法はなるほど形式的な方法ではあるけれども、しかしそれはなお定義において概念の形式を、証明においては認識の必然性という形式を必要とする。ところが、あとのほうのこの直接的な意識と感情というやり方は、知の主観性、偶然性、恣意《しい》性を原理とするものである。――

哲学の学的なやり方がどういう点に存するかは、本書では哲学的論理学から前提されるものとする。

追加

〔哲学の開始〕哲学は一つの円環をなしている。哲学には一つの最初のもの、直接無媒介のものがあり、ともかく開始しなくてはならない以上、まだ成果ではない一つの証明されていないものがあるわけである。しかし、哲学の開始がなされるものは、終点においては成果として現われるにちがいないのであるから、何から開始するかは直接には相対的である。

哲学は、虚空《こくう》にかかっているのではない一つの論理的連続であり、いきなり無媒介に開始するものではなくて、それ自身のうちで円環をなすものである。(9)

（1）「序文」三七ページ注（37）参照。
（2）精神、自由、意志というような普遍的な原理から法の概念を論理的必然性をもって導き出すこと。
（3）§四参照。
（4）ヤヴォレヌスの言葉といわれ、ローマ法大全の『法学大全集』〈六三ページ注（8）参照〉に見られる。
（5）財産といってもいい。§四一以下参照。
（6）観念ともいう。
（7）直接にはフリース〈三四ページ注（18）〉に向けた批判。
（8）§一二六、§一四〇注解を参照。
（9）ヘーゲルは『大論理学』のはじめに、「学の開始は何からなされねばならぬか」を詳論している。

§三

〔a〕法は、一つの国家において妥当性をもっているという形式によって、総じて実定的である。(1)
そして、そのような法律的権威が、法の知識つまり実証的な法学にとっての原理である。(2)
〔b〕この法は内容からいえば、以下三つのことによって実定的要素をふくむ。

第一に、〔α〕一つの民族の特殊な国民的性格と、その民族の歴史的発展段階と、自然必然性に属するすべての諸関係[3]の連関とによって。

第二に、〔β〕一つの制定された法の体系なるものは、普遍的な概念をもろもろの対象と事件の特殊的な、外からわかる性質に適用することをふくまざるをえない、[4]という必然性によって。——ただし、この適用はもはや思弁的な思惟《しい》ではなく、概念の発展ではなくて、悟性の包摂《ほうせつ》[5]であるが。

第三に、〔γ〕現実における決定のために必要なもろもろの末端規定[6]によって。

実定法ともろもろのおきてにたいして、心の感情、傾向、恣意が対置されるとすれば、すくなくとも哲学はそういうようなもろもろの権威を承認するものではありえない。——暴力と専制が実定法の一要素でありうるということは、実定法にとっては偶然的であって、それの本性には関係しない。法が実定的とならざるをえない場所は、のちに§二一一〜二一四で明らかにされるであろう。

それらの諸節で明らかになるはずの諸規定を本節にあげたのは、哲学的な法の限界をしるすためにすぎない。また、まるでこの哲学的な法の体系的展開によって当然、一つの実定的な法典、すなわち現実の国家が必要とするような法典が出てくるかのような、そういう考え、あるいはさらにそういう要求が、万一起こるかもしれないのを、ただちに取り除こうというためにすぎない。——

自然法[7]ないし哲学的法が実定法とはちがっているということを、両者はたがいに対立し抗争し合っているというふうに変じてしまうのは、大きな誤解であろう。前者は後者にたいしてむしろ、「法学提要《インスチッチオネス》」が「法学大全集《パンデクタエ》」[8]にたいする関係にある。——

本節で最初にあげた、実定法における歴史的な要素にかんしては、モンテスキュー[9]が真実の史的な見解、真に哲学的な立場を示している。それは総じて立法とそのもろもろの特殊的な規定を、孤立させて抽象的にではなくて、むしろ一つの総体の依存的な契機として、一つの国民と時代との性格をなしている他のすべての諸規定との連関において、考察するものである。この連関のなかでこそ、立法とそのもろもろの特殊的な規定はその真実の意義を得るとともに、またその正当化を得るのである。——

もろもろの法規定が時間のなかで現象するその出現と展開を考慮すること、——この純粋に歴史的な仕事も、またそれら法規定の、既存のもろもろの法関係との比較から生じる悟性的な整合性[10]の認識も、それ自身の圏ではそれなりの功績があり、それなりの価値を認められている。そして史的な諸根拠にもとづく展開が、概念にもとづく展開と混同されず、歴史的な説明と正当化が、即自かつ対自的に妥当する正当化の意義にまで拡大されないかぎりは、それらは哲学的な考察とは関係外にある。

この区別は、はなはだ重要であって、よくしっかりとつかんでおくべきであるが、同時にそれはきわめて分明である。

ある法規定が、周囲の事情と現存の法制度からはまったく根拠がありかつ整合的であると示されながら、しかも即自かつ対自的には不正であり非理性的であることがありうる。たとえばローマ私法の諸規定にはこの種のものがたくさんあって、それらはローマ的な父権、ローマ的な結婚者の身分といったような諸制度[11]からはまったく整合的に生じたのである。

しかしまた、いくつかの法規定は正しくかつ理性的でもあるとしても、このことをそれらの法規定について明らかにするということは、もっぱら概念によってのみ真実に行なわれうるのである。したがってそれは、それら法規定の出現の歴史的なものを明らかにすること、つまり、それら法規定の確立を導いたもろもろの事情、場合、必要、事件を明らかにすることとは、まったく別のことである。

そのように歴史的な近因ないし遠因から明らかにして〔実用主義的に〕[12]認識することを、世間ではよく、説明することだと言ったり、あるいはむしろ、把握すること[13]だと言ったりする。そしてこのように歴史的なものを明らかにすることによって、法律ないし法制度を把握するためのいっさいが行なわれるかのように、というよりはむしろ、その把握のために肝腎なのはもっぱらこれだといえるほど本質的なことが行なわれるかのように、世の人は思いこんでいる。

ところが反対に、真に本質的なもの、つまり、ことがらの概念は、そのさいぜんぜん話題にならなかったのである。——

また、ふつう、よくローマ法の諸概念、ゲルマン法の諸概念というふうに、あれこれの法典において規定されている法の諸概念について語られる。(14) ところがそのさい、概念のことはなにひとつ出てきはしないのであって、もっぱらただ一般的なもろもろの法規定、悟性命題、原則、おきてなどがあらわれるだけなのである。——

以上述べた区別をゆるがせにすることによって成就されるのは、立場をずらせて乱すことである。真の正当化にかんする問いを、周囲の事情からする正当化や、それだけではまあどうせそんなに役に立たないもろもろの前提からの論理的帰結、等々にすりかえてしまうことである。総じて絶対的なもののかわりに相対的なものを立て、ことがらの本性のかわりに外面的な現象を立てることである。

歴史的正当化は、もしそれが外面的な成立を、概念にもとづく成立ととりちがえるならば、それが意図しているのとは反対のことを無意識のうちに行なうことになる。ある制度の成立が、それの特定の事情のもとではまったく目的にかなっていて必然的だということが明らかになり、史的立場の必要とするものはこれで果たされたとしても、もしこれが、ことがらそのものの普遍的な正当化と見なされるというつもりならば、むしろそのつもりとは反対の結果になる。すなわち、そのような周囲の事情がもはや現存しないのであるから、その制度はむしろその意味と権利を失っているわけである。たとえば修道院の維持のために、修道院が荒涼の地方を開墾して人を住まわせるようにし、読み書きを教えたり、古文書を筆写したりして学識を保存した等々の功績が主張され、そしてこの功績が修道院の存続のための理由および使命と見なされたとすれば、その同じ理由から、修道院は、周囲の事情がまったく変化した以上、すくなくともそのかぎりでは、むしろよけいなもので、目的にかなっていないことになったのである。――

ところで、ことがらの成立の歴史的な意義、その成立を歴史的に明らかにして理解しうるようにすることと、そしてことがらの概念ならびに同じく成立を哲学的に見ることとは、もともとちがった圏にある。そのかぎりでは両者はおたがいにたいして無とんちゃくな態度を保持しうる。

とはいっても両者は、学的なことがらにおいてさえも、いつもこうした平静な態度を保持するとはかぎらないのであるから、私はなおこの両者の接触にかんする例をなにか挙げておこう。それはたとえばフーゴー氏の『ローマ法史の教科書』[15]にあらわれており、そこから同時に前述のような両者の対置のやり方のもっとすすんだ解明が生じうる。

フーゴー氏は同書〔第五版、§五三〕で、「キケロ[16]は十二表法[17]を、哲学者たちに横目をつかいながらほめていること」、「ところが哲学者ファヴォリヌス[18]は十二表法を、それ以来すでに多くの大哲学者が実定法をあつかってきたのとまったく同じようにあつかっていること」を挙げている。フーゴー氏は同所で、そのようなあつかい方にたいするこれっきりでしまいといった返答を、「ファヴォリヌスは十二表法を、哲学者たちが実定法を解しなかったのと同様に理解しなかったから」であるという理由で述べている。——

[20]ゲリウスの『アッティカの夜』[19]の第二〇巻第一節にある、法学者セクストゥス・カエキリウスによる哲学者ファヴォリヌスへの訓誡《くんかい》について言えば、それはまず第一に、中味《なかみ》からいってたんに実定的でしかないものを正当化するばあいによりどころとされる、永続的で真実な原理を述べている。

カエキリウスはファヴォリヌスにむかって、はなはだみごとに言う。[21]「君もよく知っているように、法律の与えてくれる利益や救済は、時代の習俗や国家体制の種類により、また当座の実利の計算により、さらには改められねばならない猛烈な悪徳によって、変わったり曲げられたりするものである。

それらは決して同一の状態にとどまるものではない。それどころか空模様や海模様のように、周囲の情況や国運の移り変わりによって変わってゆくものである。

たとえばかのストロ[22]の提出した法案（公有地の制限、債務の軽減など）よりもいっそう健全だと思われたどんな法案が他にあったろうか……。あのときヴォコニウス[23]の平民条令（婦人による遺産相続の規制）よりも有益だと思われた法案が他にあったろうか……。あのときリキニウス[24]の法（と他の節倹令）ほどに（市民のぜいたく禁止に）緊要だと考えられたどんな法律が他にあったろうか……。しかるにこれらの法律は、国家が富裕になるとたちまちみんな抹殺《まっさつ》され、葬られてしまったではないか……」――

これらの法律は周囲の事情のうちにその意義と合目的性をもっており、したがって、総じてただ歴史的な価値しかもっていないかぎりにおいて、実定的であって、それゆえにまた一時的な過ぎ去りやすい本性《たち》のものでもある。

立法者たちや諸政府が、その当時現存の事情にたいして行なったことや、時代の諸関係にたいして確立したことのうちに示される知恵は、それ自身独立の意義をもったことがらであって、歴史の評価に属している。そのような評価が、哲学的な観点によってうらづけられていればいるほど、この知恵は、歴史学によってそれだけいっそう深く承認されるであろう。――

だが私はカエキリウスのファヴォリヌスにたいする十二表法正当化の、もっとほかの論のうち、一例を挙げたい。なぜなら、カエキリウスはそのさい、悟性とその理由づけの方法のもつ不朽不滅な欺瞞《ぎまん》、すなわち、悪しきことがらにたいしてなにか然るべき理由を挙げ、それでもってそのことがらを正当化したものと思う欺瞞を、持ち出してくるからである。

十二表法の第三の、あのひどい法律は債権者に、返済期限が過ぎたら債務者を殺すとか、奴隷として売るとかする権利を与えている。それどころか、債権者が数人のばあいはその債務者の身体から一片ずつ切り取って自分たちどうしのあいだで分け合う権利を与えている。しかも、かりにだれかひとりの切り取ったものが多すぎるか少なすぎるかしたとしても、そのためにどんな権利損害もその者に生じないものとする〔この条項なら、シェイクスピアの『ヴェニスの商人』におけるシャイロックには有利だから、彼はありがたききわみと受け入れたことだろう〕というふうになっていた。

カエキリウスはこの法律のためにつぎのような然るべき理由を挙げている。すなわち、誠実と信義がこのひどい法律によってそれだけいっそう確保され、そしてまさにこの法律のひどさのために、それはついぞ適用されるにいたったためしはなかったはずであると。

そのさい、彼の無思想さは、まさにこの規定によってこそ、誠実信義の確保というあの目的がだめになるという反省ができない。それればかりではなく、彼自身がすぐそのあとで、偽証にかんする法律がその過度の刑罰によって所期の効果をあげえなかった一例[25]を挙げているという反省もできないのである。——

ところでフーゴー氏が、ファヴォリヌスは法律を解しなかったのだと言うばあい、なにを言おうとしているのか、よくわからない。どんな学童でもけっこう法律を解する能力はあるし、さっき言ったシャイロックでも、自分にとってあんなに有利な前述の条項ならさぞかし最もよく理解したことであろう。——理解するということでフーゴー氏はどうやらただ悟性の教養、すなわち、なにか然るべき理由によってそのような法律に満足するような教養のことを言っているにちがいない。——

それはともあれ、同所でカエキリウスがファヴォリヌスに指摘しているもう一つ別の無理解は、哲学者ならきっと赤面などすることなしにこれを認めることができる性質《たち》のものである。——すなわち、「輓馬《ばんば》〔ユーメントゥム〕」というのは法律上、病人を証人として法廷につれてくるために、それだけが提供されうるのであって、「幌馬車《ほろばしゃ》〔アルケラ〕」は然らず」とされているのであるが、[26]このユーメントゥムが馬ばかりではなくて、有蓋車ないし車をも意味したはずだということについての無理解である。

カエキリウスはこの法律規定から、古代の諸法律の優秀さと精確さについて、もっとすすんだ証明を引き出すことができた。すなわち、古代の諸法律は、病気の証人の法廷への召喚のために、馬と車の区別だけでなく、車と車との区別、——カエキリウスの説明するように、有蓋で座席に詰め物をした車と、それほど乗り心地のよくない車との区別にいたるまで、規定を行なうことにまでも立ち入ったというのである。

こうなると、さきにあげた十二表法の第三の法律を苛酷とするにせよ、それとも、いま述べたこのような規定を無意義とするにせよ、お好みしだいということであろう。――だが、それらのことがらについて、おまけにまたそれらのことがらの学識ある説明について、無意義だと申し立てるのは、こういったような学識にたいする最大の儀礼違反の一つということになろう。

フーゴー氏はしかしまた上述の教科書のなかで、ローマ法にかんして理性的ということに説き及んでいる。そのうち、私の行きあたったのはつぎのところである。

氏は国家の成立から十二表法までの時期を論じて、§三八と§三九において、「〔ローマでは〕欲求がたくさんあって、労働をよぎなくされていたが、そのさい、こんにちわれわれのところで行なわれるのと同じように、輓《ひ》いたり積荷したりする牛馬を助けに用いたこと、土地は丘と谷との起伏交代があって、都市は丘のうえにあったこと」などを述べている。――これらの引証は、それによっておそらくモンテスキューの考えを実現したつもりであろうが、彼の精神にぴったりそっているとは見られがたいであろう。――そのあと、こんどは§四〇で、さてフーゴー氏は、「法的状態はまだ理性の最高の諸要求に満足を与えるには、はなはだ遠いものであったこと」を、なるほど挙げてはいる〔これはまったくそのとおり。ローマ家族法、奴隷制、等々は、実際、理性のきわめてわずかの諸要求でさえも満足させるものではない〕。けれどもフーゴー氏はそのつぎのもろもろの時期を論じるさいに、ローマ法が理性の最高の諸要求に満足を与えたのはどの時期であったのか、はたしてそんなことがそれらの時期のどれかにおいてなされたのかどうか、を述べることは忘れている。それでも、学としてのローマ法が最高の発達をとげた時期の古典法学者たちについては、§二八九にこう述べている。「古典法学者たちが哲学によって教養を得ていたことは、すでに久しく認められている」けれども、「いかなる種類の著作家にせよ、もろもろの原則からの整合的な推論において数学者たちに匹敵させられ、もろもろの概念の展開のまったくいちじるしい特徴において近時の形而上学《けいじじょうがく》創始者に匹敵させられるに値するものといえば、まさにローマの法学者たちほどふさわしいものはいない。このあとのほうの点については、古典法学者たちとそしてカントにおけるほど三分法[27]が多く行なわれるばあいはどこにも見られないという注目すべき事情が証明していよう。しかしこのことは、ほとんど知る者がいない」。〔いまでは、このことを知る者は、フーゴー氏の教科書の多くの重版によって、もっと数多くいるが〕——

あの、ライプニッツ[28]によって称揚された整合性は、たしかに、数学や他のあらゆる悟性的な学にとってと同じく、法学の本質的な一特質である。だが、この悟性的整合性は、理性の諸要求を充足することとは、そして哲学的な学とは、まだなんらのかかわりもないのである。

そのうえ、ローマの法学者と法務官たちは、彼らの不整合さによってこそ、いろいろの不正なひどい制度を回避した。だがまた、この不整合さによってこそ、彼らは必要にせまられて「うまいぐあいに《カルリデー》」空虚な言葉の区別〔たとえば、どうせ遺産相続であったものを「遺産占有《ボノルム・ポセシオ》」

と呼ぶ[29]というような」を考え出したり、それ自身おろかな逃げ口上〔そしておろかさはこれまた一つの不整合さであるが〕を考え出したりした。彼らはそのようにして、たとえば擬制[30]〔フィクチオ、ヒュポクリシス〕によって「保護者の」[31]「娘《フイリア》」は「息子《フイリウス》」である〔ハイネキウス[32]『古代ローマ法学』第一巻第二章§二四〕というふうに、十二表法の文字を救うことが必要であると思った。それらの点では、彼らの不整合さは、たしかに彼らの最大の徳の一つと見なされるべきである。

けれども、古典法学者たちがいくつかの三分法的な区分のせいで――おまけにフーゴー氏のその著書の注解五で引かれたような諸例[33]によって――カントといっしょに並べられ、そしてなにかそんなものが諸概念の展開と称されるのを見ることは、こっけいである。

（1）ポジティーフ――自然法にたいし実定法とは人為的に定められた法、そして社会で現実に行なわれている法。§二一一参照。

（2）ポジティーフ――「実定的」は「既成の」という意味に通じ、既成の事実を既成の事実として認める（またしばしばそれだけに終わる）のが「実証的」。

（3）土地、気候風土、地理的位置など。これらのものの影響についてヘーゲルは『歴史哲学』に「歴史の地理学的基礎」を論じている。

（4）たとえば「盗み」という概念が書物の複製偽版、無断集録、学問芸術上の剽窃《ひょうせつ》などに適用されること。§六九、§二一二、§二一四の各注解参照。

（5）Subsumption──特殊的なものを普遍的なものの下に取り入れ、従属させ、包み摂《と》ること。
（6）たとえば刑罰の種類と量にかんする諸規定。
（7）ふつうは、直接自然な仕方で存在している法をいう。したがって、いわゆる自然状態が仮想され、社会・国家の状態はかえって自由を制限し自然的諸権利を犠牲に供させるものと考えられる。ヘーゲルはそういう自然法の考えを否定し、ことがらの本性＝自然、つまり概念によって規定されている法こそ自然法だと言う（『エンチクロペディー』§五〇二、邦訳『精神哲学』では§一二六の注解）。
（8）「法学大全集」（Pandectae）は「法学全書」（Digesta）とも呼ばれ、東ローマ皇帝ユスティニアヌスの命で五三三年に発布された五十巻法典。おもに一〜三世紀の法学者たちの著作を資料とし、実用あるものを採録して修正を加えた。「法学提要」（Institutiones）は初学者用の教科書で法典の効力をもつ四巻もの。そのほかに勅令集二つがあり、十七世紀以来これらをあわせて「ローマ法大全」とか「ローマ大法典」と呼ばれる。
（9）（一六八九〜一七五五）。フランスの哲学者、政治学者。その主著『法の精神』第一巻第三章参照。
（10）ぴったりつじつまが合って首尾一貫性のあること。
（11）§一八〇の注解と追加を参照。
（12）ここは、法律や制度が時代のもろもろの必要に合って有用であれば正当化されるという見方。
（13）ベグライフェン──ヘーゲル用語としては「概念において把握する」の意味。ふつうは理解、把握するの意味。ベグリッフ（概念）とつながりのあることに注意。
（14）ヘーゲルと同じベルリン大学教授のサヴィニー（一七七九〜一八六一）の一派のはじめた歴史法学（法律についての歴史学派）をほのめかす。彼らは、法は民族的意識の一部分であり、何が正しいかは民族によって異なるから、直接の立法よりも慣習法のほうが大切だと主張した。

(15) グスターフ・リッター・フォン・フーゴー（一七六四〜一八四四）はゲッティンゲン大学教授。歴史法学派のさきがけをなしたこの教科書の初版は一七九〇年、第五版は一八一五年。

(16)（前一〇六〜前四三）。ローマの政治家、雄弁家、道徳哲学的エッセイスト。

(17) 前四五〇年ころ制定のローマ最初の成文法。数百箇条を、はじめ十枚、のち二枚追加した木製（銅製ともいわれる）掲示板に分載。慣習法の成文化がおもであったが、人格権と所有権を明確にしたため貴族出の役人の勝手な法解釈をさまたげ、平民の権利伸張の第一歩となった。現在は断片しか伝わっていない。

(18) 八〇〜一五〇年ころの新アカデメイア派の懐疑論哲学者でアルル（現在の南東フランス）にいたといわれる。

(19)「序文」三八ページ注(43)参照。

(20) アフリカ出の法学者といわれる。

(21) 以下はラテン文のまま引用されている。（ ）のなかはロルフの英訳による。以下の法律はいずれも国家の財政危機を救うためのものであった。

(22) ガイウス・リキニウス・カルダス・ストロ。平民（プレブス）出身のローマの政治家。

(23) 前一六九年、護民官となる。

(24) 右のストロのこと。

(25) 約にそむいたので輓馬で引き裂かれたフフェティウスの例。十二表法の第八に見られる、偽証罪をおかすと「ダルペイアの岩」から投げ飛ばされるという規定。

(26) 十二表法中のこの規定を哲学者ファヴォリヌスは、まるで死体運びみたいで残酷だと非難した。
(27) カントは四種類のカテゴリーをそれぞれ三つに分けるなどした。古典法学者たちは、人の法、物の法、訴訟の法とか、ローマ市民法、万民法、法務官法とか、三つに分けた。
(28) （一六四六〜一七一六）。ドイツ啓蒙哲学の祖。
(29) ローマ市民法上の相続人でない者にも法務官（プラエトール）の裁定で遺産の占有を得させる方法を講じたので、ボノルム・ポセシオ（遺産占有）は法務官法のうえで、市民法上のヘレディタス（遺産相続）に当たることになる。
(30) 実質はちがうのに形式のうえでそう見なすこと。ラテン語のフィクチオ、ギリシア語のヒュポクリシスは、つくりごと、まねごとの意。
(31) ガンス版では［］のなかに当たるラテン語 patroni がついている。
(32) ドイツのローマ法学者ヨーハン・ゴットリープ・ハイネケ（一六八一〜一七四一）のラテン名。
(33) 注(27)参照。そのほか訴訟、請求、訴追とか、占有、所有、獲得とかの例。

§四

法の地盤は総じて精神的なものであって、それのもっと精確な場所と開始点は意志である。これは自由な意志である。したがって自由が法の実体と規定をなす。そして法の体系は、実現された自由の王国であり、精神自身から生み出された、第二の自然としての、精神の世界である。

意志の自由にかんして以前よく用いられていた認識のやり方を思い出すことができる。すなわち、意志の表象を前提し、意志の表象から意志の定義なるものを引き出して確定しようとところみたわけである。だから以前の経験的心理学のやり方にしたがって、ふつうの意識のいろいろの感情と現象——たとえば悔い、責め、などといったように、自由な意志からしか説明されないものといわれる現象から、意志が自由であるという証明と称するものを導き出したのであった。

だが、もっとらくなやり方は、自由が意識の事実として与えられており、自由を信ぜずにはいられないということに、むぞうさに頼ろうとするやり方である。

意志は自由であるということ、そして意志と自由とは何であるかということ、——これの演繹は、すでに述べたように〔§二〕、もっぱら全体の連関においてのみ行なわれうるのである。

こうした前提の大すじ——精神はまず第一に知性であること、知性がその発展において感情から表象を経て思惟へとすすんでゆくさいに通る諸規定は、精神がおのれを意志として生み出す道であること、そして意志は、実践的精神一般として、知性のすぐつぎの真理であること——これらのことは私の『エンチクロペディー』〔一八一七年、ハイデルベルク刊〕のなかに述べてある。

だが私は、それのもっと詳しい論究をいつか著わすことができればよいと思っている。これによって、精神の本性のもっと根本的な認識のために私なりの寄与をしたいと思うのである。同書の§三六七〔現行の一八三〇年第三版では§四四四〕[1]の注解で述べたように、どんな哲学的学問も、ふつう心理学と呼ばれている精神論ほど、ゆるがせにされてひどい状態にあるものはめったにない。それだけにますます、私はもっと詳しい論究の必要を感じるのである。——

この緒論の本節と次節以下で述べた意志の概念の諸契機は上述の前提の成果である。これらの契機にかんしては、ともかく表象してみるために各人の自己意識を引き合いに出すことができる。

だれでもまず第一に自分の心のなかで、何であろうといっさいを度外視することができるのを見いだすであろう。同様にまた、自分自身を規定しうること、どんな内容をも自分によって自分のうちに立てうることを見いだすであろう。そしてもっとすすんだいろいろの規定にたいしても、同様に自分の自己意識のなかに例証をもつであろう。

追加

〔自由。実践的態度と理論的態度〕意志の自由は、物理的自然への参照によって最もうまく説明される。というのは、自由は、重さが物体の一根本規定であるのとまったく同様に、意志の根本規定だからである。

物質は重いと言うばあい、この述語は偶然的でしかないと思うかもしれない。ところがそうではない。というのは、物質においてはなにひとつ、重さのないものはないからである。物質はむしろ重さそのものである。重いものは物体を成し、物体である。

自由と意志もこれと同じことであって、自由なものは意志である。意志は自由なしには空語であり、自由もまた、意志として、主観ないし主体②としてはじめて現実的なのである。

ところで、意志と思惟とのつながりはどうか。——これについてはつぎのことが認められなくてはならない。精神は思惟一般であって、思惟によって人間は動物と区別される。とはいっても、人間という表象を自分の心に浮かべるとき、人間は一面では思惟し、他面では意欲するものであると、すなわち一方のポケットには思惟をもち、他方のポケットには意欲をもっているのだと、思ってはならない。これは空虚な表象だろうからである。

思惟と意志の区別は理論的態度と実践的態度の区別にほかならないが、思惟と意志は二つの能力などというわけのものではなくて、意志はある特殊な仕方の思惟である。すなわち、思惟がおのれを現存在へ翻訳する仕方、おのれに現存在を与えようとする衝動、としての思惟なのである。

思惟と意志とのこうした区別は、つぎのように言うことができる。私は、ある対象を思惟することによって、それを思想にし、それから感性的なものを取り去る。つまり、それを私はなにか本質的かつ直接的に私のものであるようなものにする。というのは、思惟においてはじめて私は自分のもとにいるからであり、概念において把握することがはじめて対象を見抜くことだからである。そして対象はもはや私に対立しておらず、対象が私にたいしてそれ自身だけでもっていた固有のものを、私は取ってしまっているわけだからである。アダムがエヴァに、汝《なれ》こそわが肉の肉、わが骨の骨と言う（『旧約聖書』「創世記」第二章第二三節）ように、精神は、これこそわが精神の精神にして、よそよそしさは消えたり、と言う。

およそ表象とは、いずれも一つの普遍化であるが、これは思惟に属することである。あるものを普遍的にするということは、それを思惟することである。自我は思惟であり、同様にまた普遍的なものである。私は自我というばあい、性格、天性、知識、年齢など、いっさいの特殊性はうっちゃっておく。自我はまったくからっぽで、点みたいで、単一である。だがこの単一性において活動的である。多彩な世界の絵が私の前にあり、私はそれに対して立っていて、この態度で対立を揚棄し③、この内容を私のものにする。自我は世界を知っているとき、世界のなかでわが家のようにくつろぐ。世界を概念において把握したときはなおさらである。以上が理論的態度。

これに反して実践的態度は、思惟にはじまり、自我そのものにはじまるが、なによりもまず対置されたものとして現われる。というのは、実践的態度はすぐさま一つの分離を起こすからである。私は実践的、活動的であることによって、つまり行為することによって、自分を規定するが、自分を規定するとはまさに一つの区別を立てることである。

だが私の立てるこうしたもろもろの区別は、それらはそれらでまた私のものであり、もろもろの規定も私のものなのであり、私が駆り立てられているもろもろの目的も私に属している。たとい私がこれらの規定と区別を外へ出す、つまり、いわゆる外界のなかへ置くにしても、依然としてそれらはやはり私のものである。それらは私のしたこと、なしたものであって、私の精神の痕跡《こんせき》を帯びているのである。

さて、これが理論的態度と実践的態度の区別であるとすれば、こんどは両者の関係を述べなくてはならない。

理論的なものは本質的には実践的なもののうちにふくまれている。すなわち、両者が別々であるという表象とは反対なのである。というのは、知性なしにどんな意志をもつことはできないからである。

反対に、意志のほうは理論的なものをおのれのうちにふくんでいる。すなわち、意志はおのれを規定するが、この規定はさしあたりまず一つの内的なものである。私が意欲するものは、これを私は自分の心に表象するのであり、私にとって対象である。

動物は本能のままに行動し、一つの内的なものによって駆り立てられ、したがってまた実践的でもある。だが、なんら意志をもってはいない。なぜなら、動物は欲するものを自分の心に表象しはしないからである。

同様にまた他方、われわれは意志なしに理論的にふるまうこと、すなわち思惟することもできない。というのは、われわれは思惟することによって、まさに活動的であるのだからである。思惟されたものの内容は、たしかに、有るものという形式を得る。しかしこの有るものは一つの媒介されたもの、われわれの活動によって定立されたものなのである。

したがって思惟と意志、理論的態度と実践的態度の、これらの区別は切り離されえないものである。それらは一つの同一のものであって、思惟ならびに意欲のどんな活動のうちにも両方の契機が見いだされるのである。

(1) 邦訳『精神哲学』では§六八に当たる。

(2) Subjekt――主語、主体、主観を意味する。主観というと自分一個の意見、自分だけに通用するひとりよがりの意味だけに取られかねないので、こう訳した。『小論理学』§一四七補遺にもある。

(3) アウフヘーベン。止揚とも訳す。『小論理学』§九六の補遺にこういっている。「アウフヘーベンということば、われわれドイツ人は一方、かたづける、否定することだと解し、したがって、たとえば一つの法律、制度などがアウフヘーベン(廃止、廃棄)されると言う。だが他方、それだけではなくて、アウフヘーベンは保存することをも意味し、この意味でわれわれは、あるものがよくアウフヘーベン(保存)されているという言い方をする。同一の語に否定的な意義と肯定的な意義があることになるこうした言語慣用法上の二重の意味は、偶然的と見なされてはならず、なおまた混乱のきっかけになるとしてドイツ語が非難されてもならない。かえってこの二重の意味がある点にこそ、たんに悟性的な『あれでなければこれ』という考えを越えて出るドイツ語の思弁的な精神を認めるべきなのである」

§五

意志は〔α〕自我のまったくなんともきめられていない純粋な無規定性、すなわち、ひたすらおのれのなかへ折れ返る純粋な自己反省、という要素をふくむ。

この純粋な無規定性、自己反省のなかでは、どんな制限も解消している。つまり、自然によって、もろもろの必要・欲望・衝動によって直接に現存しているどんな内容も、あるいは、何によってであれ与えられた特定のどんな内容も解消している。つまり意志は、いっさいを度外視する絶対的な抽象ないし絶対的な普遍性という、無制限な無限性であり、自己自身の純粋な思惟である。

思惟を一つの特殊な独自の能力として、これまた一つの独自な能力としての意志とは別のものと見なし、さらには思惟を意志にとって、ことに善い意志にとって有害とさえ考えるような連中は、そもそもはじめから、意志の本性についてぜんぜんなにも知っていないという正体をたちまち示している。――この評言は、同じこの意志という対象についてまだ何度も述べなくてはならないことになろうが。[1]

もし本節で規定された意志の一つの面——すなわち、私がどんな規定のうちに自分を見いだそうと、あるいは私が自分のうちにどんな規定を定立していようと、その規定を度外視しうるという、この絶対的な可能性、いいかえれば、どんな内容もなにか制限であるとする、いっさいの内容からの逃避、——もしこれこそ、意志がそのためにおのれを規定する当のものであり、あるいは、それだけで表象によって自由として固持される当のものであるとするなら、これは否定的な自由、ないしは悟性の自由である。——

自由が現実的な形態とそして情熱にまで高められ、しかもそれがどこまでもたんに観照的でしかないとき、宗教的なものにおいてインド的な純粋瞑想《めいそう》の狂信となるのは、空虚の自由なのである。だがそれは、現実へと向かうとき、政治的なものにおいても宗教的なものにおいても、いっさいの既存の社会的秩序粉砕の狂信となる。それは秩序派の嫌疑のある個人たちをかたづけ、ふたたび台頭しようとするどんな組織をも絶滅することになる。[2]

この否定的な意志は、ただなにものかを破壊することではじめて、おのれの現存在を感じる。それはなるほどなんらかの肯定的な状態、たとえば普遍的な平等とか普遍的な宗教生活とかの状態を欲するのだと思ってはいる。けれども実はそれは、そのような状態の積極的な現実性を欲してはいない。なぜなら、この現実性はたちまち、なんらかの秩序を、つまり、もろもろの制度についても個人たちについてもなんらかの特殊化を、導いてくるからである。そしてこの否定的な自由にとっては、あらゆる特殊化と客観的規定を絶滅することからこそ、自由の自己意識が生じるのだからである。そこで、否定的な自由が欲すると思っているものはそれ自身すでに抽象的な表象でしかありえず、これの現実化は破壊の狂暴でしかありえないのである。

追加

〔抽象的な自由〕意志のこの要素のうちに、私があらゆるものから自分を解き放し、すべての目的を放棄し、いっさいを度外視しうる、ということが存する。

ひとり人間のみがいっさいを、おのれの生命をも放棄しうる。人間は自殺を行なうことができる。動物はこれができない。動物はいつでもただ否定的でしかないままでいる。つまり、おのれのものでない規定のうちにいて、この規定にただ慣れるだけである。

人間は自己自身の純粋な思惟であって、思惟するものとしてのみ人間は、おのれに普遍性を与えるという力なのである。すなわち、あらゆる特殊性、あらゆる規定されたあり方を消すという力なのである。この否定的な自由、ないしは悟性の自由は、一面的である。しかしこの一面的なものはそれ自身のうちにいつも一つの本質的な規定をふくんでいる。それゆえ、捨て去ってはならない。とはいえ、悟性の欠陥は、ある一面的な規定を唯一かつ最高の規定にまで高めることである。

自由のこうした形式は歴史上しばしばあらわれる。たとえばインド人にあっては、たんに自分が自分との単純な同一性を知ることのうちにのみいつまでもじっとしていること、自分の内面性というこの空《くう》なる場のうちに、純粋な直観のなかでの無色の光のように、いつまでもとどまっていること、そして生活のあらゆる活動、あらゆる目的、あらゆる表示を断念することが、最高の境地であると見なされる。こうして人間は梵天《ブラーム》(3)となる。もはや有限の人間とそして梵天とのどんな区別もない。むしろどんな差異もこうした普遍性のなかで消えているのである。

この形式は、政治的生活ならびに宗教的生活の活動的な狂信において、もっと具体的に現象する。たとえば、フランス革命の恐怖時代がこれに属するのであって、才能とか権威とかのいっさいの区別は廃止されるものとされた。この時代は、あらゆる特殊的のものにたいする戦慄《せんりつ》、反抗、非協調の時代であった。なぜなら、狂信は一つの抽象的なものを欲するのであって、どんな分節と編成をも欲しないからである。もろもろの区別が頭を出してくると、狂信はこれを、おのれはまったく何であるともきめられていないという無規定性に、反すると思って、それらの区別を廃止する。それゆえにまた人民は革命のなかで、人民自身がつくったものであったもろもろの制度をまたしても破壊したのである。どんな制度も、平等の抽象的な自己意識に反するからである。

(1) §一三、§二一、§一三二の注解など。
(2) フランス革命のいろいろの思想と行動がヘーゲルの念頭にあった。
(3) ブラーフマ。その音訳が梵《ぼん》。インド哲学の「梵書」における宇宙創造神。ブラーフマンも梵とか最高梵と訳され、宇宙創造の最高原理たるこれと、個人の中心たるアートマンとが同一不二であるという梵我一如の真知に達するのを解脱《げだつ》、この境地を涅槃《ねはん》（ニルヴァーナ）という。

§六

〔β〕自我はまた、区別なき無規定性から区別立てへの移行であり、規定することへの、そして、ある規定されたあり方を内容と対象として定立することへの移行である。——なおこの内容は、自然によって与えられたものとしてのであろうと、精神の概念から生み出されたものとしてのであろうと、かまわない。

自我はこのように自己自身をある規定されたものとして定立することによって、現存在一般のなかへ踏み入る。——これが自我の有限性ないし特殊化という絶対的契機[1]である。

規定というこの第二の契機は、第一の契機とまったく同様に否定性であり、揚棄である——すなわち第一の抽象的な否定性を揚棄するのである。——

特殊的なものは総じて普遍的なもののうちにふくまれているように、それゆえこの第二の契機は第一の契機のうちにすでにふくまれているのであって、第一の契機がすでに即自的にそれであるところのものをただ定立するだけのことである。——第一の契機は、すなわち第一のものだけとしては、真実の無限性ではない。つまり具体的な普遍性ではなく、概念ではない。——かえってただ、一つの規定されたもの、一面的なものでしかない。すなわち、第一の契機はいっさいの規定されたあり方の度外視であるがゆえに、それ自身は規定されたあり方なしでありはしないというわけである。そして一つの抽象的なもの、一面的なものとして有るということが、第一の契機の規定されたあり方、欠陥、有限性をなしているわけである。——

上述の二つの契機の区別と規定は、フィヒテ哲学のなかに、また同じくカント哲学などのなかにも見いだされる。フィヒテの述べているところだけにとどめるとすれば、無制限なものとしての自我〔フィヒテの知識学の第一命題[2]における〕は、まったくただ肯定的なもののみ解されており〔だからそれは悟性の普遍性と同一性である〕、したがってこの抽象的な自我はそれだけで真なるものであるとされ、またそのためにさらに制限が、すなわち否定的なもの一般が、——与えられた外的な限界としてであるにせよ、自我自身の活動としてであるにせよ——〔第二命題において〕つけ加わってくるわけである。——

普遍的なもの、ないしは同一的なものにおける、また自我における、内在的な否定性を把握することが、思弁的な哲学の行なわねばならなかった、さらにさきへの歩みであった。——この必要については、無限性と有限性との二元論をフィヒテのように内在と抽象において把握することすらやらないような連中は、ぜんぜんなにも感じないのである。③

追加

〔意志の特殊化〕この第二の契機は、対置された契機として現われる。この契機は、それの普遍的な様式において把握されなくてはならない。それは自由の一部分である、だが自由の全体をなしはしない。

この契機において自我は、区別なき無規定性から区別立てへ、ひとつの規定されたあり方を内容および対象として定立することへ、移ってゆく。私はたんに意志するだけではなくて、あるものを意志する。

意志は、前節で説明したように、ただ抽象的に普遍的なものしか欲しないとするなら、それはなにものをも欲しないのであり、それゆえなんら意志ではない。意志の欲するものである特殊的なものは、一つの制限である。というのは、意志は、意志であるためには、総じておのれを制限しなくてはならないからである。意志はあるものを欲するということが、制限であり、否定である。だから特殊化とは通例、有限性と呼ばれるもののことである。

ふつうには反省は、第一の契機、つまり無規定なものを、絶対的で高次のものと考え、これに反して、制限されたものを、この無規定性のたんなる否定と考える。④だが、この無規定性はそれ自身ただ、規定されたものにたいする否定、有限性にたいする否定でしかない。自我⑤とは、このような孤独と絶対的否定なのである。無規定な意志はそのかぎりでは一面的であるのは、たんに規定されたあり方のうちにのみある意志と同様である。

(1) ヘーゲルは§一二七のところの『覚え書』に、「生命もまた形式的権利にたいして一つの真実な権利をもつ。つまり同様に絶対的な契機。それは内容からいえば特殊性の総体だ――私の福祉のようにただ反省の普遍性でしかないのとはちがう。……『正義は行なわれよ、世界はほろぶとも』というのは、からっぽな言葉だ」と記している。絶対的契機とは内容をもった具体的な契機といえよう。

(2)『全知識学の基礎』(一七九四年)で述べた第一命題は、「自我は根源的に端的におのれ自身の存在を定立する」「自我＝自我」。第二命題は、「自我にたいして非我が端的に反定立される」。第三命題は、「私は自我のうちに、分割しうる自我にたいして分割しうる非我を反定立する」。

(3) たとえば、無限と有限を切り離すヤコービ〈「序文」三四ページ注(16)参照〉にあっては、無限は、有限を超越し、有限から絶対的に切り離されたものとしてあらわされる。フィヒテは綜合の「必要ないし必然性」を感じて右の二元論の克服を試みたのであって、フィヒテの自我は実在の全体であり、非我はそのうちに内在する。だがフィヒテは自我を、かろうじて矛盾のないこととして抽象的に考えるので、彼にあっては有限は抽象的な無限のなかにのみこまれてしまう。ヘーゲルは否定性を無限なもののうちにおける一つの契機であるとし、無限なものはただおのれを有限なものとして定立するなかでのみ現実的となると論じる。

(4) たとえばスピノザは、規定はすべて否定であるとし、無規定なもの、無限なものだけが実在的だと考える。『小論理学』§九一補遺にもある。
（5）§五の純粋な自我。

§七

〔γ〕意志は、この〔α〕と〔β〕の両契機の一体性である。すなわち、特殊性がそれ自身のなかへ折れ返り、このことによって普遍性へと連れ戻されたあり方、つまり個別性である。いいかえれば、それは、自我が自分を、自己自身の否定的なものとして、つまり規定され制限されたものとして定立しながら、同時に、依然として自分のもとに、つまり自分との同一性と普遍性のうちにありつづけ、したがって規定のなかで自分をただ自己自身とのみつなぎ合わせるという、自我の自己規定である。

自我は、否定性の否定性それ自身への関係[1]であるかぎりにおいて、自分を規定する。自我はそのように自分への関係だから、この規定されていることにたいしてまた無関心でもある。そして自我は、この規定されたあり方を自分のもので観念的なもの[2]であると知る。つまり自我は、この規定されたあり方がたんなる可能性であって、自分はこれによってしばられておらず、自分がこの規定されたあり方のうちにいるのは、自分がそれにおいて自分を定立するからにすぎないのであると知る。
このことが意志の自由なのである。この自由が意志の概念ないし実体性をなし、意志の重さをなすことは、重さが物体の実体性をなすのと同様である。

それぞれの自己意識は、一方、自分を普遍的なものとして、どんな規定されたものをも度外視できる可能性として知り、――他方、自分を、ある規定された対象・内容・目的をもった、特殊的なものとして知る。けれども、これら二つの契機は抽象態でしかない。具体的で真なるもの〔といっても、真なるものはすべて具体的なのだが〕は、普遍性が特殊的なものを対立物としてもちながら、しかもこの特殊的なものがそれ自身のなかへの折れ返りによって普遍的なものと等しくされているような、そういう普遍性である。

このような一体性が個別性である[3]。だが表象における個別性のように、それの直接性において一としてあるのではなくて、それの概念からいっての個別性である〔『哲学的諸学問のエンチクロペディー』§一一二～一一四（§一六三～一六五）〕。――すなわち、この個別性は本来、概念自身にほかならない。

あの最初の〔α〕と〔β〕の両契機、すなわち、意志はいっさいを度外視できるということと、意志はまた――自分ないし他のものによって――規定されてもいるということとは、それ自身だけでは真でない契機、つまり悟性的契機であるから、容易に認められ、つかまれる。だが第三のもの、真にして思弁的なるもの〔といっても、真なるものはすべて、概念においてつかまれるかぎり、ただ思弁的にしか思惟されえないのだが〕は、悟性がそれに深く立ち入ることをこばむところのものである。悟性はつねにまさしく概念をこそ、つかまれにくいものと呼ぶのである。④

この、思弁の最内奥のもの、否定性がそれ自身へ関係してゆくものとしての無限性、あらゆる活動と生と意識とのこの究極の源泉点、——これの証明およびもっと詳しい論究は、純粋に思弁的な哲学としての論理学に属している。——

だからここでは、ほんのただつぎの点に注意しておくだけでよい。意志は普遍的であるとか、意志は意志自身を規定するとか言われるばあい、意志はすでに前提された主体ないし基体として表現されるのであるが、⑤しかし意志は、意志が規定する前に、そしてこの規定するはたらきを揚棄する前に、つまりこの規定するはたらきの観念性にさきだって、一つの出来上がったそして普遍的なものであるわけではない。意志は、自分を自分のなかへ媒介するそうした活動、自分のなかへのそうした還帰として、はじめて意志なのである。

追加

〔自由の具体的概念〕われわれが本来、意志と呼ぶものは、さきの両契機〔α〕〔β〕を自分のうちにふくんでいる。

自我そのものは、まず第一に純粋な活動であり、それ自身のもとにある普遍的なものである。だが第二に、この普遍的なものはそれ自身を規定する。そのかぎりでは、その普遍的なものはもはやそれ自身のもとにあるのではなく、自分をある他のものとして定立し、普遍的なものであることをやめる。

ところで第三に、自我は、自分の制限、つまり右にいった他のもののうちにありながら、しかも自分自身のもとにある。自我は自分を規定しながら、しかもなお依然として自分のもとにありつづけ、普遍的なものを固持することをやめない。これが自由の具体的な概念である。これにたいして他方、さきの両契機はまったく抽象的かつ一面的と認められたしだいである。

だが、われわれはこのような自由をすでに、感じの形式において、たとえば友情と愛においてもっている。友情や愛においては、われわれは一面的に自分のうちにあるのではなくて、他のものへの関係においてすすんで自分を制限し、だがこの制限するなかで自分を自己自身として知る。規定されているのに、人間は自分が規定されているとは感じないのだ。かえって、他のものを他のものと見なすことによって、そこにはじめて自己感情をもつのである。

こうして自由は、規定されていないことにあるのでもなければ、規定されていることにあるのでもなくて、この両方である。

自分をもっぱらただある一つのこのことだけに限るような意志は、我意的な男がもつのであって、そういう男はこの意志を有しないときは不自由であると思いこむ。

しかし意志は、一つの限られたものにしばりつけられてはいないで、もっとさきへすすまずにはおかない。なぜなら、意志の本性は、このように一面的で束縛されていることではなく、自由だからである。自由とは、一つの規定されたものを意志すること、しかしこの規定されたあり方においてありながらも自分のもとにあること、そしてもとどおり普遍的なもののなかへ還帰することである。

（1）否定的なものは、同一性でないという規定のうちにある区別そのものである。だが否定的なものと肯定的なものとは絶対的区別ではない。両者は即自的には同じものである。債務者にとって否定的なものは債権者にとっては肯定的なものである。一般に対立のなかでは、区別されたものはそれに固有の他者を自分にたいしてもつ。したがって否定的なものはそれ自身へ否定的に関係する（『小論理学』§一一九と補遺一、§一二〇）。自我の両契機ともに否定的である。第一は度外視ないし抽象、第二は規定、すなわち、最初の抽象の否定である。したがって、自我が自己関係的となることによってこれら両契機を綜合するとき、自我は否定性を否定性それ自身に関係させることによってそうするのである。

（2）「有限なものは観念的であるという命題が観念論をなす」「観念的なものは、有限なものが真実の無限なもののうちにあるあり方——一つの規定、内容として、つまり、区別されてはいるが自立的にあるのではなくて契機としてあるところの、内容としてのあり方である。観念性にはこういうもっと具体的な意義があって、これは有限な現存在の否定ということでは十分に表現されていない」（『大論理学』の「存在論」または「有論」の第二章末「注解二、観念論」の前後のところ）

（3）ヘーゲルは『覚え書』に「個別性より主体性のほうがよい」と記している。

（4）ドイツ語ではベグライフェン（つかむ、把握する、理解する）からベグリッフ（概念）という言葉がきているのでこの皮肉がきいている。

（5）いろいろの性質の土台としてそれらを担うのが基体。ここは「自我ないし実体」と解してもいい。意志が可能態から現実態へ発展する過程を見のがしてはならぬことを注意している。

§八

特殊化〔§六、β〕のもっと規定されたものが、意志の諸形式の区別をなす。

〔a〕その規定されていることが、主観的なものと外面的直接的な現存性としての客観的なものとの、形式的な対立であるかぎりでは、この規定された意志は自己意識としての形式的な意志であり、外の世界を自分の前に見いだす。そしてこの規定された意志は、その規定されたあり方のなかで自分のなかへ帰ってゆく個別性としては、活動となんらかの手段とを媒介にして主観的な目的を客観性へ翻訳する過程である。

即自かつ対自的にあるような精神においては、規定されたあり方がまったく精神自身のもので、真実な規定されたあり方である〔『エンチクロペディー』§三六三（§四四〇）〕。したがってこのような精神においては、意識の関係はただ意志の現象の面[1]をなすにすぎない。本書では、この面はもはやそれだけ独立に考察はしない。

追加

〔意志の目的が規定されていること〕意志が規定されていることの考察は、悟性に属することであって、さしあたり最初は思弁的ではない。

意志は総じてただ内容の意味においてばかりではなく、形式の意味においてもまた規定されている。形式からいっての規定されたあり方は目的であり、そして目的の実行である。目的はさしあたり最初はただ私に内面的なもの、主観的なものにすぎないが、目的はまた客観的にもなるはずのもの、たんなる主観性という欠陥を脱却するはずのものである。

こういえば、なぜ目的はこうした欠陥なのかと問われるかもしれない。もし欠陥のあるものが同時に自分の欠陥を越えているのでないならば、そのものにとっては欠陥はなんら欠陥ではない。動物はわれわれにとっては欠陥のあるものであるが、それ自身にとって（対自的に）はそうではない。

目的は、それがやっとただわれわれの目的でしかないかぎりでは、われわれにとって[2]一つの欠陥である。というのは、われわれにとって自由と意志は、主観的なものと客観的なものとの一体性だからである。

こういうわけだから、目的は客観的に定立されうるのであって、そうすることによって目的は、ある新たな一面的規定に入りこむのではなくて、そうすることによってのみ目的はおのれの実現にいたるのである。

(1) §二五、§二八、§一〇八、§一〇九参照。

(2)「われわれ」＝著者＝絶対知に達した哲学者ヘーゲルにとって。このすぐ前の「われわれの目的」というばあいは、ふつうのわれわれのこと。しかも両方のわれわれが一つなのである。

§九

〔b〕もろもろの意志規定が意志自身の規定であり、総じて意志の自分のなかへ折れ返った特殊化であるかぎりでは、それらは内容である。

意志の内容としてのこの内容は、意志にとっては、〔a〕で述べられた形式からいって目的である。すなわち、表象する意欲のなかで内面的すなわち主観的な目的であったり、主観的なものを客観的なものへと翻訳する活動の媒介によって実現され実行された目的であったりである。

§一〇

この内容、すなわち区別された意志規定は、さしあたり最初は直接的である。そこで、意志はただ即自的に自由、いいかえればわれわれにとって自由であるにすぎない。すなわちそれは総じて意志がそれの概念のうちにあるあり方なのである。[1]

意志は自己自身を対象とすることによってはじめて、それが即自的にそうであるところのそのもの（自由）に対自的にもなるのである。[2]

有限性ということは、この規定からいえばつぎのことに存する。すなわち、あるものが即自的になにかであるばあい、いいかえれば、あるものがそれの概念からいってなにかであるばあいの、そのなにかは、対自的になにかであるばあいのそのなにかとはちがった一つの現存在ないし現象であるということ。そこで、たとえば自然の抽象的な、たがいに外的という関係は、即自的には空間であり、対自的には時間である。

これについてはつぎの二重のことを述べておかなくてはならない。

第一に、真なるものはただ理念だけであるから、ある対象ないし規定を、それが即自的に有るあり方、いいかえれば概念のうちに有るあり方でしか把握しないということは、それをまだそれの真理においてもつことではない。

第二に、あるものが概念として有るばあい、いいかえれば、あるものが即自的に有るばあいもまた、そのあるものは現存在しているのであって、この現存在は対象自身の一つの形態である〔さきの空間のように〕。

有限なもののうちに存在しているところの、即自的に有ると対自的に有るとの分離は、同時に、その有限なもののたんなる現存在ないしは現象をなすのである――〔このあとすぐにその例が自然的意志において見られ③、つぎには形式的な権利、等々において見られる④であろうように〕。

悟性はたんなる即自的に有るのところでとどめ、自由をこの即自的に有る面から一つの能力と呼ぶ。実際また、そうした自由はただ可能性でしかないのである。しかし悟性は、この規定を絶対的で永続的な規定と見なす。そして悟性は、自由とそれの意志するものとの関係、総じて自由とそれの実在性との関係を、なにか与えられた素材への自由の適用としか解せず、この適用は自由そのものの本質には属しないものと解する。悟性はこうしてただ抽象物をとりあつかうにすぎず、自由の理念と真理には、かかり合いをもたないのである。

追加

〔自由の即自と対自〕たんに概念からいって意志であるだけの意志は、即自的に自由であるが、同時にまた不自由でもある。というのは、意志は真に規定された内容としてはじめて真に自由といえるだろうからであって、このとき意志は対自的に自由であり、自由を対象としており、自由そのものである。

あるものがただやっと概念からいってそのようなものであるにすぎず、たんに即自的にそのようなものであるにすぎないばあい、そのあるものは直接的でしかなく、自然的であるにすぎない。これはわれわれが表象においても知っていることである。こどもは即自的におとなであり、やっと即自的に理性をもつだけであり、理性と自由のやっと可能性だけであって、だからただ概念からいって自由であるにすぎない。

ところでそのようにやっと即自的に有るだけのものは、それの現実性において有るのではない。即自的に理性的である人間は、対自的にもまたそうなるために、自分の外へ出てゆくことにより、だが同様にまた自分のなかへ入って自分を形成陶冶《とうや》してゆくことにより、苦労して自己自身を生産することをやりぬかなくてはならない。

（1）ここも§八の注（2）と同じく「われわれ」＝「哲学者」の意味。
（2）「つまり、内容とし目的とする」（ヘーゲルの『覚え書』）
（3）§一一〜一八。
（4）§二一以下。

§一一

やっとただ即自的に自由であるだけの意志は、直接的ないし自然的な意志である。それ自身を規定する概念が、意志において定立する区別のもろもろの規定は、直接的な意志のうちには一つの直接的に存在している内容として現象する。——すなわち、それはもろもろの衝動、欲求、傾向である。そして意志はこれらのものによって自分が元来、規定されていると思う。このような内容ならびにそれの展開された諸規定は、なるほど意志の理性的本性からくるのであり、それゆえ即自的には理性的である。けれども、この内容が直接性のそのような形式へ放出されたままでは、それはまだ理性的なあり方の形式において有るのではない。この内容はなるほど私にとっては総じて私のものであるけれども、そのような直接性の形式とこの内容とは、まだ相違している。——そこで、意志はそれ自身のうちで有限な意志である。

経験的心理学は、これらのもろもろの衝動や傾向と、それらにもとづくもろもろの欲求を、経験のうちに見いだすままに、ないしは見いだすと思っているままに語り、記述し、この与えられた素材を通常の仕方で分類しようとする。

これらの衝動の客観的なものはどういうものであるか、——またこの客観的なものは非理性的なあり方の形式においては衝動であるが、そういう形式なしに、それの真理性においてはどのようであるか、同時にまたそれの現存在においてはどのようであるか、——これらのことについてはのちに(1)論じる。

追加

〔衝動と自由〕もろもろの衝動、欲求、傾向は、動物にもある。だが動物はなんら意志をもたないのであって、そうすることをさまたげる外的なものがなにもなければ衝動にしたがわずにはいない。

　しかし人間はまったく規定されていないものとして、もろもろの衝動より上にあり、これらの衝動を自分のものとして規定し定立することができる。衝動は自然ないし本性のうちにある。だが私が衝動をこの私という自我のうちに定立するということは、私の意志に依る。だから私の意志は、この衝動が自然ないし本性のうちにふくまれているということを楯《たて》に取るわけにはいかないのである。

（1）§一九、§一五〇および注解。

§一二

この内容の体系は、意志のうちに直接見いだされるかたちでは、たくさんのさまざまな衝動としてあるにすぎない。これらの衝動のどの一つも他とならんで総じて私のものであり、かつ同時に、ある普遍的な、規定されていないものとして、いろいろ多くの対象と充足の仕方とをもっている。

意志がこの二重の無規定性における自分に個別性の形式を与えるということ〔によって〕[1]〔§七〕、意志は決定する意志なのである。そして総じて意志は決定する意志としてはじめて現実的な意志である。

われわれのドイツ語では、或ることを決定する〔beschließen《ベシュリーセン》〕、すなわち、この内容もあの内容もさしあたりただ可能的な内容でしかないといった無規定性をかたづける、と言うかわりに、自分の心をきめる〔sich entschließen《ジッヒ・エントシュリーセン》〕という言い方もする[2]。というのは、意志そのものの無規定性は、どちらでもない中立的のものだが、無限に受胎したものとして、あらゆる現存在の原胚芽《はいが》として、自分のうちにもろもろの規定と目的をふくんでおり、これらをただ自分のなかからだけ生み出すからである。

（1）〔 〕のなかはラッソンによる補正。

（2）シュリーセンは、締める、結ぶ。ベシュリーセンは、けりをつける、終結するという決定。ジッヒ・エントシュリーセンは、自分の閉ざされた心を開く、解く、解決するという決断、決心。なお『小論理学』§二〇六補遺につぎのように説明している。——自己同一的な普遍的なものは特殊化によって一定の内容を得るが、この一定の内容は普遍的なものの活動によって定立されたのであるから、「普遍的なものはこの内容を通じておのれ自身に帰り、おのれをおのれ自身と一つに結びつなげる(zusammenschließen)。だからまたわれわれは、自分になにか目的を立てるとき、あることを決定する（beschließen）と言う。すなわち、われわれは自分がさしあたりまず、いわばなにものにも結びつながれておらず、そしてあれこれの規定に達しうるものと見なすのである。同じくそのとき、われわれはまた、あることを決心（sich zu etwas entschließen）したとも言う。主観はただ対自的に有るだけの内面性から歩み出て、自分に対立している客観性とかかり合うのだということが、それによって言いあらわされる」。

§一三

決定することによって意志は自分を一定の個人の意志として定立し、自分の外へ出て他のものにたいして自分を区別する意志として自分を定立する。

だが意識としてのこのような有限性〔§八〕のほかに、直接的な意志は、それの形式とそれの内容との区別〔§一一〕のために形式的である。この意志に属するものは、ただ抽象的な決定することとそのことだけであって、内容はまだこの意志の自由の内容と作品ではないのである。

思惟するものとしての知性①にとっては、対象と内容はどこまでも普遍的なものであり、知性自身が普遍的な活動としてふるまう。

だが意志においては、普遍的なものが同時に本質的に、個別性としての私のものという意義をもつ。そして直接的すなわち形式的な意志においては、普遍的なものが同時に本質的に、まだそれの自由な普遍性でもって満たされていない抽象的な個別性としての、私のものという意義をもつ。

したがって、意志においてこそ知性自身の有限性がはじまるのである。そして意志がこんどは思惟にまで高まって[2]自分のいろいろの目的に内在的普遍性を与えることによってのみ、意志は形式と内容との区別を揚棄し、自分を客観的な、無限な意志にするのである。

してみれば、意志においては総じて人間は無限であるが思惟においては人間は制限されているとか、あるいは理性までも制限されていると思うような連中[3]は、思惟と意志の本性についてはほとんどわかっていないのである。思惟と意欲がまだ区別されているかぎりでは、この連中とは反対のことがむしろ真相であって、思惟する理性は意志としてこそ、意を決して有限となるのである。

追加

〔意欲の現実性〕なにひとつ決定しない意志は、なんら現実的な意志ではない。無性格な男はいつまでも決断がつかない。このぐずぐずする根拠は、ある種の気持の弱さのうちにあることもありうる。それは、規定することで有限性とかかり合い、自分に一つの制限をおき、無限性をすてるのであると知っており、だが自分の意図する全体を断念したくはない気持である。そうした気持は、たといなにか美しい気持[4]であるつもりであっても、死んだものである。

大事を欲するならば、おのれを制限しえなくてはならない、とゲーテは言っている。[5]どんなにつらかろうとも、人間はただ決定することによってのみ現実のなかへ踏み入るのである。なにしろ惰性というやつは、自分のなかで思いを抱き暖めて、そのなかでなにか普遍的な可能性を自分に保持し、そこから外へ出ようとはしないからである。だが可能性はまだ現実性ではない。自分を確信している意志なればこそ、規定されたもののなかでもなお、自分を失わないのである。

（1）§四参照。

（2）意志がもろもろの衝動を放棄し、普遍的かつ理性的な法則にしたがっておのれ自身を規定することによって。これは究極的には、倫理的意志が、理性的体制をもった国家において行なうところ。

（3）カントとその追随者たち。

（4）§一四〇の長い注解の〔f〕の終わりに「美しいたましい」に言及している。ここはモラヴィア派〈一七二ページ注（2）参照〉へのあてつけとも見られる。

（5）これはゲーテの短詩「自然と芸術」の一節の要約。

§一四

有限な意志は、ただ形式の面でだけ自分を自分のなかへ折れ返らせて自分自身のもとにある無限な自我としては〔§五〕、内容であるいろいろの衝動をも、またその実現と充足のもっと個々的な仕方をも、越えている。同時にまたこの自我は、ただ形式的にのみ無限な自我としては、自分の自然ないし本性と自分の外的現実性との諸規定としての、この内容に縛りつけられている。けれどもこの自我は、無規定な自我としては、この内容とか、あの内容とかには縛りつけられていない〔§六、§一一〕。

そのかぎりでは内容は、自我の自分のなかへの折れ返りとしての反省にとっては、私のものとしてありうることも、ありえないこともあるような、可能的なものにすぎない。またそのかぎりでは自我は、私をこの内容とか、あの内容とかに、規定する可能性である。すなわちこれらの、自我にとってはこの面からいえば外的なもろもろの規定のなかから、選択する可能性である。

§一五

意志の自由は、右の規定からいえば恣意[1]である。このなかにはつぎの二つのことがふくまれている。すなわち、いっさいを度外視して自分のなかへ折れ返る自由な反省と、内的あるいは外的に与えられた内容および素材への依存とである。

後者、すなわち、即自的には目的として必然的な内容は、同時に、前者、すなわち反省にたいしては、可能的内容として規定されているのであるから、恣意は、意志として存在するような偶然性である。③

自由というばあいに心にいだかれる最もふつうの表象は、恣意の表象である。これは、たんにもろもろの自然的な衝動によって規定されているにすぎないものとしての意志と、即自かつ対自的に自由な意志とのあいだの中間として、反省が入れたものである。

世間ではよく、およそ自由とはなんでもやりたいことをやることができるということだと言われている。だが、そのような表象はまったく思想の形成ないし教養を欠いているものとしか解されえない。そこには、即自かつ対自的に自由な意志というもの、権利ないし法というもの、倫理というもの、等々についての、どんなおぼろげな観念すらも見られないのである。

反省、すなわち自己意識の形式的な普遍性と統一性は、意志が自分の自由についてもつ抽象的な確信である。だが反省はまだ自由の真理ではない。なぜなら、反省はまだそれ自身を内容と目的にしてはいないからである。つまり、主観的な面はまだ対象的な面とは別のものだからである。そのためにまた、この自己規定の内容も依然としてまったくただ有限的なものにとどまっている。

恣意は、意志がその真理においてあるあり方どころか、むしろ矛盾としての意志である。

——

ヴォルフ的形而上学[4]の時代にことに行なわれた論争、すなわち、意志は現実的に自由であるのか、それとも、意志の自由についてのわれわれの知は迷妄でしかないのか、という論争において眼前におかれていたのは恣意なのであった。決定論[5]は正当にも、あの抽象的な自己規定の確信にたいして、内容をつきつけた。これは一つの眼前に見いだされた内容として、あの確信のなかにはふくまれておらず、したがってそれの外からやってくる内容であった。もっとも、この外部とは、衝動とか表象とかであり、総じて内容が自己規定的活動そのものに固有のものではないように——どんな仕方でであれ——満たされた意識であるのだが。

こうして、恣意のうちには、自由な自己規定の形式的要素だけしか内在しておらず、もう一方の要素は恣意にとっては与えられたものである以上、たしかに恣意は、もしそれが自由とされるなら、迷妄と呼ばれてよろしい。

すべての反省哲学[6]で主張される自由は、カント哲学でも、それからまたカント哲学の完璧《かんぺき》な浅薄化であるフリース哲学でもそうだが、あの形式的な自己活動よりほかのなにものでもないのである。

追加

〔恣意と自分一個の特殊性〕私には、あれこれと自分を規定する可能性があるのだから、つまり私は選択しうるのだから、ふつうに自由と呼ばれている恣意を私はもっている。

私のもつ選択の自由は、私があれやこれやを私のものにすることができるという、意志の普遍性のうちに存する。この私のものは、特殊な内容だから、私に合っておらず、したがって私とは別にされているのであって、私のものでありうる可能性のうちにあるにすぎず、同様に私もただ自分をこのものとつなぎ合わせる可能性であるにすぎない。

それゆえ選択の自由は、自我が規定されていないことと、そして内容が規定されていることとに存する。つまり意志は、このような内容のために自由でないのである。もっとも、意志は無限性の面を形式的には即自的にもっている。だから、そのような規定された内容のどれ一つとして意志にかなったものはなく、規定されたどの内容においても意志は真に自己自身を有してはいないのである。

恣意ということのうちには、内容が私の意志の本性によってではなく、偶然によって私のものであると規定されている、ということがふくまれている。したがって私もまたこの内容に依存している。これこそ、恣意のうちにある矛盾なのである。

ふつうの人間は、恣意的に行なうことがゆるされているとき自由であると信じる。だが、まさしく恣意のうちにこそ、彼は自由でないということが存するのである。私が理性的なものを欲するばあいは、私は一個特殊の個人としてではなくて、倫理一般のもろもろの概念にしたがって行為する。倫理的行為においては私は、自己自身を押し通すのではなくて、ことがらを妥当するようにさせるのである。だが人間は、なにかまちがったことをすることによって、自分一個の特殊性を最も多く突出させる。

理性的なものは、だれでもそこを行く国道であって、そこではだれひとり抜きんでて見えはしないのである。

偉大な芸術家たちが作品を完成すると、世人は、このとおりにちがいないと言うことができる。すなわち、その芸術家一個の特殊性はまったく消え去っており、どんなわざとらしい手法もそこには見えないということである。フィディアス⑦にはどんなわざとらしい手法もないのであって、彼の作品では形態そのものが生きて現われ出る。ところが、芸術家がへたであればあるほど、それだけますます作品に彼自身、つまり彼一個の特殊性と恣意が見られるのである。

自由の考察のさい、人間があれやこれやを欲しうるという恣意のうちにとどまっているならば、これはたしかに人間の自由ではある。けれども、内容が一つの与えられた内容であるという見方を固持するならば、人間はこの内容によって規定されるのだから、まさしくこの面で人間はもはや自由ではないのである。

(1) ヴィルキュール Willkür ——もと、自由な選択意志という意味。随意とも訳す。
(2) §一九注解参照。衝動と目的のちがいは、目的は思惟によって定立され、対自的に理性的で必然的な点にある。衝動は非理性的で偶然的だが、このことは現象ないし外見にすぎず、即自的には目的であるから必然的である。
(3) 「ある存在するものが可能的でしかないと規定されると、偶然的なものであり——存在することもありうるし、存在しないこともありうる」(ヘーゲルの『覚え書』)
(4) クリスティアン・ヴォルフ(一六七九〜一七五四)は合理主義的形而上学の代表者。理性を吟味しない独断論としてカントに批判された。§四注解参照。
(5) 世界の運動、とくに人間の意志は、外的な力(神の計画にせよ、因果の必然性にせよ)によって決定されていると主張する理論。世界と人間は神的な目的に向かって運動するという目的論的な決定論もある。
(6) カントを中心にした悟性哲学。
(7) ギリシア名はフェイディアス。前四九〇〜前四三〇年ころの彫刻家。パルテノン建立の総監督で本尊アテナ・パルテノス像などの作者。

§一六

決心において選択されたもの〔§一四〕を、意志は同様にまた放棄することもできる〔§五〕。だが、この放棄したもののかわりに立てる別のどの内容をも同様につぎからつぎへと無限に越え出てゆくこの可能性でもって、意志は有限性を越え出るわけではない。なぜなら、そうした内容はどれも、形式とは相違したもの、したがって一つの有限なものだからである。そのうえ、規定されていることに対置されたもの、無規定性――不決断ないし度外視（抽象）――も、ただもう一方の、これまた一面的な契機でしかない[1]からである。

（1）§五参照。

§一七

恣意は矛盾であり〔§一五〕、この矛盾には、もろもろの衝動や傾向の弁証法[1]としてつぎのような現象がある。すなわち、それらの衝動や傾向はたがいにさまたげ合い、そのどれか一つのものの充足は他のものの充足を下位におくこと、ないしは犠牲にすることを必要とする、等々の現象である。そして衝動はそれの規定されたあり方の単一方向でしかなく、したがってそれ自身のうちに尺度をもっていない以上、このように他の衝動の充足を下位におくとか犠牲にするように規定することは、恣意の偶然的な決定なのである。——たとい、恣意はそのさい、どの衝動で充足がより多く獲《え》られるかという打算的な悟性でもってきめるとか、あるいは他の任意のどんな顧慮によってきめるやり方をするものだとしても。

追加

〔もろもろの衝動の抗争〕もろもろの衝動や傾向はまず第一に意志の内容であって、ただ反省だけがこの内容を越えている。だがこれらの衝動はみずから駆り立てるようになり、たがいに押し合い、へし合い、さまたげ合い、どれもみな充足されたがる。

ところで、もし私がこれら衝動のうちのたんに一つだけに身を入れて、他のすべてをないがしろにするならば、私はある破壊的な被制限状態にいるわけだ。というのは、私はまさしくそうすることによって、すべての衝動の一体系である私の普遍性を放棄したわけだからである。だが、いろいろの衝動をたんに下位におくこと、——これがふつう、悟性の考えつくところなのだが——これでも役に立たないことは同様である。なぜなら、ここではこのような順位づけのどんな尺度も示されようがなく、したがってそうした要求は通常、ありきたりの言い方のたいくつさに帰着するからである。

（1）「有限なものは、たんに外から制限されるのではなく、おのれ自身の自然ないし本性によって〔おのれ自身のなかでおのれと矛盾し、そのことによって」おのれを揚棄し、おのれ自身によっておのれの反対物のなかへ移り込む」（『小論理学』§八一補遺）

§一八

もろもろの衝動の評価にかんして右の弁証法にはつぎのような現象がある。すなわち一方、直接的な意志のもろもろの規定は内在的、したがって肯定的なものとして善であって、人間はそのように本性上、善であるといわれる。だが他方、それらの規定は自然的規定であるかぎり、したがって総じて自由と精神の概念とに反対の、否定的なものであるかぎり、根絶されるべきものであって、人間はそのように本性上、悪であるといわれる。

この立場においては、どちらかの主張にきめるものもまた主観的な恣意である。

追加

〔原罪の教え〕キリスト教が、人間は本性上、悪であるとする教えは、他の教説が人間を本性上、善であると考えるのより、もっと高いところに立っている。この教えは、それの哲学的な解釈[1]にしたがって、つぎのように解すべきである。――精神としては人間は、もろもろの自然的衝動によって規定せられない立場をもつ自由な存在者である。したがって、人間が直接的で形成陶冶されていない状態にあるのは、人間がそこにあるべきでない状態、そこから脱却しなくてはならない状態にあることなのである。

原罪の教え――これなしにはキリスト教は自由の宗教とはいえまいが――は、このような意義をもっているのである。

（1）ヘーゲルのそれについては§一三九参照。

§一九

もろもろの衝動の純化という要請[1]のうちにある、一般的な考えは、衝動がその直接的な自然的な規定されたあり方の形式からも、内容の主観的で偶然的なものからも自由にされて、その実体的な本質へ還元されるようにと、求めることである。

このはっきり規定されていない要請の、真実な点は、いろいろの衝動がもろもろの意志規定の理性的な体系としてあるようにと、求めることである。そのように、いろいろの衝動を概念にもとづいて把握することが、法の学の内容である。

法の学の内容は、その個々のすべての契機、たとえば権利、所有、道徳、家族、国家、等々にしたがって、人間には生来、権利への衝動があるとか、また所有への、道徳への衝動もあるとか、また性愛への衝動、社交性への衝動、等々もあるとかいう形式で講ぜられかねない。

こうした経験的心理学の形式のかわりに、高尚にも一つの哲学的な形態を得たいと思うなら、この形態は、――さきに述べたように[2]当今ではそれが哲学と見なされてしまったもの、そしてまだそう見なされているものにしたがって、――人間は権利、所有、国家、等々を欲するのだということを自分の意識の事実として自分のうちに見いだすのであると言えば、やすく手に入れられる。

もっとあとで[3]、ここでもろもろの衝動のすがたで現象するのと同じ内容の、もう一つ別の形式、すなわち、もろもろの義務の形式があらわれてくるであろう。

（1）ヘーゲルはこのあたりカント『宗教哲学』の第一篇「善の原理とともに悪の原理の内在することについて。あるいは、人間本性における根本悪について」を念頭においていると思われる。ヘーゲル自身の、衝動の善悪論と「悪の根源」論については§一三九とその追加参照。

（2）たとえば§二と§四との各注解。

（3）§一四八以下。ことに§一五〇注解。

§二〇

もろもろの衝動に関係する反省は、これらの衝動を表象し、見積もり、これらの衝動をたがいに比較する。つぎにこの反省はまた、これらの衝動をその充足のいろいろの手段や結果などと比較し、そして満足の一全体——幸福①——と比較する。それゆえ、反省は、このような素材に形式的な普遍性をもたらし、こういう外面的な仕方で、この素材の生《なま》で野蛮な状態を純化する。このように思惟の普遍性がすくすくと生《は》えてくることが、教養②の絶対的な価値である〔§一八七参照〕。

追加

〔幸福〕幸福ということのうちに、思想はすでに、いろいろの衝動の自然的な強い力を制する一つの力をもっている。というのは、思想は瞬間的なものでは満足しないで、しあわせの一全体を必要とするからである。

教養もまた一つの普遍的なものに力を得させるのであるかぎり、このしあわせの一全体は教養につながっている。

だが幸福の理想には二つの契機がふくまれている。第一は、あらゆる特殊的なものよりもっと高い普遍的なものである。ところが第二に、この普遍的なものの内容はといえば、ただ一般的でしかない享楽なのだから、ここにもう一度、個別特殊的なもの、つまり一つの有限なものが立ち現われるのであって、衝動への逆もどりということにならざるをえない。

幸福の内容は各人の主観性と感じにある以上、この普遍的な目的はそれ自身、一個特殊的である。したがってそのなかにはまだ内容と形式のなんら真の統一は存在していないのである。

(1) 目的としての幸福については§一二三参照。カントもその『道徳形而上学の基礎づけ』(一七八五年)の第一章において「心の傾くもののいっさいの満足の総計」としての幸福という考えのあいまいさを論じている。

(2) ビルドゥング——このドイツ語は形成、陶冶、育成、教化、教育、文化などの意味があって、一語ではつくせない。

§二一

しかしこの形式的な普遍性——すなわち、対自的には無規定であって、あのような素材において自分の規定されたあり方を見いだすような普遍性——の真理は、自己自身を規定する普遍性、すなわち意志、自由である。

意志は普遍性を、つまり無限な形式[1]としての自己自身を、自分の内容、対象、目的としている以上、即自的に自由な意志であるばかりではなく、同様にまた対自的にも自由な意志——真の理念である。

意志の自己意識は、欲求、衝動としては、感性的である。——感性的なものとはそもそも外的なもの、したがって自己意識の自己-外-存在をいうのだが。自己のなかへ折れ返って反省する意志は、この感性的なものと、思惟する普遍性という、二つの要素をもっている。

即自かつ対自的に有る意識は、意志としての意志そのものを、それゆえ自分をその純粋な普遍性において、自分の対象としている。——この普遍性とはまさしく、自然性の直接無媒介性と、そして、反省によって生み出されもするが同様にまた自然性もそれにまつわられるところの一個の特殊性とが、そのうちで揚棄されているということにほかならない。だがこの揚棄して普遍的なもののなかへ高め入れることこそ、思惟の活動といわれるものである。

自己意識が自分の対象、内容、目的を、右の普遍性にまで純化し、高めるのは、意志のかたちでおのれを貫徹する思惟としてこれを行なうのである。ここにこそ、意志はただ思惟する知性としてのみ、真実な自由な意志であるということが、そこで明らかになる点がある。②

奴隷は自分の本質、自分の無限性、つまり自由を知らず、自分が本質であるとは知らない。——そして彼が自分をそうとは知らないのは、すなわち、彼は自己を思惟しないのである。——思惟によって自己を本質としてとらえ、まさにそのことによって自己を偶然的で非真なるものから離れさせるところの、この自己意識が、権利ないし法と道徳といっさいの倫理との原理をなす。

権利ないし法と道徳と倫理について哲学的に語り、しかもそのさい、思惟をしめ出そうとし、感情に、心と胸に、感激に訴えるように命じる連中は、そのことでもって、思想と学のおちいっている最も深い軽蔑《けいべつ》された状態を言いあらわすわけである。というのは、そのように学は自分みずからさえも、自分にかんして絶望と極度の無気力とにおちいっていて、野蛮と無思想を自分の原理とするからであり、せいぜいのところ、人間からいっさいの真理、価値、尊厳をうばうことができるくらいのことだろうからである。

追加

〔真実の意志〕哲学における真理とは、概念が実在に対応するということである。たとえば、肉体は実在であり、たましいは概念であるが、たましいと肉体とはたがいに相応し合っているものとされる。

だから、死んだ人間はどうにかまだ一つの現存在ではあるが、もはや真実の現存在ではなく、概念のない現存在である。そのために、死んだ肉体は腐敗する。

そこで、真実の意志とは、意志の欲するもの、意志の内容が、意志と同一であるということ、つまり、自由が自由を欲するということなのである。

（1）§五参照。
（2）つまり、直接にあらわれているとおりのものではなく、いっさいの直接的なものの揚棄であること。

§二二

即自かつ対自的に有る意志は、真に無限である。なぜなら、この意志の対象がこの意志自身だからである。またこのことによって、対象は意志にとって他のものでもなければ制限でもなくて、意志はむしろ対象においてまさしく自己のなかへ帰っているからである。

さらにこの意志は、たんなる可能性、素質、能力〔potentia〕ではなくて、現実的に無限なもの〔infinitum actu〕である。なぜなら、概念の現存在、いいかえれば概念の対象的な外在態が、内的なものそのものだからである。[1]

それだから、もし自由な意志のことを、ただそういう意志として論じるだけで、それが即自かつ対自的に自由な意志であるという規定をぬきにするとすれば、たんに自由の素質のことだけ、いいかえれば自然的で有限な意志〔§一一〕のことだけを論じているのである。それでは、論者の言葉と意見がどうであろうと、けっして自由な意志のことを論じてはいないことになる。

悟性は、無限なものをただ否定的な、したがって彼岸的なものとしか解しない以上、これを自分から遠く離れたところへ押しやり、自分のものでない疎遠なものとして自分から遠ざければ遠ざけるほど、この無限なものにいよいよ多くの敬意を表わすつもりでいる。

真に無限なものは、自由な意志のうちに、現実性と現在性をもつ。――すなわち、自由な意志そのものが、この、それ自身のうちで現在的な理念なのである。

追加

〔意志の無限性〕無限を一つの円のかたちで表わしてきたのは正しい。というのは、直線はどこまでもさきへさきへと外に出てゆくのであって、真の無限のように自分自身のなかへの還帰をもってはいない、たんに否定的な、悪しき無限を表示するからである。

自由な意志は真に無限である。というのは、それはたんに可能性と素質ではなくて、それの外面的現存在がそれの内面性であり、それ自身であるからである

(1) 具体的には§二五七以下の国家論で述べられる。

§二三

意志はただこの自由においてのみ、まったくおのれのもとにある。なぜなら、この意志は自己自身よりほかのなにものにも関係しないからである。したがってまた、なにか他のものへの依存

の関係がいっさいなくなるからである。——

この意志は真であり、あるいはむしろ、真理そのものである。なぜなら、この意志が規定するということは、意志がそれの現存在においてありながら、つまり自分に対立するものとしてありながら、しかも自分の概念のとおりのものである、ということに存するからである。いいかえれば、純粋な概念がそれ自身の直観を自分の目的および実在にしているのだからである。

§二四

この意志は普遍的である。なぜなら、この意志においては、あらゆる制限と特殊的個別性が揚棄されているからである。そして制限と特殊的個別性はもっぱらただ、概念とその対象ないし内容との相違のうちにのみ在るものと見られるからである。べつの形式でいえば、制限と特殊的個別性はもっぱらただ、概念の主観的な対自的存在と概念の即自的存在との相違、概念の排他的な決定する個別性と概念の普遍性そのものとの相違、のうちにのみ在るものと見られるからである。

普遍性のいろいろの規定は論理学で明らかになる〔『エンチクロペディー』§一一八～一二六〔§一六九～一七八〕を見よ〕。

普遍性という言葉でまず第一に表象に浮かんでくるのは、抽象的で外面的な普遍性である。

だが、ここで規定されたような即自かつ対自的に有る普遍性というばあいには、反省の普遍性、つまり共通性とか総体性のことを考えてはならない。なおまた、個別的なもののそとに、もう一方の側にある、抽象的な普遍性、抽象的な悟性的同一性〔§六の注解〕のことを考えてもならない。

それ自身のうちで具体的な、それゆえ対自的に有る普遍性——これこそ自己意識の実体、自己意識の内在的な類[1]ないしは内在的な理念である。すなわち、自分の対象のうえにおおいかぶさり、自分の規定を貫通してゆく普遍的なもの、自分の規定のなかで自分と同一である普遍的なもの[2]、としての自由な意志の概念である。——

即自かつ対自的に有る普遍的なものとは、総じて、理性的なものと呼ばれているところのものであり、ただこうした思弁的な仕方でしか把握されえないものである。

(1) 類、種、個という場合の類。

(2)「この人は発明の才がある」と言えば、この人だけでなく幾人かの人間が発明の才を持っているということがふくまれている。この人間は大勢のうちの一人であり、人間の普遍的なものに属している。中村、鈴木、ジョージ、ピーター等々がすべて人間であるということは、たんになにか彼らに共通なものではなくて、彼らの普遍的なもの、彼らの類である。この類がなかったら、これら個々の人間はすべてまったく存在しないであろう。普遍的なものは個別的なものの土台、根底であり実体である。個別の人間は、何よりもまず人間としての人間であり普遍的なもののうちにあるかぎりでのみ、特殊的なもののうちでのあり方をもっている。この普遍的なものは、あらゆる特殊的なものを貫通し、特殊的なものをおのれのうちにふくむものである（『小論理学』§一八七補遺参照）。

§二五

意志にかんして総じて主観的なものといわれるのは、意志の即自的に有る概念とは区別された、意志の自己意識の面、個別性〔§七〕の面である。

それゆえ、つぎのようなものがそれぞれ意志の主観性といわれる。

〔α〕自己意識の純粋な形式、自分との絶対的な一体性。そこでは自己意識は自我＝自我としてまったく内面的であり、抽象的な自己依拠である。これは真理とは区別された純粋の自己確信である。

〔β〕意志の特殊性。すなわち恣意であり、任意な諸目的の偶然的内容である。

〔γ〕総じて一面的な形式〔§八〕。——意欲されたものの内容がどうであろうと、それがやっとただ自己意識に所属する内容でしかなくて、まだ実現されていない目的であるかぎり、それはこの一面的な形式である。

§二六

〔α〕意志は自己自身を自分の規定としているかぎり、したがって自分の概念にかなっていて真実であるかぎり、まったく客観的な意志である。

〔β〕だが客観的な意志は、自己意識の無限な形式を欠いたものとしては、それの内容がどういう性質のものであろうと、自分の客体ないし状態のなかへすっぽり沈め入れられた意志——子供らしい意志、習俗的な意志[1]、また奴隷的な意志、迷信的な意志、等々である。

〔γ〕さいごに客観性は、主観的な意志規定に対立した一面的な形式、したがって現存在《ダーザイン》の直接性、つまり外的な実存《エクシステンツ》である。この意味では意志は、自分のもろもろの目的の実行によってはじめて自分にとって客観的となる。

これらの、主観性と客観性という論理学的な規定をここで詳論したのはほかでもなく、これら二つの規定にも他のもろもろの区別や対立的反省規定にも、その有限性のゆえに、したがってその弁証法的な本性のゆえに、自分と反対のもののなかへ移り込むということが起きるということを、主観性と客観性という規定にかんして——これらはあとでしばしば用いられるので——明確に述べておきたいためである。

とはいっても、主観性と客観性以外のそのような対立の両規定にとっては、その同一性がまだ内面的なものとしてあるのだから、それぞれの規定の意味は、表象と悟性にとっては確固不動である。

これに反して意志においては、そのような対立的な両規定は、抽象的な規定であるとされると同時に、意志というただ具体的なものとしてだけ知ることのできるものについての規定であるとされる。したがって、おのずから、以下のような両者の同一性と、両者の意味の取りちがえとにみちびく。——この取りちがえは、悟性にはただ無意識に起きるにすぎないが。

たとえば意志は、自由がそれ自身のうちに有るあり方として、主観性そのものである。したがってこの主観性は意志の概念であり、だから意志の客観性である。ところがまた意志の主観性は、客観性と対立したものとして、有限性である。だがまさにこの対立において、意志は自分のもとにあるのではなく、客体ともつれ合っているのであって、主観的でないという点にも同じく意志の有限性は存する、等々。——

それだから、以下の叙述において意志の主観的なものとか客観的なものとかが、どういう意味をもつとされるかは、それらの用語の位置を全体への関係のうちにふくんでいるところの連関から、そのつど明らかにされなければならない。

追加

〔客観的意志と主観的意志〕　ふつうには、主観的なものと客観的なものとは固くたがいに対立し合っていると信じられている。これはしかし、そうではないのであって、両者はむしろ、たがいに移行し合って、それぞれ反対のものになるのである。というのは、この両者は肯定的と否定的というような抽象的な規定ではなくて、もっと具体的な意味をすでにもっているからである。

まず主観的という言葉を見ると、たんにある特定の主観の目的でしかない目的は、主観的と呼ばれうる。この意味では、ものになっていない、はなはだへたな芸術作品は、たんに主観的でしかない作品である。

しかしもっとほかに、この言葉は意志の内容にも向けられることがあって、そのばあいは恣意的なものというのとほぼ同じ意味であり、主観的な内容とは、たんにその主観にしか属さない内容である。たとえば、悪い行為とは、たんに主観的でしかない行為である。

つぎにはまた、あの純粋で空虚な自我、すなわち、ただ自分だけを対象とし、それ以上のいっさいの内容を度外視する力をもっている自我も、同様に主観的と呼ばれうる。こういうわけで、主観性は、一つには、あるまったく一個特殊的という意義をもつが、また一つには、ある大いに正当な意義をもつ。というのは、私が承認するほどのものはいずれもまた、私のものとなって私のうちに勢力を得なくてはならないという課題をももっているからである。純粋な自我のこの単一な源泉のうちにいっさいを総括し、呑《の》みつくそうとする――これこそ、主観性の無限な貪欲《どんよく》なのである。

客観的なものもこれに劣らず、いろいろに解されうる。この言葉でわれわれは、現実的なもろもろの存在であろうと、あるいは、われわれが自分に対置するもろもろのたんなる思想であろうと、およそわれわれが自分に対象的ならしめるすべてのものを意味しうる。

だが同様にこの客観的なものという言葉はまた、目的がそのなかに実現されるはずの現存在の直接性という意味にも解されている。たとい目的そのものはまったく一個特殊の主観的なものであろうとも、それが現象するとき、われわれはそれをやはり客観的と呼ぶ。ところが他方、そのなかに真理があるところの意志もまた客観的な意志である。だから、神の意志《みこころ》、倫理的な②意志は、客観的な意志である。

さいごにまた、意志がまったく自分の客体のなかにすっぽり沈め入れられているばあいをも、客観的と呼ぶことができる。主観的な自由なしに信頼しきっている子供らしい意志とか、まだ自分を自由とも知らないで、それゆえ無意志の意志であるところの奴隷的な意志とかが、そうである。この意味では、自分のものでない他の権威によって左右されて行為し、まだ自己のなかへの無限な還帰をなし終えていない意志は、いずれも客観的である。

（1）ジットリッヒ——このドイツ語はふつう、「倫理的」の意味だが、ここではヘーゲルは『精神現象学』で論じた古代ギリシアのジッテ（習俗）を念頭においていると解される。

（2）ジットリッヒ——注（1）と同じ言葉だが、「習俗的意志」ならヘーゲルの本文における区分の〔β〕に入る。ここでは「さいごにまた……」以下の部類に入るはずだ。ガンス版のこの「追加」はすこし不用意とも思われる。

§二七

自由な精神〔§二一〕の絶対的な規定、あるいは絶対的な衝動といってもよいが、——それは、精神が対自的に、すなわち理念として、意志の即自的にあるところのものになるために、自分の自由を自分の対象にするということである。すなわち、それは精神が、自分の自由が自分自身の理性的な体系としてあるという意味においても、この体系が直接の現実であるという意味においても、自分の自由を客観的なものにする〔§二六〕ということである。

意志の理念の抽象的な概念は総じて、自由な意志を欲するところの自由な意志である。(1)

（1）これにいたる過程は§二八参照。それが抽象的な概念だというのは、カント倫理学が典型であるように、具体的内容を欠くからだ。

§二八

意志の活動は、主観性と客観性の矛盾を揚棄し、自分の目的を主観性の規定から客観性の規定のなかへ移し込み、客観性のなかで同時に自分のもとにありつづける。こういう活動は、客観性がそこではただ直接的な現実としてあるにすぎない形式的な意識〔§八〕の仕方のそとでの、理念の実体的な内容〔§二一〕の本質的な発展である。この発展は、概念が、最初はみずからも抽象的な理念をば規定して、理念の体系の総体性に達せしめるという発展である。そしてこの総体性は実体的なものであるから、たんに主観的でしかない目的とその実現との対立には左右されず、目的と実現というこれら両形式において同一のものである。

§二九

およそ現存在が、[1]自由な意志の現存在であるということ、これが法ないし権利である。――法ないし権利はそれゆえ総じて自由であり、理念として有る。

カント的規定でもあり〔カントの法論の序論〕[2]、またもっと一般的にもみとめられている規定では、「私の自由ないし恣意を、それが普遍的な法則にしたがって各人の恣意といっしょに存立できるように、制限すること」が主要点である。

一つにはこの規定は、否定的な規定、制限という規定をふくんでいるにすぎない。また一つには、肯定的なもの、すなわち普遍的な法則ないしはいわゆる理性法則、つまり、ひとりの恣意と他のひとりの恣意との一致は、けっきょく、周知の形式的な同一性と矛盾律とに帰着する。

右の法ないし権利の定義は、ルソー(3)このかた、とりわけひろまった見解をふくんでいる。それによると、意志といっても即自かつ対自的に有る理性的な意志としてではなく、精神といっても真の精神としてではなくて、特殊的な個人としての精神、一個人の独自の恣意のかたちでの意志としての意志が、実体的な基礎であり、第一のものであるとされる。

この、いったんみとめられた原理によれば、理性的なものは、もちろんただそのような自由にとって制限を加えるものとしか見られえないし、また、内在的に理性的なものとしてではなくて、ただある外的、形式的な普遍的なものとしてしか現われえないのである。

右の見解には思弁的な思想がぜんぜん無い。またそれは哲学的な概念によってしりぞけられてもいる。しかしそれはまた人びとの頭のなかと現実のうちに(4)もろもろのおそるべき現象をつくり出しもした。そのおそろしさに匹敵するものといえば、それらの現象のもとづいていたもろもろの思想がおそろしく浅薄だという点にしか求められない。

(1)「およそこうした実在〔§四八五（§一〇九）で述べた法律や習俗〕は、自由な意志の現存在として、法ないし権利であるが、これはせまい法律学上の法ないし権利としてばかりではなく、自由のすべての規定の現存在としてひろく解すべきである」〔『エンチクロペディー』§四八六（邦訳『精神哲学』§一一〇）〕

（2）カント『人倫の形而上学』の「第一部、法論の形而上学的諸原理」（一七九七年）のはじめ、「§C、法の普遍的原理」の冒頭の一節の趣意をヘーゲルがつぎの「」内に要約している。

（3）（一七一二〜七八）。〈世界の名著〉36『ルソー』の「社会契約論」二四一ページ下左三行〜二四二ページ上三行参照。

（4）フランス革命のテロル。

§三〇

法ないし権利はなにか総じて神聖なものであるが、その理由はもっぱらただ、法ないし権利が、絶対的な概念の現存在、自己意識的な自由の現存在であるからである。

だが、法ないし権利の形式主義〔さらには義務の形式主義〕（§一三三）は、自由の概念の発展段階の相違から生じる。より形式的な、すなわち、より抽象的な、それゆえ、より制限された法ないし権利にくらべると、精神がその理念のうちにふくまれたさらに他の諸契機を精神自身のなかで規定して現実と成らせた圏域と段階[1]は、もっと具体的な、もっとそれ自身のうちで豊かな、もっと真実に普遍的なものであり、まさにそれゆえにまた、もっと高い法ないし権利をもってもいる。

自由の理念の発展の各段階は、それぞれの独自の法ないし権利をもっている。なぜなら、どの段階も、自由がおのれ自身のもろもろの規定の一つにおいてあるあり方だからである。道徳、倫理と、法ないし権利との対立ということが論ぜられるのは、法ないし権利という言葉でただ最初の形式的な法ないし権利、すなわち抽象的人格性の権利だけしか解されていないわけである。

(主観的)道徳、(客観的)倫理、国家利益は、それぞれ一つの独自の権利である。なぜなら、これらの形態のどれもが自由の規定であり自由の現存在であるからである。

それらの形態は、権利であるという同じ線のうえに立っているかぎりでのみ、たがいに衝突することがありうる。もし精神の道徳的立場が、また一つの権利でもあるのでなかったら、つまり、自由がそのもろもろの形式の一つにおいてあるあり方でもあるのでなかったら、道徳が人格性の権利、ないしは、なにか別の権利と衝突するわけはぜんぜん、ありえないであろう。なぜなら、権利というものは、精神の最高の規定である自由の概念――これにくらべれば他のものはなにか実体のないものとなる――をふくんでいるからである。

だが、この衝突は同時にもう一つ、こういう契機をもふくんでいる。すなわち、道徳は制限されたものであり、したがってまた、一つの権利は他の権利に従属してもいるということである。

ただ世界精神の権利だけが無制限に絶対的なものである。

（1）つまり国家。——国民の精神がその理性的で有機的な諸制度に客観化された段階。

§三一

方法についていえば、学においては概念がそれ自身からおのれを展開するのであって、ただ概念の諸規定の内在的な前進と産出があるのみである。いいかえれば、この進行は、いろいろちがった関係というものが存在しているのだとまず断言しておいてから、こんどはそのような、どこかほかから受け入れられた素材にたいして、普遍的なものを適用することによって行なわれる進行ではないのである。右の方法は、これまた[1]本書では論理学から前提されている。

概念の運動原理は、普遍的なものの特殊化したもろもろのあり方をただ解消するばかりではなくて、産出しもするものとして、私はこれを弁証法と呼ぶ。——したがってこれは、感情とか総じて直接的な意識に与えられた、対象、命題などを解体し、纏《もつ》れさせ、あちらこちらとひっぱりまわして、それの反対物をみちびいてくることだけを仕事としているという意味での弁証法、――プラトンでもしばしば見られるような、ある否定的な流儀――ではない。

そういう流儀の弁証法は、ある考えの反対がその究極の成果だと見なしたり、古代の懐疑論②のように断然、ある考えの矛盾こそがその究極の成果だと見なしたり、あるいはまた無気力な仕方で、真理にだんだん近づくことといった現代式の中途半端③がその究極の成果だと見なしたりすることがある。

もっと高い、概念の弁証法とは、規定をたんに制限や反対物として産出するのではなくて、規定から肯定的な内容と成果を産出し把握すること――このことによってのみ規定は展開ないし発展であり、内在的な前進であるとして――である。それゆえ、この弁証法はなにか主観的な思惟の外的な行ないではなくて、内容自身のたましいであり、有機的にそのもろもろの枝や果実を生じるのである。

理念の理性自身の活動としての、こうした理念の発展を、主観的なものとしての思惟は、自分のほうでなにかをつけ加えることなしに、ただよく追って見てゆくのである。あるものを理性的に考察するとは、この対象に外から一つの理性をもたらし、このことによって対象に加工することではないのであって、対象がそれ自身で理性的なのである。

ここでの理性的な考察の対象は、精神がそれの自由においてあるあり方である。すなわち、理性が自分に現実性を与え、実存在する世界として自分を生み出すところの、自己意識的な理性の最高の頂点である。学の仕事はただ、ことがらの理性自身のこの労働（の成果）を意識にもたらすということだけである。

（1）法の概念と同様に。§二参照。

（2）ストア学派とエピクロス学派の教条的体系にたいする補足としてローマ後期に仕上げられ、ことにセクストゥス・エムピリクスの著作に見いだされるような、気高い古代的懐疑論を指す。哲学は懐疑的なものを一つの契機、つまり弁証法的なものとしてふくんでいるが、懐疑論は弁証法のたんに否定的な成果に立ちどまる。この否定的なものは、それを成果として生み出したものを、揚棄されたものとしてふくんでいるから、同時に肯定的なものでもある。これが肯定的・理性的なもの、すなわち思弁的なものの根本規定である（『小論理学』§八一補遺二）。

（3）三四ページ注（16）参照。

§三二

概念の発展におけるもろもろの規定は、一面ではそれ自身、もろもろの概念である。他面では、概念が本質的に理念としてあるがゆえに、それらの規定は現存在の形式においてある。

したがって、右の発展のなかで生じてくるそれらのもろもろの概念の系列は、同時にもろもろの形態化されたあり方の系列なのである。それらは学においてそのように考察されるべきである。

もっと思弁的な意味では、一つの概念の現存在の仕方と、その概念の規定されたあり方とは同一のものである。だが注意されるべきことは、一つのもっと規定された形式を成果として生み出すもろもろの契機は、理念の学的な発展においては、もろもろの概念規定として、概念に[1]先行するが、時間的な発展においては、もろもろの形態化されたあり方として、概念に先行しないという点である。

たとえば、理念が家族として規定されていると、この理念（つまり家族の概念）はもろもろの概念規定を前提としているのであって、本書の後述のなかで家族（の概念）はそれらの諸概念規定の成果として叙述されるであろう。

他方しかし、これらの内的なもろもろの前提もまた、それら自身すでにもろもろの形態化されたあり方として、所有権とか契約とか道徳とか等々としてあるのだということ。これが発展の後者のほうの面である。それはただかなり高度に完成された形成ないし文化のなかでのみ、それのもろもろの契機のこうした独自に形態化された現存在を成就しているのである[2]。

追加

〔概念の、学における発展と、現存在する諸形態における発展〕理念は、自分を自分のなかでさきへさきへと規定しなくてはならない。というのは、はじめにはやっと抽象的な概念でしかないからである。

だがこのはじめの抽象的な概念はけっして放棄されるのではなく、ただ自分のなかでますますより豊かになるばかりであって、最後の規定が最も豊かな規定というしだいである。

このことによって、以前はただ即自的に有るだけのもろもろの規定が自分の自由な独立性を得るにいたる。だがそれは、——概念こそがどこまでもたましい(3)であって、これがすべてを総括するのであり、そしてただ、ある内在的なやり方によってのみ、それ自身のもろもろの区別を得る、というふうにである。

それゆえ、概念がなにか新しいものを得るなどと言ってはならないのであって、最後の規定は最初の規定と一体になってもとどおり一致するのである。そこで、たとい概念がその現存在においてはばらばらに割れているように見えるとしても、これはまさに仮象にすぎないのであって、進行してゆくうちにそういうものだということが明らかにされる。というのは、すべての個別的なものはひっきょう、普遍的なものの概念のなかへもとどおり帰ってゆくのだからである。

経験的な諸科学においては通常、表象のうちに見いだされるものを分析する。そしてこんどは個別的なものを普遍的なものへ連れもどしたばあい、そこでこれを概念と呼ぶ。

われわれはそのようなやり方はしない。というのは、われわれはただ、どのように概念がみずから自己を規定してゆくかを、よく追って見てゆこうとするだけであって、われわれの意見や思惟はひとつもつけ加えないようにつよく自制するわけだからである。

ところで、こういう仕方でわれわれの得るものは、一系列のもろもろの思想と、そしてもう一系列のもろもろの現存在する形態とであるが、これら二つの系列にあっては、現実の現象における時間の順序が概念の順序とはいくぶんちがっているということが起こりうる。だから、たとえば、所有は家族より前に現存在していたということはできないのであるが、それにもかかわらず本書で所有は家族より前に論ぜられるのである。

そうすると、ここで、なぜわれわれは最高のものから、すなわち具体的に真なるものからはじめないのか、という疑問が出されるかもしれない。答えは、こうであろう。――われわれは真なるものを一つの成果という形式において見ようと欲するからこそであって、そのためにはまず第一に抽象的な概念そのものを概念において把握することが本質的に必要なのである、と。それゆえ、現実的であるもの、つまり概念の形態は、たとい現実そのもののなかでは最初のものであろうとも、われわれにとってはやっとそのつぎのもの、あとのものなのである。

われわれの進行は、もろもろの抽象的な形式がそれら自身だけで存立するものではなくて、非真なる諸形式であることが示されてゆくという進行である。

（1）原文は「それに」（ihm）とあるだけ。従来の邦訳がこれを「現存在」と取っているのは論外だが、カーンの仏訳は「成果」、ノックスの英訳は「概念」と取っている。本文とこの注解の文脈からいって「概念」が正解と思うが、内容上は「成果としての概念」の意味。

（2）この注解は、ヘーゲルが諸制度の歴史を述べていると見なされないように用心したもの。家族論は§一五八ではじまる。家族は論理学的には、それ以前の諸節で述べたもろもろの概念規定を前提するが、だからといってこれらの論理学的前提がつねに現実の諸社会のうちに形態化されて現存在しているということにはならない。ある種の社会状態では、私的所有がまだ存在しなくても家族は存在しうるというのである。

（3）「弁証法的なものは、学的な進行を動かすたましいをなしており、それによってのみ内在的な連関と必然性が学の内容のなかへはいってくるところの……原理である」（『小論理学』§八一）

区分

§三三

即自かつ対自的に自由な意志の、理念の発展の段階順序からいえば、

A、意志は第一に直接的である。それゆえ意志の概念は抽象的であり、すなわち人格性であって、意志の現存在は一つの直接的な外面的な物件である。――これが、抽象的な権利ないし法、あるいは形式的な権利ないし法の圏である。

B、第二に意志は、外的な現存在から自分のなかへ折れ返った、自己反省した意志であり、普遍的なものにたいして主体的な個別性として規定された意志である。――この普遍的なものとは、一つには内的なものとして善であり、一つには外的なものとして現存世界である。そしてこの二つはただ相互によって媒介されているものとしての、理念の両面である。この段階では、理念は二つに割れている。あるいは、理念はその特殊的な実存在においてある。世界の法ないし権利にたいし、そしてまた理念の、といってもただ即自的に有るだけの理念の法ないし権利にたいして、主体的な意志の権利が関係する。――これが道徳の圏である。

C、第三に意志は、右の二つの抽象的な契機の一体性と真理であり、――思惟された善の理念が、自分のなかへ折れ返って反省した意志と、そして外的な世界と[1]において、実現されたすがたである。――したがって、実体としての自由は、主体的な意志として実存在しているのと同じほど現実および必然として実存在している。――これは理念がその即自かつ対自的に普遍的な実存在においてあるあり方、すなわち、倫理である。

だが倫理的実体もまた同様に、

a、第一に自然的な精神、——家族であり、

b、第二に、それ（倫理的実体）の分裂と現象においてあるあり方、——市民的社会であり、

c、第三に、特殊的意志の自由な自立性においてありながら同様に普遍的かつ客観的な自由として、国家である。——〔α〕ある民族の、そのような現実的かつ有機的な精神は、〔β〕特殊的なもろもろの民族精神の関係を通じて、〔γ〕世界史のなかで、自分が普遍的な世界精神にじっさいに成りもし、かつ自分を普遍的な世界精神として現実的に開示しもするのであって、この普遍的な世界精神の権利が最高のものである。

あることがら、ないしは内容が、やっとそれの概念からいって定立されているばあい、いいかえれば、それが即自的に有るすがたで定立されているばあい、直接性ないし有とか存在の形態をもつということは、思弁的論理学にもとづいて前提されている。概念が対自的に概念の形式においてあるばあいは、右とは別のものであって、もはや直接的なものではない。——

ここに示した区分を規定する原理も同様に前提されている。またこの区分は、本書の諸部分の前もっての史的梗概《こうがい》と見なされてもよい。というのは、いろいろちがった諸段階は理念の発展の諸契機として、内容そのものの本性から生じて来ずにはいないのだからである。哲学的な区分というものは総じて、なんらか一つないしはいくつかの採用された区分根拠にしたがってなされた、

現存の素材の外からの分類ではなくて、概念みずからの内在的な区別立てなのである。——

道徳（Moralität）と倫理（Sittlichkeit）は通常、ほぼ同じくらいの意味のものとされているが、本書では本質的に相違した意味に解している。[2] といっても、ふつうの表象もまたこの両者を区別するように思われる。カントの用語法は道徳という言葉のほうをとくに用いているが、じっさいまたカント哲学の実践的な諸原理はまったくこの道徳の概念だけに局限され、それどころか倫理の立場を不可能にさせ、じっさい、倫理をはっきりと無効にし、憤激させさえもするものである。だが、たとい道徳と倫理がその語原[3]からいって同じ意義のものであるとしたところで、このことは、事実上相違しているこれら二つの言葉を、二つの相違した概念のために用いる妨げとはなるまい。

追加

〔自由の実現の段階順序〕本書で法ないし権利（das Recht）について論じるばあい、われわれはたんに、法ないし権利という言葉でふつう解される市民的な法ないし権利（das bürgerliche Recht）だけではなくて、道徳（Moralität）、倫理（Sittlichkeit）、世界史（Weltgeschichte）のことをも意味する。これらも同様に本書の論じるところに属するわけは、概念がもろもろの思想を真理にしたがっていっしょにあつめるからである。

自由な意志は、それがいつまでも抽象的なままでいるのではないためには、まず第一に自分に一つの現存在を与えなくてはならないのであって、この現存在の最初の感性的な材料はもろもろの物件、すなわち、もろもろの外的な物である。

自由のこの最初のあり方は、われわれがこれを所有として知るはずのもの、形式的で抽象的な権利ないし法の圏である。この圏には、契約としての媒介された形態における所有も、犯罪と刑罰としてのそこなわれたすがたにおける権利ないし法も、やはり属する。この圏でわれわれのもつ自由は、われわれが人格と呼ぶところのものである。すなわち、自由な、しかも対自的に自由な、そしてもろもろの物件において自分に一つの現存在を与えるところの主体のことである。

だが、このたんなる、現存在の直接性は、自由にとってふさわしくないのであって、こういう規定の否定が道徳の圏である。私はもはやたんにこの直接的な物件において自由であるばかりではなくて、揚棄された直接性においても自由なのである。すなわち、私は私自身のなかで、主体的なもののなかで自由なのである。この圏においてこそ、外面性がどうでもよいものとして定立されることによって、私の洞察と意図、私の目的が肝腎となる。

だが、ここで普遍的な目的であるところの善は、たんに私の内面にいつまでもとどまっているべきではなくて、おのれを実現するはずのものである。すなわち、主体的な意志は、自分の内なるもの、つまり自分の目的が、外的な現存在を得るようにと要求する。したがって主体的意志は、善は外的な現存在のうちに成就されるべきものであると要求する。

道徳も、その前の形式的な権利ないし法も、両者ともに抽象物であって、倫理がはじめて両者の真理なのである。そのように倫理は、意志がそれの概念においてあるあり方と、そして個人の意志、すなわち主体の意志との、一体性である。

倫理の最初の現存在はこれまた一つの自然的なもの、すなわち愛と感情の形式における自然的なもの、家族である。ここでは個人はそのあつかいにくい[4]人格性を揚棄しているのであって、彼の意識もろとも一つの全体のうちにあるのである。

しかしつぎの段階では、ほんらいの倫理の喪失、そして実体的な統一の喪失が見られる。家族は崩壊し、成員たちはたがいにたいして自立的なものとしてふるまい合う。なぜなら、ただ相互のいろいろ必要とし合うものが彼らを絡《から》ませるにすぎないからである。この市民的社会の段階は、しばしば国家と見なされてきた。

だが国家は第三の段階の倫理である。個人の自立性と普遍的な実体性とのとてつもなく大きな合一がそこで起きるところの精神にして、はじめて国家なのである。それゆえ、国家の法ないし権利は他の諸段階よりもっと高い。それは、自由がその最も具体的な形態においてあるすがたであって、わずかにただ世界精神の最高の絶対的真理の下に位するだけである。

（1）「つまり、他のもろもろの主体たち」のことだ、とヘーゲルは『覚え書』に記している。

（2）§一四一参照。
（3）どちらも風習とか習俗の意味のラテン語のモレスと、ドイツ語のジッテ。
（4）シュプレーデ spröde――§四追加の「自我はまったくからっぽで、点みたいで、単一である」云々と、§一五八追加参照。

第一部　抽象的な権利ないし法

§三四

即自かつ対自的すなわち絶対的に自由な意志が、それの抽象的な概念のうちに有るばあい、それは直接性という規定されたあり方をしている。

この直接性からいえば、意志は、自分が実在にたいして否定的で、ただ抽象的に自分を自分に関係させるだけの現実性である。――それは、一つの主体の、それ自身のうちで個別的な意志である。

この意志は、意志の特殊性の契機からいえば、もろもろの規定された目的というもっとすすんだ内容をもっている。それと同時にこの意志は、排他的な個別性であるから、この内容を一つの外的な、直接に眼前に見いだされた世界として自分の前にもっている。[1]

追加

〔意志の抽象性と直接性〕即自かつ対自的すなわち絶対的に自由な意志がそれの抽象的な概念のうちに有るばあい、それは直接性という規定されたあり方をしている、と言われるとき、この言葉のもとにつぎのことが理解されなくてはならない。

完全な、意志の理念とは、概念が自分をすっかり実現してしまっているような状態、そこでは概念の現存在は概念自身の展開にほかならないといった状態であろう。しかし、はじめには概念は抽象的である。すなわち、もろもろの規定はすべて、なるほど概念のうちにふくまれてはいるが、しかし、じっさいまた、たんにふくまれてしかいない。すべての規定はただ即自的にあるだけであって、まだ展開されてそれら自身のなかで総体性をなすところまでいってはいない。

私が、私は自由だと言うとき、自我はまだこの無対立の自己内存在である。これに反して、道徳的なものにおいてはすでに一つの対立がある。というのは、私は個別の意志としてあるのに、善は、それが私自身のうちにあるとはいっても、普遍的なものだからである。こうして意志はここではもう自己自身のうちに個別と普遍とのもろもろの区別をもっており、それゆえ規定されているのである。

だが、はじめにはそのような区別は存在していない。なぜなら、最初の抽象的な一体性のうちにはまだどんな進行も媒介もありはしないからである。そこで、意志は直接性の形式、有とか存在の形式においてあるのである。

さて、ここで得られると思われる本質的な洞察は、この最初の無規定性そのものが一つの規定されたあり方であるという洞察である。なぜなら、無規定性は、意志とその内容とのあいだにまだどんな区別もありはしないということなのであるが、しかし、規定されたものに対置されると無規定性そのものが、一つの規定されたものであるという規定に属することになるからである。

すなわち、抽象的な同一性がここでは規定されたあり方をなしているのである。このことによって意志は個別的な意志——人格となる。

(1) 抽象的概念から理念への、意志の発展を論じるこの節での眼目は§三五〜三九でもっと展開される。意志は最初は普遍的で抽象的である。特殊と個別という概念の他の契機も現存するが、この段階の抽象性のために、普遍からはっきり区別されていて、普遍とともに具体的一体性にまで融合させられてはいない。

§三五

この対自的に自由な意志の普遍性は、形式的な普遍性である。それは自己意識的でそのほかは無内容な、自分の個別性のなかでの自分への単純な関係である。——そのかぎりで、主体は人格である。

人格性は[①]つぎのようなことをふくむ。すなわち、この者[②]としての私はあらゆる面からいって〔内面的な恣意《しい》、衝動、欲望の点でも、また直接的外面的な現存在からいっても〕完全に規定されて有限な、しかもまったくただ純粋な、自分への関係[③]であるということ。したがって私は、有限性のなかでそのように自分を無限なもの、普遍的なもの、自由なものとして知るということ。

人格性がはじまるのは、主体がたんに自己意識一般を、具体的なものとしての自分、なんらかの仕方で規定されたものとしての自分、についてもつときではない。むしろ、あらゆる具体的な制限されたあり方と通用性が否定されていて通用しないところの、完全に抽象的な自我としての自分について、主体が自己意識をもつかぎりにおいて、そこにはじめて人格性がはじまる。

それゆえ、人格性のうちにふくまれていることは、主体が自分を対象として知るということ、だがこの対象は思惟《しい》によって単純な無限性へ高められ、このことによって純粋に自己同一的な対象であるということ、④主体は自分をこのような対象として知るということである。

諸個人と諸民族は、この純粋な思惟と、自分についての知にまで、まだ達していないかぎりは、まだどんな人格性をももっていない。

即自かつ対自的に有る精神は、つぎのことによって、現象する精神とは区別される。すなわち、後者が自己意識と規定されるばあい、それは自分についての意識ではあるが、自然的な意識とそのまだ外面的な諸対立物という面からいっての自己意識でしかない〔『精神現象学』、一八〇七年、バンベルクおよびヴュルツブルク刊、一〇一（一三三）ページ以下と、『エンチクロペディー』§三四四（§四二四）〕のに、その同じ規定のなかで前者の精神は、抽象的な自我、しかも自由な自我としての自分を、対象と目的にしており、それゆえ人格である、ということによってである。

追加

〔人格という概念の高さと低さ〕対自的ないしは独立に有る意志、すなわち抽象的な意志が、人格である。人間の最高のことは、人格であることである。だがそれにもかかわらず、たんなる抽象物たる人格といえば、すでにその表現においてなにか軽蔑《けいべつ》すべきものである。

人格は、主体とは本質的に区別されている。というのは、およそ生きものはいずれも一つの主体である以上、主体はただ人格性の可能性でしかないからである。したがって人格とは、この主体性が主体にとって（対自的に）有るところの主体である。なぜなら、人格において私はまったくただ私にとって（対自的に）有るからである。すなわち人格とは、純粋の対自的存在における自由の個別性である。

私はそうした人格として、自分を自分自身のなかで自由であると知り、いっさいを度外視しうる。なぜなら、自分の前には純粋な人格性以外になにものも存しないからである。

しかも私はこの者として、一つの完全に規定されたものである。——たとえば、しかじかの年齢、しかじかの大きさ、この空間にいるなど、まだほかにいくらでも一個特殊的なものがあるであろう。

こうして人格は、高いものであると同時にまったく低いものである。人格のうちには、無限なものとまったくただ有限なもの、規定された限界とまったく無限界のものとの、こうした一体性がふくまれている。この矛盾は、どんな自然的なものも自分のなかにこれをもってはいない、ないしはこれを我慢できないであろうが、この矛盾を持ちこたえることができるのが人格の高さである。

（1）人格は、Person、人格性はPersönlichkeitの訳語。『法律学辞典』によるとペルゾンを「人」、ペルゼーンリッヒカイトを「人格」としているが、本書の論述の訳語にはふさわしくない。「カントは、人間が自我の意識をもつ人格であることが人間を動物や物よりも上位のものにしていると説き、動物や物を人格と区別して物件（Sache）と呼んだ。人格であるという特性を具体的な人格と区別して人格性（Persönlichkeit）という。しかしペルゼーンリッヒカイトは人格の意味に用いられることもある」（『岩波哲学小辞典』）

（2）『精神現象学』の本文の最初、「感性的確信――このものと思いこみ」の章参照。この確信においては意識はただ純粋な自我としてあるだけであり、いいかえれば私はただ純粋なこの者としてあるだけであり、対象もただ純粋なこの物として、つまり多様な媒介の意義をもたない「一個のもの」「個別のもの」としてあるだけである。

（3）§五参照。

（4）自分を知ることとは、いっさいの対象および規定された経験を度外視すれば、自分は自分であるという知。知られる自分は知る自分と同一。§五の抽象的で無限な自我。

§三六

1、人格性は総じて権利能力をふくむ。そして人格性は、抽象的な、それゆえに形式的な権利ないし法の、概念およびそれみずから抽象的な基礎をなしている。それゆえ権利ないし法の命令はこうである――一個の人格であれ、そして他のひとびとをもろもろの人格として尊敬せよ。

§三七

2、意志の特殊性は、たしかに意志の意識全体の契機ではある〔§三四〕が、抽象的な人格性そのもののうちにはまだふくまれていない。したがって意志の特殊性はなるほど存在してはいるが、しかしまだ、自由の規定たる人格性とは相違しているものとして、欲望、要求、衝動、偶然的な好み、等々として存在している。

それゆえ、形式的な権利ないし法においては、問題は特殊的な関心、つまり私の効用ないし私の福祉ではなく――同じくまた私の意志の特殊的な規定根拠、つまり洞察と意図でもないのである。①

追加

〔権能としての形式的権利〕人格においては特殊性はまだ自由として存在しているのではないから、特殊性しだいのものはいっさい、ここではどうでもよいものである。

だれかが自分の形式的な権利以外にはどんな関心をももっていないとすれば、これはまったくの我意になりかねない。それは偏狭な心情の持主にとってしばしばふさわしいことではある。というのは、粗野な人間は自分の権利について最も多く頑張るからである。ところが、宏大な気心の持主は、ことがらがほかにまだどんないろいろの面をもっているかに注目する。

したがって、抽象的な権利ないし法はただ、やっとたんなる可能性でしかないのであって、そのかぎりでは、関係の範囲全体にたいしては、なにか形式的なものでしかない。それゆえ、法的規定は一つの権能を与えはするが、しかし、私が自分の権利を追求するということは、関係全体の一面でしかないのであるから、絶対的に必然的ではないのである。すなわち可能性とは、非有とか非存在でもあるという意義をもった有とか存在である。

（1）形式的な権利は人格としての人格すべてに属する。私の効用、福祉、あるいは私一個の判断、洞察と意図などは、私を他の人びとと分かつものに依るのだから、それらにかんしては形式的権利は私に属さない。意図と福祉の権利については§一一九以下、洞察の権利については§一三二参照。

§三八

抽象的な権利ないし法は、具体的な行為と道徳的および倫理的な諸関係とにかんしては、後者のもっとすすんだ内容にたいしてただ可能性でしかない。したがって法的規定はただ許可ないし権能でしかない。

この権利ないし法の必然性は、この権利ないし法の抽象性という同じ根拠からして、人格性とそこから生じるものをそこなわないことという否定的なものにかぎられる。したがってただ法の禁止が存在するだけであって、法の命令の肯定的形式は、その究極的な内容からいえば、禁止を根底に置いているのである。

§三九

3、人格という個別性は、決定を行なう直接的な個別性として、眼前に見いだされた自然にたいしてふるまう。したがって意志の人格性は、そのような自然にたいして一つの主体的なものとして対立する。

だが人格性は自分のうちで無限かつ普遍的なものであるから、ただ主体的でしかないという制限は人格性にとって矛盾しており、つまらないことである。

人格性は、そうした制限を揚棄して自分に実在性を与えようとする能動的なものである。いいかえれば――同じことだが――人格性は、あの眼前に見いだされた現存在（自然）を、自分のものとして定立しようとする能動的なものである。

§四〇

権利ないし法はまず第一に、自由が直接的な仕方で自分に与えるところの直接的な現存在、すなわち、

〔a〕自分のものとしての所有であるところの占有である。[①] ——ここでは自由は、抽象的意志一般の自由であり、いいかえれば、まさしくそのことによって、ただ自分にたいしてだけふるまう[②] 個別的な一つの人格の自由である。[③]

〔b〕人格は自分を自分と区別することによって他の人格にたいしてふるまう。[④] しかもどちらの人格もただ自分のものの所有者としてのみ、たがいにとって現存在をもっている。それぞれの人格の即自的に有る同一性は、一方の人格の自分のもの、すなわち所有が、他方の人格のそれのなかへ、共通の意志でもって、かつそれぞれの人格の権利を保持したまま、移り込むことによって現存在を得る。——これが契約である。

〔c〕意志がその自分への関係においてあり〔a〕、他の人格と区別される〔b〕のではなくて、自分自身のうちで区別されるばあい、それは、即自かつ対自的に有る意志としての自分とはちがっており、この自分に対置されているところの、特殊的な意志である。このような特殊的意志がすなわち不法と犯罪である。

権利ないし法を人格・物件の権利ないし法と訴訟のための権利ないし法とに区分することは、[⑤] 他の多くのこのたぐいの区分と同様に、まず第一に当面のたくさんの非有機的な素材を一つの

外的な秩序に入れ込もうという目的をもっている。こういう区分の仕方には、家族と国家のような実体的な諸関係をその前提としているもろもろの権利ないし法と、たんなる抽象的な人格性に関係するもろもろの権利ないし法とを、ごちゃごちゃに混同するという混乱がとくにつきものである。カントが行ない、そのほかにも好まれるようになった物件的、人格的、および物的・人格的な権利ないし法への区分[6]は、こうした混乱に属する。ローマ法において基礎になっている人格法と物件法への区分の、ゆがんだ没概念的な点を説明すること〔訴訟のための法は司法にかかわるものであって、ここでは筋がちがう〕[7]は、ここではゆきすぎになろう。

つぎのことだけは、ここでもう明らかになる。すなわち、ただ人格性だけが物件にたいする権利を与えるのであって、それゆえ人格的な権利は本質的に物件法であるということ。——それにしてこの物件とは、自由にとっておよそ外的なものとしての一般的な意味での物件であり、これには私の肉体、私の生命もまた属する。この物件法は人格性としての人格性の権利である。

他方しかし、ローマ法におけるいわゆる人格法にかんしていえば、人間はある種の立場(status)つきで見られてはじめて一個の人格であるとされる〔ハイネキウス『市民法概論』§LXXV〕[8]。したがってローマ法においては人格性そのものですら、奴隷と対比してのものとして、一つの立場ないし身分(Stand)、状態(Zustand)でしかない。だからローマ法のいわゆる人格法の内容は、奴隷――これには子供もまた属するといってよい――にたいする権利と、無権利の状態〔「公民権減失」capitis diminutio〕[9]とのほかに、家族諸関係にかかわるものである。カントにあってはおまけに家族諸関係とは物的な仕方で人格的な諸権利[10]である。――したがってローマ法の人格権は、人格としての人格の権利ではなくて、すくなくとも特殊的な人格の権利である。――あとで示される（§一六三、§一六七、§一六八）ように、家族関係はむしろ、人格性の放棄をその実体的な基礎としているのであるが。――いったい、特殊的に規定された人格の権利を人格性の普遍的な権利にさきだって論じる[11]ことは、あべこべと見えるほかありえないのである。――

カントにあっては人格的な諸権利[12]は、私がなにものかを与え、給付する、という契約にもとづいて生じる諸権利であり――ローマ法において契約（Obligatio）から生じる物にたいする権利（*jus ad rem*）である。契約にもとづいて給付しなくてはならないのは、もちろん、一個の人格だけであり、そのような給付にたいする権利を獲得するのも、一個の人格だけであるが、だからといって、そのような権利を人格的な権利と呼ぶわけにはいかない。どの種類の権利も、ただ人格だけの受くべきものである。客観的にも、契約にもとづく権利は人格にたいする権利ではなくて、人格にとって外的なものにたいする権利、あるいは人格によって譲渡されるべき或る物にたいする権利、つねに物件にたいする権利である。

(1) アイゲントゥム Eigentum ―― ふつう、たんに財産とか所有と訳されるが、それだけではアイゲン(自分の)という意味が表わされないし、「人格性のたんなる主体性が揚棄された」(§四一追加)対象化、客体化としてのアイゲントゥムというつながりがわからない。

(2) ベジッツ Besitz ―― 英仏では possession

(3) 関係するという意味。§七参照。

(4) 自分を一個の人格として意識することは、自分を他の人びとからわかつ規定されたあり方と自分とを区別すること、それら規定されたあり方を度外視して一個の自我を抽象すること、をふくむ。それは、自分に否定的に関係し、「自分を自分と区別すること」である。この内面的な自己区別は外面的には自分と他の人格との区別としてあらわされる(『小論理学』§九七参照)。

(5) ユスティニアヌス帝の編纂《へんさん》させた『法学提要』〈六三ページ注(8)〉に「あらゆる法は人格、物件、訴訟のいずれかに関係する」とある。物件の権利は現在、日本の法律では「物権」(所有権、占有権、地上権、抵当権など)という。

(6) カント『人倫の形而上学』の「第一部、法論の形而上学的諸原理」§一〇にこの区分はある。「物的・人格的な」は「物的な仕方で人格的な」とも表わされている。

(7) ヘーゲルの強調する意味での「概念」のないこと。

(8) 六五ページ注(32)参照。ハイネキウスの一節は、「人間と人格とは法律上まったくちがう。人間は、身体と理性をそなえた精神とを有する存在であり、人格は、一定の立場をもつと見なされた人間である」というのであるが、ノックスがバックランドに拠って注しているのによると、これはずっとのちのローマ法をのぞけばあたらないそうで、ローマの法律家たちは概してペルソナという語を法律専門語としてでなく、人生でなんらかの役割を演じる人間の意味に用いている。ヘーゲルは人格を法学用語として解した。

（9）カプート caput は頭という意味から人、生命、さらにスタトゥス（立場ないし身分）とか公民権全体を意味する。カピティス・ディミヌティオは、奴隷として売られたばあいのカプート喪失とか、追放されたり新しい家族に採用された者のこうむるカプート縮減とか、要するに公民権がへずられること。子供の奴隷身分については§一七五、§一八〇の各注解参照。

（10）カント前掲書§二二以下参照。

（11）カントもそういう論じ方をしているというヘーゲルの考え。カント前掲書参照。

（12）カント前掲書§一八以下参照。

第一章　自分のものとしての所有

§四一

人格は、理念として有るためには、ある外的な、自分の自由の圏を自分に与えなくてはならない。

人格は、即自かつ対自的に有る無限な意志がこの第一のまだまったく抽象的な規定においてあるあり方であるから、この意志とは区別されたところの、この意志の自由の圏をなしうるものもまた、この意志とは直接的に相違した、分離されうるものとして規定されている。

追加

〔自分のものとしての所有の理性的本性〕自分のものとしての所有の理性的な点は、もろもろの欲求の充足のうちにあるのではなくて、人格性のたんなる主体性が揚棄されるということにある。自分のものとしての所有においてはじめて人格は理性として有る。たとい私の自由のこの最初の実在性は外的な物件のうちにあり、それゆえ、悪しき実在性であるとしても、抽象的な人格性はまさにその直接性においては、直接性という規定における現存在よりほかのどんな現存在をももつことはできないのである。

§四二

自由な精神と直接に相違しているものは、この精神にとっても即自的にも、外的なもの一般である。すなわち――一つの物件、①不自由なもの、非人格的なもの、そして無権利のものである。

物件とかことがらという意味のドイツ語 Sache《ザッヘ》は、客観的なものという言葉と同様に、対立した二つの意義をもっている。その一つめは、――それが問題のことがらなのだ、とか、問題は物であって、人ではない、とかいうばあいで、実体的なものという意義である。二つめには、人格〔すなわち、特殊的な主体ではない〕にたいして物件は実体的なものの反対、つまり、それの規定からいってただ外的でしかないものである。

たんなる意識とはもちろん区別されねばならない自由な精神にとって、外的なものは、即自かつ対自的に外的なのである。それゆえに、自然の概念規定とは、自然それ自身において外的なものであるということである。

追加

〔外的なもの〕物件には主体性が欠けるのだから、物件は、たんに主体的なものにとってばかりでなく、それ自身にとって外的なものである。こうして空間と時間は外的である。私は、感性的な私として、私自身が外的、空間的、時間的である。私は、自分がもろもろの感性的な直観をもつ以上、それ自身にとって外的であるような或る物について、そうした直観をもつ。動物は、直観することはできる。だが動物のたましいは、たましいを、つまり自己自身を対象にしているのではなくて、外的なものを対象にしているのである。

(1) ザッヘ Sache——『法律学辞典』では「物」としているが本書では一四四ページ注(1)で述べた「人格」に対するものとして「物件」がふさわしい。

§四三

人格は、直接的な概念として、したがってまた本質的に個別的なものとしても、ある自然的な現存在をもっている。すなわち一つには、人格は人格それ自身において自然的な現存在をもっており、一つには、人格がそれを外界としてそれにたいしてふるまうところの自然的な現存在をもっている。

人格がそれ自身、まだそれの最初の直接性において有る段階の、ここで人格論にさいして物件のことが語られるのは、直接的に物件であるものとしてのこれらの物件についてだけであって、意志の媒介によって物件となることのできる諸規定についてではないのである。

精神的なもろもろの熟練①、つまり学問と芸術、そして宗教上のもの〔説教、ミサ、祈禱《きとう》、聖別された諸物における祝別〕でさえも、また発明等々も、契約の対象となり、売り買い等々のやり方における公認された物件と同一視される。はたして芸術家や学者（また聖職者）などは、自分の芸術や学問、また説教やミサを行なう能力などを、法律的に占有しているのであるか、つまり、このたぐいの諸対象は物件であるのか、と問われるかもしれない。

そのようなもろもろの熟練、知識、能力などを物件と呼ぶことは、ちゅうちょされるであろう。この種の占有にかんしては一方、物件として商議と契約がなされるが、他方、そのような占有は一つの内的精神的なものであるために、このようなものの法律的資格づけにかんして悟性は当惑しかねない。というのは、悟性の念頭に浮かぶのは、あるものが〔無限であるかそれとも有限であるかというように〕物件であるかそれとも非-物件であるかという対立でしかないからである。

もろもろの知識、学問、才能などは、もちろん、自由な精神に固有のものであり②、この精神の内面的なものであって、外面的なものではない。しかしまた精神は外への表明によって、それらの知識、学問、才能などに一つの外面的な現存在を与えることもでき、それらを外に譲渡する〔後述（§六五以下）を見よ〕こともできる。このことによってそれらの知識、学問、才能などは物件という規定のもとにおかれるわけである。したがって、それらは最初には直接的なものであるのではなくて、精神が自分の内的なものを直接性と外面性におとしめるその媒介によって、はじめて直接的なものとなるのである。――

ローマ法の、不正で非倫理的な規定によれば、子供は父にとって物件であったし、父はこれによって自分の子供を法律的に占有していた。しかし、たしかにまた父は子供にたいする愛という倫理的な関係〔これは、もちろん、右の不正によって、はなはだ弱められざるをえなかったが〕のうちにもいた。この点に、物件と非物件という両規定の、ある種の、だがまったく不正な、合一が生じたのである。――

抽象的な権利ないし法は、ただ人格としての人格だけを対象としている。したがってまたそれは、人格の自由の現存在と圏に属するところの特殊的なものをも、これが人格とは分離されうるもの、直接に相違したものとして有る〔ということがその特殊的なものの本質的な規定をなすのであれ、それとも、その特殊的なものはこの規定をただ主体的意志を介してはじめて得ることができるのであれ〕かぎりにおいてのみ対象とする。それゆえ、この抽象的な権利ないし法においては、精神的なもろもろの熟練、学問等々はもっぱらその法律的占有の面からだけ考慮されるわけである。ここでは、したがって、教養、研究、習熟などによってかちえられ、精神の内的な所有として有るような、肉体と精神との占有は論じられないのである。

だが、そのような精神的な所有が外面性のなかへ移り込み、一つの法律的正当的な所有という規定のもとに入ることになる点については、譲渡(4)のところではじめて論じることにする。

(1) 聖別とは、聖なるものとして世俗の物とは別なものにすること。祝別は、十字をきるなどして祝福し、その物を世俗の物と区別すること。聖別のほうが高くて永久的。

(2) オイセルング Äußerung
(3) フェルオイセルン veräußern
（(2)(3) いずれも「外」außer という言葉から来ている。）

(4) フェルオイセルング Veräußerung ――ヘーゲルは『覚え書』につぎのように記している、「――ここは外面的なもののやり方として挙げるほうがよかろう――譲渡は、私の所有であるところの、すでに外面的なものを放棄するのである、――やっとはじめて外にあらわす(äußern)のではない」。「譲渡」には前注のように「外」という言葉がはいっているので注意したもの。

§四四

人格は、どの物件のなかへも自分の意志を置き入れる――このことによってその物件は私のものである――という権利を、自分の実体的な目的としている。というのは、物件はそれ自身のうちにそのような目的をもっておらず、それの規定とたましいに私の意志を受けるからである。
これが人間の、いっさいの物件にたいする絶対的な、自分のものにする権利[1]である。

哲学と称して、もろもろの直接的な個々の物、非人格的なものに、自立性と真実の対自的かつ自己内的存在という意味での、実在性があるとするような哲学[2]、同様にまた、精神は真理を認識しえず、物がそれ自身においてどうであるかは知りえないのだと、断言するような哲学[3]は、これらの物にたいする自由な意志のふるまいによって直接反駁《はんばく》される。いわゆる外物が意識にとって、直観と表象にとって、自立性の外見をもつとすれば、自由な意志はこれに反して、観念論であり、そのような〔外見的〕現実性の、真理である。

追加

〔意志の観念論〕すべての物は人間の自分のものとしての所有になりうる。なぜなら、人間は自由な意志であって、こういう意志として即自かつ対自的に有るが、人間に対立するものはこの性質をもっていないからである。

人間はだれでも、自分の意志を物件にする権利、あるいは物件を自分の意志とする権利、つまり、いいかえれば物件を揚棄して自分のものに造り直す権利がある。というのは、外面性としての物件はどんな自己目的をももたず、自分の自分自身への無限な関係[4]ではなくて、自分自身にとって一つの外面的なものだからである。生きもの〔動物〕もまた、そのような外面的なものであって、そのかぎりでは、それ自身一つの物件である。

ただ意志だけが無限なもの、他のすべてにたいして絶対的なものであり、他のもののほうは、ただ相対的でしかない。したがって、自分のものにするとは、ひっきょうただ私の意志が物件にたいして高いことを明示することであり、物件が即自かつ対自的に有るのでなく、自己目的ではないということを示すことなのである。この明示は、私が物件のなかへ、それが直接にもっていたのとは別な目的を置き入れることによって、行なわれる。私は、私の所有としての生きものに、それがもっていたのとは別なたましいを与える。私はそれに、私のたましいを与えるのである。

したがって、自由な意志は、もろもろの物をそれらのあるがままのすがたで即自かつ対自的とは考えないところの、観念論である。

ところが、実在論はそれらの物を、それらはただ有限性の形式においてあるにすぎないのに、絶対的であると言明する。動物でさえ、もはやこのような実在論的哲学をもってはいない。というのは、動物はもろもろの物を食いつくすのであって、そのことによって、それらの物が絶対的に自立的ではないということを証明するからである。

(1) ツーアイクヌングスレヒト Zueignungsrecht——アイゲントゥム Eigentum〈自分のものとしての所有、一五二ページ注(1)参照〉とつながる言葉。

（2）経験論の哲学。
（3）カントの哲学。
（4）「有限なものは他のものへの関係にあり、これが有限なものの否定であり、限界である。だが思惟は自分自身のもとにあり、自分自身にたいしてふるまい〔関係し〕、自分自身を対象としている。……私、思惟が、無限であるのは、思惟のなかで、自分自身であるところの対象にたいしてふるまう〔関係する〕からである」（『小論理学』§二八補遺）

§四五

私が或るものを、私の、それ自身が外的な、支配力のなかにもつということが、占有をなす。また、私が或るものを、自然的なもろもろの欲求と衝動とか、恣意とかにもとづいて、私のものたらしめるという特殊的な面が、占有の特殊的な関心である。他方しかし、自由な意志としての私は占有において、自分にとって対象的であり、このことによってまたはじめて現実的な意志である。この面が、占有における真実で正当なもの、つまり自分のものとしての所有の規定をなしている。

自分のものとしての所有をもつことは、欲求にかんしては――欲求が第一のものとされる以上――手段として現われる。

だが真実の立場はこうである、すなわち、――自由の見地からすれば、自分のものとしての所有こそ、自由の第一の現存在として、本質的な目的それ自身なのである。

§四六

人格的な意志としての、したがって個別者の意志としての私の意志は、自分のものとしての所有において、私にとって客観的となるのであるから、所有は私的所有という性格を得る。そして、共同的な所有がその本性からいって個別化されて占有されうるばあい、この所有は、即自的に解消されうるような共同態であり、そのなかで私の分け前をそのままにしておくことはそれ自身、恣意の問題である、という規定を得る。

地水火風の四大的な①諸対象の利用は、その本性上、私的占有にまで特殊個別化されるわけにいかない。――ローマにおける農業の諸法律は、②土地占有の共同性と私的所有性とのあいだの一つの闘争をふくんでいる。そして後者のほうが、より理性的な契機として、たとい他の権利を犠牲にしてであっても優位を占めずにはおかなかった。

家族的・信託遺贈的な所有は、③人格性の権利、したがって私的所有の権利が対立するような、一つの契機をふくんでいる。だが、私的所有にかかわる諸規定は、権利ないし法のもっと高い諸圏に、一つの共同体、国家に、従属させられねばならないことがありうる。——たとえば、いわゆる精神的人格[4]つまり法人の財産、死手（譲渡不能の動産を有する法人）の財産のばあいの私的所有性にかんしてそうであるように。けれども、そのような例外は、偶然、私的恣意、私的効用のうちにではなくて、ただ国家という理性的な有機体のうちにのみ根拠づけられているはずである。

プラトン的国家の理念は、私的所有ができないという、人格にたいする不法を普遍的な原理としてふくんでいる[5]。財産の共有と私的所有の原理の追放とをともなった、一つの敬虔《けいけん》な、あるいは友愛的な、そして強制されてさえいる、人びとの兄弟的団結という考えは、精神の自由と法ないし権利との本性を見そこない、これをその規定された諸契機において把握しない心術のひとには、たやすく起こりうる表象である。

これについての道徳的ないし宗教的な顧慮にかんしていえば、エピクロスは、友人たちがそのような財産共有の同盟をつくろうと企てていたのを、これこそまさしく一つの不信頼を証明するものであって、たがいに不信頼どうしでは友人ではないのだからという理由にもとづいて、やめさせた〔ディオゲネス・ラエルティオス[6]の哲学者伝、第一〇巻の六〕。

追加

〔私的所有〕私の意志は自分のものとしての所有において人格的である。だが人格は一個のこの者である。したがって所有は、この意志の人格的なものとなる。私は所有によって、私の意志に現存在を与えるのだから、所有もまた、このもの、私のものであるという規定をもたずにはいない。このことは、私的所有の必然性についての重要な教説である。

この必然性の例外が国家によってつくられることがありうるとしても、しかし例外をつくりうるのはもっぱらただ国家だけである。

他方、国家によってしばしば、ことにわれわれの時代には、私的所有が回復させられた。そこで、たとえば、多くの国家は修道院を、共同体なるものはひっきょう、所有にたいして人格のもつようなどんな権利ももっていないのだからという理由で、正当にも廃止したわけである。

（1）「四大」は四つの大きなエレメント——万物生成のもとになる地水火風。

（2）ことにローマ共和国末期のグラックス兄弟一派による、公有地の個人占有を制限して無産農民に分かとうとした土地制度改革法など。

（3）§一八〇の注解参照。

（4）**moralische person**——ドイツ語ではあまりこういう言い方をしないので、おそらくフランス語の **personne morale** が **personne juridique** の意味に用いられるのをドイツ語でいったのであろう。

（5）プラトン『法律』（5—739）を念頭において言ったらしい。『国家』ではプラトンは守護者（軍人階級）だけに私的所有を禁じている（第三巻の終わり）。

（6）三世紀前半ころの伝記不明の人。ギリシア語で書いた『有名な哲学者たちの生涯と教説』はタレスからエピクロスまでのすべての有名な哲学者の伝記資料として現存最古のもの。

§四七

人格として私は自身が直接に個別者である。——このことをもっとすすんだ規定でいえば、まず第一に、私はこの有機的な肉体において生きており、そしてこの有機的肉体は内容からいって普遍的な、分かたれぬ、外的な、私の現存在であり、さらにもっと規定されたすべての現存在の実在的可能性である、ということである。①

だが人格として私は同時に、私の生命と肉体をも、他のもろもろの物件をも、ただそうすることが私の意志であるかぎりにおいてのみ、もつのである。

私は、私が対自的に有る概念としてではなく直接的な概念として実存している面からいって、生きているのであり、一つの有機的な肉体をもっているのであるということは、生命の概念と、そして、たましいとしての精神の概念とにもとづく。——すなわち、自然哲学〔『哲学的諸学問のエンチクロペディー』§二五九（§三三六）以下。なお§一六一、§一六四、§二九八（§二一三、§二一六、§三七六）参照〕と人間学〔『エンチクロペディー』§三一八（§三九六以下）〕からうけ入れられた諸契機にもとづく。

私はこの五体を、生命を、ただ私がそれを意志するかぎりにおいてのみ、もっている。動物は自分で自分を傷つけたり自殺したりすることはできないが、人間はできる。

追加

〔動物の無権利〕動物たちは、なるほど自分を占有してはいる。つまり、彼らのたましいが彼らの肉体を占有している。だが、彼らはそうすることを意志するのではないのであるから、彼らの生命にたいするどんな権利をももっていない。

（1） 私の肉体は形式上では他人の肉体と異なり特殊的であるが、私のものであるどんなものも私の肉体にもとづいている以上、内容は普遍的である。

§四八

肉体は、直接的な現存在であるかぎりでは、精神にふさわしくない。肉体は精神の、意志ある器官となり、活気ある手段[1]となるためには、まずもって精神によって占有取得され[2]なければならない〔§五七〕。

だが他の人びとにとっては、私は、私が直接的にもっているままの私の肉体において、本質的に一個の自由な者である。

自由な者としての私は肉体において生きているのだからこそ、私の肉体というこの生きた現存在は荷馬として濫用されてはならないのである。私が生きているかぎり、私のたましい〔概念、そしてもっと高くは、自由な者〕と肉体とは分かたれておらず、肉体は自由の現存在であり、それにおいて私は感じるのである。

それゆえ、肉体が虐待されて、人格の現存在が他人の暴力に屈せしめられても、物自体、たましいは、触れられず冒されないのだ[3]というような区別立てをなしうるのは、理念のない、ソフィスト的な悟性でしかないのである。

たしかに私は、私の現存在から自分のなかへひっこんで、私の現存在を外面的な現存在にすることができ、——特殊的な感情を自分の外にとめておいて、枷《かせ》のなかでも自由であることができる。だが、このことは私の意志であって、他人にとっては、私は私の肉体において有る。私は現存在において自由であるものとしてのみ他人にとって自由である、というのは同一命題である〔私の『論理学』第一巻四九ページ[4]以下を見よ〕。他人から私の肉体に加えられた暴力は、私に加えられた暴力である。

私は感じるのだから、私の肉体にたいして手を触れ、暴力を加えるのは、私に直接、つまり現実的かつ現在的に手を触れるのである。この点が、人格的な侮辱と、私の外面的な所有の侵害との、区別をなす。つまり、私の意志は、私の外面的な所有のなかには、私の肉体におけるように直接の現在性と現実性においてあるわけではないからである。

（1）精神の実現の手段ないし道具。そうなることによって肉体は直接的現存在たることをやめ、精神の活動によって「媒介された」ものとなる。

（2）in Besitz nehmen——すこし変な訳語だが、あとでいろいろのつながりと区別があるのでこう訳した。ここだけなら「占取」でよい。

（3）ルター『キリスト者の自由について』（一五二〇年）のはじめ、第三の命題にこの趣意の主張がある。

（4）現行の第二版（一八三〇年）は著しくさらに手を加えられているが、「或るものと他のもの」（ラッソン版一〇四ページ以下）の項が照応する。たとえば、「非存在をおのれのうちにふくむ現存在は規定されており、おのれのなかで否定された存在であり、したがってまず第一に他のものである——だがそれは自分を否定するなかで自分を保持するから、ただ他のものにとっての存在である」。

§四九

外面的なもろもろの物にたいする関係のなかでは、私が自分のものとしての所有を占有するということが、理性的なことである。だが、特殊的なものの面は、主観的なもろもろの目的と欲求、恣意、才能、外的な事情、等々を包括する〔§四五〕。占有は、たんに占有としては、これらのものに依存する。だがこの特殊的な面は、抽象的な人格性のこの圏では、まだ自由と同一的とはされていない。したがって、私が何を、またどれだけ占有するかは、一つの法的偶然である。

人格性においては、複数の人格——ここではまだそのような区別はなんら生じないのに、複数ということを言いたいのなら——は平等ないし同等である。だがこれは空《から》っぽの同語反復的な命題である。なぜなら、人格は抽象的なものとして、まさしく、まだ特殊化されておらず、規定された区別において定立されてはいないもの、にほかならないからである。——

平等ないし同等は、悟性の抽象的な同一性であって、反省する思惟が、したがっておよそ、並みの精神が、統一と区別の関係に出あうとまず第一に思いつくものである。いまわれわれの論じているこの段階で平等ないし同等といえば、抽象的な人格としての人格の平等であろう。まさにそのために、占有にかんするいっさい、すなわち、不平等の地盤は、抽象的な人格そのものの外に属する。——

土地の分配における平等の要求とか、それどころかもっと現存の能力ないし資産の分配における平等の要求とかが、ときどきなされた。だが、こうした（分配対象の）特殊性に属するものは、ただ外的な自然的偶然性ばかりではない。精神的な自然の無限な特殊性と差違性におけるあり方も、またそれの、有機体をなすほど展開された理性におけるあり方も、その全範囲が右の特殊性に属する。それだけに、平等の要求はますますもって空っぽで表面的な悟性の分別なのである。

占有と能力ないし資産との不平等な分配にかんして自然の不公正を論じるわけにはいかない。なぜなら、自然は自由でなく、それゆえ、公正でもなければ不公正でもないからである。すべての人間が彼らのもろもろの必要にたいして生計を立てているべきだということは、一つには道徳的な願望であり、こういう無規定性において言いあらわされるとなるほど好意的な願望ではあるが、たんに好意的でしかないものが総じてそうであるように、なんら客観的なものでない願望である。また一つには、生計は占有とは別の或ることであって、別の圏、市民的社会に属している。③

追加

〔財の平等〕世のひとが財の分配にかんしてとりいれたいと思うかもしれないような平等は、資産が勤勉しだいである以上、もともと短時間のうちにまたこわされることになるであろう。だが、実行されようのないものはまた実行されるべきでもないのである。

なにしろ人間はもちろん平等であるけれども、ただ人格としてだけ、つまり、彼らの占有の源泉にかんしてである。この点からいえば人間はだれでも、自分のものとしての所有をもたねばならないであろう。したがって、もし平等について論じようとするなら、この平等をこそ考慮しなくてはならない。

だが特殊性の規定、私がどれだけ占有するかという問題は、右の平等外に属する。正義公正は各人の所有が平等であるべきことを要求する、という主張は、ここではまちがいである。なぜなら、正義公正はただ、各人が自分のものとしての所有をもつべきことを要求するだけだからである。反対に特殊性とは、むしろ、まさに不平等こそがそこに根をおろしているところのものであって、ここでは平等のほうが不法であろう。

人間はしばしば他人の財にたいして欲望を起こすということは、まったくそのとおりである。だがまさにこのことが不法なのである。というのは、法は、特殊性にたいしてどこまでも無関係のままでいるところのものだからである。

（1）フェルメーゲン Vermögen――能力、資力、資産を意味する言葉。

（2）ドイツではフス（一三六九～一四一五）を遠い祖とするザクセンのヘルンフート派またはモラヴィア派と、ミュンツァー（一四九〇～一五二五）および農民戦争につながるチューリッヒの再洗礼派（アナバプティスト派）とにおいて宗教的共産主義が主張された。

（3）§一九九以下、§二三〇、§二三七以下参照。

§五〇

物件は、時間上たまたま最初にそれを占有取得するひとに属するということは、二番目の者はもう他人の所有であるところのものを占有取得することはできないのであるから、直接に自明な、よけいな規定である。[1]

追加

〔最初の占有獲得〕[2] これまであげてきた諸規定は主として、人格性は自分のものとしての所有のうちに現存在をもたねばならないであろうという命題にかかわるものであった。ところで、最初に占有獲得する者はまた自分のものの所有者でもあるということは、いままで言ったことから断定できる。最初の者は、彼が最初の者であるからという理由によって正当な所有者であるのではなくて、彼が自由な意志であるからという理由によってである。なにしろ彼は、他の者が彼のあとにくるということによってはじめて、最初の者となるのだからである。

（1）契約とか遺産相続とか以外に、ある物を占有しはじめることのローマ法上の用語はオクパチオ occupatio で、これをヘーゲルは「占有取得」とか「占有獲得」と言っている。ここではローマ法における規定のことを念頭において、カントの前掲書（一五二ページ注（6）参照）などにも見られる規定を批判していると思われる。

（2）ベジッツェルグライフング Besitzergreifung——意味は「占有取得」と同じ。

§五一

人格性の現存在としての所有ということのためには、あるものが私のものであるはずだという私の内面的な表象と意志では十分でないのであって、そのうえに占有獲得が必要とされる。これによってそのような意欲が得るところの現存在は、他の人びとにとって認識されうるということをふくんでいる。

私が占有取得しうる物件は無主であるということは、〔§五〇と同様に〕自明的な消極的条件であり、いいかえれば、先取りされたる、他の人びととの関係にむしろかかわるのである。

追加

〔占有の言明〕人格が、ある物件のなかへ自分の意志を置き入れるということは、やっと所有の概念であって、そのさきのことはまさにこの概念の実現である。

あるものが私のものであると言う、私の内的な意志の行為は、他の人びとにとってもまた認識されうるものにならなくてはならない。私が一つの物件を私のものにするということは、私がその物件に、私のものという述語を与えることである。この述語は、その物件において外面的形式で現われねばならないのであって、たんに私の内的意志のうちにとどまっているだけであってはならない。

子供たちのあいだではふつう、他の子供たちの占有獲得にたいして自分のほうがもっと前にそれを欲していると強調することがよくある。だが、おとなたちにとっては、この意欲することだけでは十分でない。というのは、主観性という形式は遠ざけられて、客観性に達する苦労がしぬかれねばならないからである。

（1）ヘレンロース herrenlos——所有者がないこと。

（2）その物が私のものであるということが他の人びとによって認識されることは、私がその物のなかへ私の意志を置き入れることに依るのであって、このことを私がなすときその物が無主物でなければ私はなしえない。

§五二

占有獲得は、その物件の質料[1]を私の所有にする。なぜなら、質料それ自身は、その物件に固有のものではないからである。

質料は私に抵抗を行なう〔そして質料とは、私に抵抗を行なうという、このことでしかないのだが〕。すなわち、質料はその抽象的な対自的存在ないし独立存在を、ただ抽象的精神つまり感性的精神でしかないものとしての私に示す〔だが感性的な表象はあべこべに、精神の感性的存在を具体的なものと思い、理性的なものを抽象的なものと考える〕。しかし質料のこの対自的存在ないし独立存在は、意志と所有にたいする関係においては、なんら真理をもっていない。

外的な行為としての占有獲得は、もろもろの自然物を自分のものにする普遍的な権利がそれによって現実化される行為である。それは、物理的なもろもろの強さとか、狡智《こうち》とか、熟練とか、総じて或るものを肉体的な仕方で手に入れる媒介をなすものの諸条件のなかに踏み込む。自然物の占領支配と占有取得には、自然物の質的な差違にしたがって、無限にさまざまの意味と、同様に無限な制限および偶然性とがある。

もともと、類②とそして地水火風の四大的なものは、そのものとしては、人格的な個別性の対象ではない。こういう対象となって獲得されうるためには、まずもってそれは個別化〔一息の空気とか、一呑みの水とか〕されなくてはならない。一つの外面的な類そのものとか、四大的なものを、占有取得することはできないという不可能性にかんしては、外面的な物理的不可能性が究極のものと見なされてはならない。意志としての人格は自分を個別性として規定するということ、そして、それは人格として同時に直接的な個別性であり、したがってまた外面的なものにたいしても人格はそのような直接的個別性として、もろもろの個別性にたいするものとしてふるまうということ、これが究極的な点なのである〔§一三の注解。§四三〕。——それゆえ、占領支配と外面的占有もまた、無限な仕方で多かれ少なかれ無規定かつ不完全となる。だが、いつでも質料は、本質的な形式なしでは存在しないのであって、ただこの本質的形式によってのみ質料はなにものかである。この形式を私がより多く自分のものとすればするほど、私はまたそれだけいっそう物件を現実的に占有するわけである。

食料を食うことは、食料の質的な自然ないし本性――これによってこそ食料は、食われる前には現に食料なのであるが――を貫通し変化させることである。私の有機的肉体をもろもろの熟練にまで形成しあげることも、私の精神を陶冶《とうや》することもまた、多かれ少なかれ不完全な占有取得と貫通である。精神こそは、私が最も完全に自分のものにしうるものである。

だが、このような占有獲得の現実性は、自由な意志によって完成されているところの、自分のものの所有としての所有とは相違している。[3] この自由な意志にたいしては、物件はなにか独自なものをおのれに留保してはいない。――占有においては、外面的な関係だから、まだなんらかの外面性がのこっているが。

属性なしの質料という空っぽな抽象物が、所有においてどこまでも私の外に、そして物件に固有なものとしてあるとされるが、こういう抽象物を思想は克服しなければならない。

追加

〔占有の形式と質料〕フィヒテは、私が質料に形式を与えるとき、はたしてこの形を与えられた質料もまた私のものであるかどうか、という問題を提起した。[4] 彼によれば、私が黄金でさかずきをこしらえたばあい、他人が黄金を取ることは、もし彼がこのことによって私の労働を侵害するのでさえなければ、そのひとの自由であるにちがいないであろう。

だが、そのようなことは表象のなかでは分離されうるとしても、実際にはこの区別は一つの空っぽな詭弁《きべん》である。というのは、私が一つの畑を占有取得してこれを耕すばあい、ただ犂《す》き跡ないしは畝《うね》だけが私の所有であるのではなくて、そのさきのもの、つまり、畝に必要な土地が私の所有だからである。

私はつまりこの質料を、全体を、占有取得しようと意志するのである。したがってこの質料は無主のままにとどまりはしないし、それ自身のものにとどまりもしない。なぜなら、たとい質料はどこまでも、私が対象に与えた形式の外にとどまるとしても、この形式はまさに、その物件が私のものであるぞというしるしだからである。それゆえ、その質料はどこまでも私の意志の外に、私が欲したものの外にとどまりはしない。

したがってそこには、他人によって占有取得されうるようなものはすこしも存在していないのである。

（1）マテーリエ Materie——物の形式にたいする質料。化学は食塩を塩素とナトリウムという質料に分解し、地質学は花崗岩《かこうがん》を石英と長石と雲母という質料から合成されていると見る、等々。質料は「他のもののなかへの抽象的な無規定な折れ返り」「現存在する物性」である。物はもろもろの質料からなる。さまざまな質料は合して「一つの質料」となる（『小論理学』§一二六～一三〇参照）。

（2）一一五ページ注（2）参照。

（3）§四三の注解の終わりのほう参照。

（4）フィヒテ『自然法の基礎』（一七九六年）§一九のA。農民は彼の土地そのもの、「実体」にたいしては権利を有せず、ただ土地の生産物、「偶有性」にたいする権利を有するだけだから、その耕作権に加えて、自分の家畜のために牧草を食わせる権利をも有するばあいのほかは、自分が収穫したあとにその土地で他人が家畜に草を食わせることを禁じられまい、と述べている。

§五三

所有は、物件にたいする意志の関係のうちに、そのもっとくわしい諸規定をもっている。

〔α〕意志がその現存在を、一つの肯定的なものとしての物件においてもっているかぎりでは、所有は直接的に占有取得である。

〔β〕物件が意志にたいして一つの否定的なものであるかぎり、意志はその現存在を、否定されるべきものとしての物件のうちにもっている。――これが使用である。

〔γ〕意志が物件から自分のなかへ折れ返る自己反省。――これが譲渡である。

右はそれぞれ、物件にかんする意志の肯定的判断、否定的判断、無限判断である。①

（1）三つの判断の関係については、ノックスはつぎのような例解を示している。（i）意志はそれの所有のうちに具現するから——「意志は一つの特殊的な物、所有物である」——「この所有物が私の意志である」「これと私の意志とは同一である」。——だが意志は普遍的で物は特殊的だから、物は普遍的なものとしての意志の否定的なものであって、（ii）意志はその物ではない。意志は物を使用することによって否定し、物を意志自身と一致させようとする。けれどもそうした否定はその目的を完全には決して達することがない、なぜなら普遍的なものとしての意志はどんな特殊的な物のうちにも十全には具現されえないからである。それゆえ（iii）意志は意志であると主張されねばならず、対象はまったく追い出され、譲渡されねばならない。これはたんに否定的な判断ではなく、「否定的無限判断」であって、主語（「意志」）と述語（「物」）との全的な不適合を主張する。

A　占有取得

§五四

占有取得は、直接的な肉体的獲得であったり、形づくりであったり、たんなる標識づけであったりする。

追加

〔占有取得のいろいろのやり方〕これらの占有取得のやり方は、個別性という規定から普遍性という規定への進行をふくんでいる。肉体的獲得は個々の物件についてしか行なわれえない。これにたいして標識づけのほうは、表示による占有取得である。標識づけにさいして、私は表示する態度をとり、物件がたんに私の肉体的に占有取得しうる部分だけでなくその全体からいって私のものであるつもりでいる。

§五五

〔α〕肉体的獲得は感性的な面からいえば、この占有のうちに私が直接に現在おり、したがって私の意志もまた直接に認められうるのであるから、最も完全なやり方である。とはいえ、総じてただ主観的、一時的でしかなく、対象の範囲からいっても、また対象の質的な自然ないし本性によっても、きわめて制限されたものでしかない。

私が或るものを、他のところですでに私の所有している物件とつながらせることのできる連関により、あるいはそのほかに或るものが偶然な仕方でつながってゆく連関により、また他のもろもろの媒介によって、右の占有取得の範囲はいくらか拡大される。

力学的なもろもろの力、武器、もろもろの要具は、私の支配力の範囲をひろげる。

（占有には）いろいろの連関がある。たとえば私の土地の岸を洗う海や河の連関とか、私の固定した所有地に境を接していて狩猟、牧場、その他の利用に役立つ土地の連関とか、私の畑の地下の石その他の鉱物層、私の所有地のなかあるいは地下の宝もの、等々の連関。あるいは、時がたつうちにはじめて、また偶然に生じる、いろいろの連関〔たとえば沖積《ちゅうせき》といったたぐいのいわゆる自然的付加物[1]の一部、また漂着物の拾い集めも〕。——もっとも、自分の所有する家畜の胎児（Foetura）は、たしかに私の資産への付加物ではあるけれども、有機的な関係だから、私の占有している別の物件への外面的な付加ではなく、したがって、そのほかのもろもろの付加物とはまったく別の種類のものであるが。

それらの連関は、一つには、ある占有者にとって、他の占有者にくらべると、或るものを占有取得ないし利用することが、より容易な、いくらかは排他的な、もろもろの可能性である。また一つには、付け加わったものは、それが付け加わった当の物件の非自立的な偶有性と見なされうる。[2]

総じてそれらは外面的な結びつきであって、概念と生きた動きをそのきずなとしてはいない。したがってそれらは、もろもろの理由と反対理由の提出と考量のためには悟性の手に帰し、つながりの本質性もしくは非本質性の多少にしたがっての決定のためには実定的な立法の手に帰する。

追加〔肉体的な占有取得〕占有取得はまったく個別化された性質のものである。私は自分の肉体で触れるより多くは占有取得しない。だが、つぎにすぐわかる点は、もろもろの外的な物は私が摑《つか》むことのできるよりももっとひろい広さをもっているということである。そこで、私がある物を占有取得することによって、別のものもまたそれと結びついている。

私は手によって占有取得を行なうが、手のとどく範囲は拡大されうる。手は、どんな動物にもない、こうした偉大な器官であって、私が手で摑むところのものはそれ自身、それでもって私がさらにもっと摑むところの手段となる。

私が或るものを占有すると、悟性はすぐさま、たんに直接に占有されたものだけではなくて、それと連関するものも私のものであるというふうに思う。ここで実定法がそのもろもろの確定を行なわなくてはならない。なぜなら、概念からはそれ以上なにものも導き出されないからである。

（1）ローマ法でアクセシオ・ナトゥラリス accesio naturalis と言い、これには、難船のさいに船体を軽くするため海中に投ぜられた打ち荷、沖積堆積物（鉱床をふくむ）、河の中にできた島、また同様に、すぐあとで出てくるフェトゥラ（foetura, fetura）もふくまれていた。

（2）フェトゥラ（foetura）が、たとえばフィヒテ『自然法の基礎』§一九のCの4で、そう見なされている。

§五六

［β］或るものが私のものであるという規定は、形づくりによって、一つのそれだけで存立する外面性を得る。したがってその規定は、この空間とこの時間における私の現在や、私の知と意の現在に制限されている規定ではなくなる。

　形づくりは、主観的なものと客観的なものを自分のうちに合一させるのであるから、そのかぎり、理念に最もふさわしい占有取得である。だがそのほかの点では、諸対象の質的な自然ないし本性により、また主観的なもろもろの目的の相違によって、無限に相違している。——有機的なものの形づくりもまたこれに属する。有機的なものにおいては、私がそれになし加えるものはいつまでも外面的なものとしてとどまらず、同化される。すなわち、土地の耕作、植物の栽培、動物の馴養《じゅんよう》、飼育、保護がそれである。さらに、自然の四大的な諸物質ないし諸力の利用のためのもろもろの媒介的な準備、一つの素材の他の素材への準備された影響、等々もこの形づくりに属する。

追加

〔形づくり〕この形づくりは、経験的にはきわめてさまざまな形態をとりうる。私が耕す畑は、それによって形づくられる。だが非有機的なものにかんしては、形づくりはいつも直接的とはかぎらない。たとえば、私が風車を造るとき、私は空気を形づくったのではないが、空気の利用のための一つの形式をつくるのであって、この空気そのものは私が形づくったのではないからといって、私から奪い取られてはならないのである。また、私が野獣を保護するということも、形づくりの一つのやり方と見なされうる。なぜなら、それは対象の保存を顧慮してのふるまいだからである。ただし動物の調教は、もちろん、もっと直接的な、より多く私のほうから出発する形づくりである。

§五七

人間は、彼自身における直接的現存在からいえば、一つの自然的なものであり、彼の概念にとって外的なものである。人間は、彼自身の肉体と精神をつくりあげることによって、すなわち本質的には、彼の自己意識が自分を自由なものと捉えることによってはじめて、自分を占有取得し、彼自身の所有となり、他の人たちにたいして自分のものとなる。

逆にまたこの占有取得は、人間がその概念からいって〔一つの可能性、能力、素質として〕そうであるところのものを、現実性のなかへ定立し入れるということでもある。このことによってはじめて、人間がその概念からいってそうであるところのものは彼のものとして定立されるとともに、また対象としても定立されて、単純な自己意識とは区別され、かつ、このことによって物件という形式を得ることができるようになる〔§四三の注解参照〕のである。

奴隷制の正当化の主張〔それは物理的な支配力がもとだとか、戦争で捕虜になったからとか、いのちを救い保ち、食を与え、教育してやり、慈善行為であるからとか、奴隷が自分で同意しているのだからとか等々、あらゆる仔細な根拠づけでなされる〕①も、支配を総じてたんなる主人たることとして正当化することも、奴隷制と主人たることとの権利にかんするすべての史的見解も、人間を、人間の概念にふさわしくない一つの現存在〔恣意もこれに属する〕の面から、総じて自然的存在者と解する立場にもとづく。②

これに反して、奴隷制の絶対的な不法を主張することは、精神としての、即自的に自由なものとしての人間の概念を固執する。だがそれは、人間を生来自由と解する点、あるいは、同じことであるが、人間の理念③をではなくて概念そのものを、その直接性において真なるものと解する点において、一面的である。

この二律背反④は、すべての二律背反《アンチノミー》がそうであるように、形式的な思惟にもとづいている。

形式的な思惟は、一つの理念の両契機を分離して、各契機をそれだけとして、したがって理念にふさわしくないその非真理態において、固執し主張するのである。

自由な精神とはまさに〔§二一〕、たんなる概念として有るのではないこと、いいかえれば、たんに即自的に有るのではないことである。それは自分自身のこの形式主義を、したがって直接的な自然的現存在を揚棄して、自分に現存在を、ただ自分のものとしてのみ、自由な現存在としてのみ与えることである。

したがって、さきの二律背反のうち、自由の概念を固執する側面は、絶対的な出発点――しかしまた真理にとってのただ出発点だけだが――をふくむという長所をもっている。これにたいして、概念のない現存在のもとにとどまる側面のほうは、理性的ということと法との観点をぜんぜん、ふくんでいない。

法と法学がそこからはじめる自由な意志の立場は、人間が自然的存在者として、また即自的に有る概念としてのみ存在するような、したがって人間が奴隷制を行ないうるような、非真なる立場をすでに越え出ている。そのような、以前の非真なる現象は、精神がやっとただ意識の立場にある段階にかかわる。そこでは、自由の概念と自由のやっとただ直接的な意識との弁証法が、承認の闘争と、主人と奴隷の関係とを生ぜしめるのである〔『精神現象学』および『エンチクロペディー』§三五二（§四三〇）[5]以下参照〕。

だが法の内容たる客観的な精神は、それ自身がまた、ただそれの主観的な概念においてのみ解されてはならないであろう。それとともに、人間は即自かつ対自的に、奴隷たるべく規定されてはいないという、このことがまたたんなる当為と解されてはならないであろう。しかしこういうことがわかるのはもっぱらただ、自由の理念は国家としてのみ真実であるという認識の段階にいたってからである。

追加

〔奴隷制〕人間は即自かつ対自的に自由であるという面に固執することは、それによって奴隷制を弾劾《だんがい》するわけである。だが、だれかが奴隷であるということは彼自身の意志のせいである——ちょうど、ある民族が抑圧されるのは、その民族の意志のせいであるように。したがってそれはたんに、奴隷をつくる連中、あるいは抑圧する連中の不法ばかりではなくて、奴隷と被抑圧者たち自身の不法なのである。

奴隷制は、人間の自然性から真実に倫理的な状態への移行に属する。それは、不法がまだ法であるような世界に属する。その世界では不法が通用し、また必然的にその所を得てもいる。

（1）支配は Herrschaft（ノックス英訳は「奴隷所有」）。主人たることは Herrenschaft（カーン仏訳は「主人の権利」）。

（2）ナトゥールヴェーゼン Naturwesen——生物も人間もふくめて自然物の意味。

（3）「理念は即自かつ対自的な真なるものであり、概念と客観性との絶対的な一体性である」（『小論理学』§二一三）

（4）理性が「同一の対象について二つの対立した命題を、しかもどちらの命題も同等の必然性をもって主張されずにはおかないというふうに、主張すること」（『小論理学』§四八）。カントが『純粋理性批判』で、以前の独断的形而上学《けいじじょうがく》を吟味するさいに用いた有名な方式である。

（5）（　）のなかは現行の一八三〇年第三版による。

§五八

〔γ〕それだけとしては現実的ではなくて、私の意志をただ表示するだけの占有取得とは、物件につけた標識である。その標識の意義は、私がその物件のなかへ私の意志を置き入れたぞということであるはずである。この占有取得は、対象的な範囲からいっても、意義からいっても、はなはだ無規定である。

追加

〔占有の標識づけ〕標識づけによる占有取得は、あらゆる占有取得のなかで最も完璧《かんぺき》なものである。というのは、その他の仕方の占有取得も多かれ少なかれ標識の効果をそれ自身にもっているからである。私が一つの物件を摑むとか形づくるとかするときも、究極の意義は同様に標識であり、しかも他の人びとにたいしての標識であって、他の人びとを排除するためであり、私がその物件のなかへ私の意志を置き入れたのだぞということを示すためである。

標識の概念はすなわち、物件はそのあるがままのものとしてではなく、それが意味するはずのものとして認められるということである。たとえば（フランス革命時代に）帽子につけたリボン[1]は、一つの国家における市民たることを意味する。――その色はその国民とはどんな連関ももっておらず、しかも色自身をあらわすものではなくて国民をあらわすのであるが。

人間はもろもろの物に標識を与え、これによってそれらの物を獲得しうるという点にこそ、まさしく物にたいする自分の支配を示すのである。

（1） コカルデ Kokarde――軍帽や旗などにつける円い花形の徽章《きしょう》とか、リボンの花結びとかの意味。

B　物件の使用

§五九

物件は、占有取得によって、私のものであるという述語を与えられ、意志はその物件にたいする一つの肯定的な関係をもつ。こうした同一性のなかで、物件はまた一つの否定的なものとして[1]定立されており、この規定のなかでの私の意志は一つの特殊的な意志、つまり欲求、好み、等々である。だが、一つの意志の特殊性としての私の欲求は、自分を満足させる肯定的なものである。そしてそれ自身において否定的なものとしての物件は、ただ私の欲求にとってのみ有り、私の欲求に奉仕する。使用とは、物件を変化させ、ほろぼし、消費することによって、私の欲求を実現することである。これによって物件の、自己のない本性が開示されるとともに、物件はそのようにして自分の定めを成就するのである。[2]

使用が所有の実在的な面であり現実性であるということは、ひとがふつう、どんな使用もなされない所有を死んだ無主の所有と見なし、また所有の非合法的な占領支配にさいしては、それが所有者によって使用されていないということを理由に挙げるとき、表象に浮かんでいる。だが所有者の意志こそ、それによって一つの物件が彼のものであるところのものとして、第一の実体的な基礎である。そして使用というもっとさきの規定は、この第一の実体的な基礎（意志）の現象でしかなく、この普遍的な基礎の後に位する特殊的な仕方でしかないのである。

追加

〔使用〕私が標識において物件を総じて普遍的な仕方で占有取得するとすれば、使用のうちにはまだもっと普遍的な関係がふくまれている。というのは、使用のばあいには、物件はその特殊性において承認されるのではなくて、私によって否定されるのだからである。物件は私の欲求の充足の手段にまでおとしめられている。

私と物件とが会合するとき、両者が同一的となるためには、どちらか一方がその質を失わざるをえない。だが私のほうは生きており、意志する者、真実に肯定的な者である。これに反して物件は自然的なものである。したがって物件のほうが没落しなくてはならず、私は自分を保存する。このことが総じて、有機的なものの長所と理性である。

（1）一八〇ページ注（1）参照。

（2）§四二参照。

§六〇

直接的な獲得における、ある物件の利用は、それ自身としては一つの個別的な占有取得である。だが、利用がなにか永続的な必要にもとづいているかぎり、また更新される生産物のくり返された利用であるかぎり、またときにはこの更新の維持のために利用が制限されもするかぎり、これらおよびその他の事情は、右の直接的個別的な獲得を一つの標識たらしめる。すなわち、その直接的個別的な獲得は、ある普遍的な占有取得の意義をもつものとされる。したがってそれは、そのような更新される生産物の四大的もしくは有機的な基礎とか、そのほかの諸条件とかの占有取得という意義をもつものとされる。[1]

（1）ノックスはヘーゲルの『覚え書』からつぎのような例解を試みている。水車を動かすために水流を連続的に用いるのは、ある制限されたかさの水の占有をではなく、そのかさの「四大的な」基礎つまり水流そのものの占有権を要求することである。牧畜においても、私は家畜の更新を保全するために私の家畜使用を制限（たとえば屠畜《とちく》数を制限）するとはいえ、私はいま占有している頭数の家畜だけを自分のものと主張するのではなくて、それら家畜の「有機的な」基礎を、つまりそれらの家畜とその子孫のうちに生きている類的本質を、私のものとして要求するのである。

§六一

私の所有である物件それ自身の実体は、物件の外面性、すなわち、物件の非実体性[1]である。物件は私に対抗してそれ自身のうちで究極目的ではない〔§四二〕。そして物件の、実現された外面性が使用である。いいかえれば、私がその物件について行なう利用である。――してみれば、全使用ないし利用は、その物件をそれの全範囲において言うのである。したがって、もしそのような全使用が私の権限に属するならば、私はその物件の所有者であって、この物件については、使用の全範囲を越えてなにひとつ、他人の所有たりうるようなものはのこっていないのである。

追加

〔使用と所有〕使用と所有の関係は、実体と偶有的なもの、内的なものと外的なもの、力と発現、の関係と同じである。力はただそれがおのれを外にあらわすかぎりにおいてのみ有るのであり、田畑はただそれが収益をもつかぎりにおいてのみ田畑である。したがって、ある田畑の使用ができるひとはその全体の所有者なのであって、この対象そのものについてのもう一つ別の所有を承認することは、空っぽな抽象である。[2]

（1）§四四参照。

（2）デカルトとスピノザでは実体とはそれ自身によって存在し、それ自身のうちに有るもの、それの存在のために他物を必要とせず、それ自身によって考えられるもの。この追加でいう偶有性とか偶有的属性とは実体のもつ性質で、それが加わっても、変化しても、消失しても、実体そのものの破壊されぬような、非本質的な性質。だがヘーゲルはスピノザを批判し、「実体はもろもろの偶有性の総体である。実体はもろもろの偶有性において……おのれを絶対的な力として、同時にあらゆる内容の豊かさとして開示する」という（『小論理学』§一五一）。

§六二

したがって、ただ部分的ないし一時的の使用だけ、ならびに部分的ないし一時的の占有〔それ自身、部分的ないし一時的な、物件使用の可能性として〕だけが私の権限に属しているときは、これは物件そのものの所有とは区別されている。

もし使用の全範囲が私のものであり、しかし抽象的な所有（権）のほうはだれか他人のものであるとされるようなことがあるとしたら、物件は、私のものとして私の意志によってすっかり浸透されていて〔§六一および§五二〕、しかも同時にその物件のなかに、私にとって浸透しがたいもの、ある他人のしかも空虚な意志があるということになろう。すなわち、私は肯定的な意志として物件のかたちで自分にとって客観的でありながら、同時に客観的でないということになろう。それは一つの絶対的な矛盾の関係であることになろう。——それゆえ、所有は本質的に自由な、完全な所有である。

使用の全範囲にたいする権利と抽象的な所有（権）との区別立ては、空虚な悟性に属する。この空虚な悟性にとっては、理念が真なのではない。すなわち、ここでは所有ないしはまた人格的な意志一般と、それの実在性との、一体性としての理念が真なるものであるのではない。空虚な悟性にとっては、一体性をなすこれら両契機はたがいに分離されたまま、それぞれがなにか真なるものと見なされるのである。

それゆえ、使用の全範囲にたいする権利と抽象的な所有〔権〕との区別立ては、現実的な関係としては、ある空虚な主人たることとの関係である。[①] この関係は〔もし狂いということが、一つのものにおいて主観のたんなる表象とその主観の現実とが直接に矛盾しているばあいについてだけ言われるのではないとすれば〕人格性の狂いと呼ばれてよかろう。なぜなら、私のものというのが、一つの客体において直接無媒介に、私の個別的な排他的意志であるとされたり、他のある個別的な排他的意志であるとされたりすることになろうからである。

『法学提要』[②] 第二巻第四章では、「用益権とは、他人の物件をば、その物件の実体をそこなわないかぎりにおいて使用して益を享受する権利である」[③] と言われている。

さらに、同所に言うところでは、「しかし、つねに用益権の不在になる所有権がまったく無用のものとならないためには、ある方法によって用益権が取り消されて、もとどおり所有権に返ることが好ましいと決められている〔placuit〕」。

好ましいとか決められている〔placuit〕[④] とか――まるで、ある好みとか決定がはじめて、右の規定によって上述の空虚な区別立てになにか意味を与えるのでもあるかのような言い方である。「つねに用益権の不在になる所有権」とは、「無用の」ものであるばかりか、もはやなんら「所有権」ではないわけであろう。――

所有そのものについての、他のいろいろな区別立て、たとえば「正式譲受物件《レス・マンキピ》」と「非正式譲受物件《レス・ネク・マンキピ》」[5]、「ローマ市民法上の所有権《ドミニウム・クイリタリウム》」と「法務官裁定上の所有権《ドミニウム・ボニタリウム》」[6]といったような区別立ての論究は、ここには属さない。というのは、それらは所有のどんな概念規定にも関係しないのであって、この所有の権利のたんに歴史上のデリケートな資料でしかないからである。

——

だが、「直接的所有《ドミニウム・ディレクトゥム》」と「有用的所有《ドミニウム・ウティレ》」[7]の諸関係、また永代借地契約、また領地のもっと細かな諸関係、これにともなう領地永借料その他の地代、またそうした諸掛《かか》りが償却しえないばあいにさまざまに規定される地債や領地占有変更料等々[8]の諸関係は、一面では上述の区別立てをふくんでおり、他面ではまたそれをふくんでいない。というのは、まさに「有用的所有」つまり領民の所有には諸掛りが結びついており、そのことによって「直接的所有」つまり領主の所有が同時に一つの「有用的所有」つまり領民の所有となるかぎりにおいてである。

そうした諸関係が、あの厳密な抽象における区別立て以外にはなにもふくんでいないとしたら、それらの関係のなかではほんらい、二人の主人〔domini〕ではなくて、一人の所有者と一人の空《くう》なる主人とがたがいに対立し合っていることになろう。だが諸掛りのために、関係し合っているのは二人の所有者なのである。とはいえ、彼らは一つの共同的な所有の関係にあるのではない。

一人の所有者と一人の空なる主人とがたがいに対立し合っているような関係から、二人の所有者の共同的な所有の関係への移行は、きわめて近いところにある。この移行は、前者のような関係のなかでもうはじまっている移行なのである。つまり、「直接的所有」すなわち領主の所有において収益が計算されてこれが本質的なものと見なされるとき、したがって、従来は主人たることが所有にたいしてなにか高貴なこと[9]と考えられていたのに、そのような計算しにくいものが、ここでの理性的なものである有用的なもののしりえに置かれるときに、右の移行はもうはじまっているのである。

キリスト教によって人格の自由が開化しはじめ、人類のともかく小部分のあいだで普遍的な原理となって以来、たしかに千五百年になる。だが、自分のものとしての所有の自由は昨今やっと、ここかしこで原理として認められるにいたったばかりであると言ってもよい。[10] これは、精神がその自己意識において進歩してゆくのに要する時間の長さにかんして――かつ、私的な思念の性急さに反して――世界史のなかから引かれる一つの例である。

（1） Herrenschaft――一八八ページ注（1）参照。そこではこの語を lordship, droit du maître と訳していたノックスとカーンは、ここでは overlord to nothing, domination vide（空虚な支配）と訳している。だがこのページを見れば「主人たること」が正しい。

（2） 六三ページ注（8）参照。

（3）「」のなかはラテン文のまま引用されている。

（4）プラクイト placuit はおそらく「決められている」のほうであろうが、mihi placet は「私は好ましいと思う」「私は……と決める」の意味だから、ヘーゲルはもともとの意義に忠実に解しているようである。

（5）レス・マンキピ res mancipi とレス・ネク・マンキピ res nec mancipi の区別はユスティニアヌス帝によって廃された。マンキパティオという一定の形式を経て譲渡されるかどうかの区別。マヌス manus（手）とカピオ capio（つかむ、とらえる）という語に関係するこの形式は、ローマ市民権を有する譲渡人と譲受人とのほかに、一人のリブリペンス libripens（秤量《しょうりょう》判定者）と五人以上の取引き証人たちが居合わせて、譲受人が物件を手でつかみ（土地などのばあいは、手でつかむていにし）、一定の宣言をするのであった。そのさい譲受人は銅片でもってリブリペンスのもつ銅製の衡器を打ったともいわれる（銅衡式売買の名あり）。その歴史的起原についてはまだ定説がない。

ギボンはレス・マンキピがもともと戦争で獲得された物、そしてマンキパティオと呼ばれる特別の形式で売られた物を意味し、買い手がそれを同胞市民からでなく、敵の所有から手に入れたことを保証するためだったと述べている。レス・マンキピは具体的にはイタリアの土地と、農業に必要ないっさいのもの、つまり奴隷や牛馬などを意味した。

（6）ドミニウム・クイリタリウム dominium Quiritarium とドミニウム・ボニタリウム dominium bonitarium との区別もユスティニアヌス帝によって廃された。

ドミニウム dominium は支配、所有で、時にはプロプリエタス proprietas（自分のもの、所有）と呼ばれる。古代中部イタリアのサビニ人の古都クレス（Curēs）の住民がクイリテス（Quirites）

であったが、サビニ人とローマ人の結合ののちはローマ市民権を有する者をクイリテスと呼んだ(Populus Romanus Quiritum など)。

この「ローマ市民法上の所有権」にたいし、ボヌス bonus(よい、有用な、実効ある)という語から来ているボニタリウムは、ローマ市民法の規定を充たさないばあいにも法務官(Praetor)の裁定で認められる所有権のことを、注釈家が呼んだ名。

(7) ドミニウム・ディレクトゥム(directum)とドミニウム・ウティレ(utile)との区別は中世に設けられ、領主の所有権と領民のもついわば準所有権。これらはローマ法でローマ市民法によるほんらいの訴訟権(actio directa)と、法務官法による準訴訟権(actio utilis)との区別にならったもの。

(8) ハントローン Handlohn——ラテン語ではラウデミウム laudemium にあたり、地方の領地を新しく入手する相続人ないし買い手が領主に払う占有変更料。

(9) 荘園の領主は領主たることによって、彼らの土地が耕作されつつあろうとあるまいと貴族である。使用は、たんなる抽象的な所有、あるいはたんなる占有獲得よりも、弁証法のうえでもっとすすんだ段階であって、そのことによって、抽象的な所有というもっと低い段階と対照すれば「理性的」なのである。

(10) たとえば一七八九年フランス革命において。ドイツ諸邦のいくつかではヘーゲルの時代、まだ封建的な拝領地がなかなか消えてなくならなかった。ここではプロシアにおけるシュタインの改革なども考えていい。

§六三

使用されている物件は、一つの個別的な、質と量からいって規定された物件であって、ある独特の必要への関係のうちにある。

だがその物件の独特の有用性は同時に量的に規定されたものとして、同じ有用性をもった他のもろもろの物件と比較されうる。また、その物件が役に立つ独特の必要も同時に必要一般であって、その点で、それの特殊性からいってやはり他のもろもろの必要と比較されうる。したがってその物件もまた、他のもろもろの必要にとって有用であるもろもろの物件と比較されうるのである。

物件のこうした普遍性の単純な規定されたあり方は、その物件一個の特殊性から生じ、したがってこの独特の質は同時に度外視される。物件のこのような普遍性こそは、物件の価値であって、この価値において、物件の真実の実体性は規定されており、かつ、意識の対象なのである。①私は物件の完全な所有者として、物件の使用についてと同じほど物件の価値についても所有者なのである。

領地保持者は、その所有において、物件のただ使用の所有者であるだけであって、物件の価値の所有者ではないとされる、という区別をもっている。

追加

〔価値〕ここでは質的なものは量的なものの形式のなかに消えてしまう。すなわち、私が必要ということを言うとき、これはきわめてさまざまな事物がそのもとにもたらされる標号（Titel）である。したがってこれらの事物の共通性が、そのばあい、私がそれらの事物を測りうるようにさせるわけである。それゆえここでは思想の進行は、物件の独特の質から、この規定されたあり方がどうでもよい状態、つまり量へ、である。②

これと似たようなことは数学において起こる。たとえば私が、円とは何か、楕円《だえん》とか抛物線《ほうぶつせん》とは何かを定義するならば、それらは種的に異なった状態であることがわかる。にもかかわらず、これらのいろいろ異なった曲線の区別はたんに量的に規定される。すなわち、もろもろの係数に、もっぱらただもろもろの経験的な大いさだけに関係するところの、量的な区別が問題になるだけだというふうに規定される。

所有においては、質的な規定されたあり方からあらわれてくる量的な規定されたあり方は価値である。ここでは質的なものは、量にたいして特定量を与えるのであって、質的なものとしては廃棄されると同様にまた保存される。

価値の概念を考察するならば、物件そのものはただ標識と見なされるだけであって、それ自身としてではなく、それが値いするところのものとして通用する。③ たとえば手形はその紙としての性質ないし自然をあらわすのではなくて、ある別の普遍的なものの、つまり価値の、標識にすぎない。

一つの物件の価値は、必要ないし欲求への関係においてきわめてさまざまでありうる。だがもし価値の独特なものをではなくて抽象的なものを表現しようとするなら、貨幣がこれである。貨幣はすべての事物を代表する。だが、貨幣は必要ないし欲求そのものをあらわすのではなくて、必要ないし欲求の標識でしかない以上、貨幣自身がまた、独特な価値によって支配される。この価値を、抽象的なものとしての貨幣はただ表現するだけである。

総じて、ひとは、ある物件の所有者でありながら、同時にその物件の価値の所有者にはならないことがありうる。家族がその財産を売ったり質入れしたりすることができないとすれば、そのような家族は価値の主人ではない。だが所有のこの形式は、所有の概念にふさわしくないので、そのようなもろもろの制限〔領地、信託遺贈〕は、たいてい消失しつつある。

（1）マルクス『資本論』（一八六七年）によれば、商品の使用価値（有用的価値）は人間のもろもろの必要（Bedürfnis）を満たす有用性によって成り立つのにたいし、商品の価値は交換価値として現われる。二つの異なった有用性をもった商品が第三の共通のもの、つまり普遍的なものとしての価値をはかられることによって交換される。価値は諸商品の幾何学的、物理学的、化学的その他の自然的属性を度外視し、使用価値をみじんもふくまない。商品は抽象的人間労働という社会的実体の結晶として価値である。ヘーゲルのここの論述とのつながりを見るべきである。

（2）マルクスでも、諸商品は使用価値としては何よりもまず相異なる「質」であるが、交換価値としてはただ相異なる「量」でありうるのみ。米何キロと靴何足といった交換の比率という量が問題になってくる。

（3）この一文はマルクスが『資本論』第一巻（ディーツ版九七ページ、注四七）に引用している。

§六四

占有に与えられた形式と、そして標識とは、それら自身、外面的な事情であって、これらの事情の意義と価値をもっぱらそれだけがなすところの、意志の主観的現在を欠いている。だが、使用とか利用とか、そのほか意志の外へのあらわれであるところの、この意志の主観的現在は時間に属する。時間にかんしては意志の外へのあらわれの持続が客観性である。この持続なしには物件は、意志と占有との現実性が去ったものとして、無主となる。それゆえ私は、時効によって所有を失ったり獲《え》たりする。(1)

それゆえ、時効はたんに、厳格な法には反するような、ある外面的な顧慮から、すなわち、古いいろいろの請求権によって所有の安全さのなかへ侵入してくることになるかもしれないもろもろの係争や混乱等々を断とうとする顧慮から、法のなかに導き入れられたのではない。そうではなくて、時効は、所有の実在性という規定にもとづく。すなわち、ある物を持とうとする意志はおのれを外にあらわすものだという必然性の規定に、時効はもとづくのである。——公共的記念物は、国民的所有であり、いいかえれば本来、芸術作品が総じて利用の点でそうであるように、それらの記念物に内在している回想と名誉というたましいによって、生きた自立的な目的と見なされるのである。だが、このたましいが去ると、それらの記念物は、この面からいえば国民にとって無主となる。それはたとえばトルコにおけるギリシア人、エジプト人の芸術作品のように、偶然的な私的占有物となる。——

著作家の家族が、その著作家の諸作品にたいして有する私的所有権も、右に似たような理由から時効にかかる。それらの作品は、〔さっきの記念物とは反対の仕方で〕②一般の所有へ移行し、かつ、物件としてのそれの特殊な利用からいえば偶然的な私的占有に移行する、という意味において無主となる。——

はだかの土地が、墓のため、あるいはそれだけとしてでも、永久に不使用にあてられているばあい、それは一つの空虚な非現在的な恣意をふくんでおり、この恣意をそこなうことによって現実的なものはひとつもそこなわれず、したがってこの恣意を尊重することも保証されようがないのである。

追加

〔時効〕時効は、私がその物件を私のものと見なすことをやめたのだ、という推測にもとづく。なぜなら、ある物があいかわらず私のものであるためには、私の意志の持続が必要であって、この持続は使用ないし保存によって示されるからである。——

公共的記念物の価値の喪失は、宗教改革のなかで、もろもろのミサ請い寄進[3]にしばしば明らかに示された。古い信条の精神、すなわちミサ請い寄進の精神は飛び去っていたのであって、だからそれらのミサ請い寄進財は所有物として占有取得されることができた。

（1）消滅時効（Verjährung）と取得時効（Ersitzung）——ヘーゲルはこの両方を「時効」（Verjährung）であらわしている。

（2）著書の内容は、研究され、咀嚼《そしゃく》吸収され、新しい書物を書くのに使用されることによって、はじめて公共的の所有となる。

（3）Meßstiftung——ミサはカトリック教会の中心的祭礼で、礼拝・謝恩・贖罪《しょくざい》・恩寵《おんちょう》の祈願を行なうもの。わが家のため末ながくミサをささげて下さるようにと土地建物など財物を教会に寄付すること、またその財物が、ミサ請い寄進。

C　自分のものの外化、ないしは所有の放棄[1]

§六五

私の所有は、私がそのなかへ私の意志を置き入れるかぎりにおいてのみ、私のものなのだから、私はそれを自分の外に放棄することができる。——したがって私は総じて私の物件を、無主物として私から去らせ〔「放棄し」derelinquiere〕、あるいは、ある他人の意志の占有にゆだねる。——しかしただその物件がそれの本性上、一つの外面的なものであるかぎりにおいてのみである。

追加

〔放棄〕時効は、直接に言明されたのではない意志でもって放棄することであるとすれば、真の放棄は、私がその物件をもはや私のものと見なそうとは思わないという意志の言明である。この全体はまたこうも解することができる——すなわち、放棄ないし譲渡することが一つの真の占有獲得である、と。

直接的な占有取得は所有の第一の契機である。つぎに第二に、使用によってもまた所有は手に入れられる。[2] そして第三の契機は、両者の統一、つまり、放棄ないし譲渡による占有獲得である。[3]

（1）エントオイセルング Entäußerung——これは『精神現象学』でしばしば用いられて「外化」と訳される言葉であり、「疎外」Entfremdung につながる。だがフェルオイセルング Veräußerung と同じく

「譲渡」を意味し、ここでもたしかにこの意味が中心である。だがもうすこし広く「放棄」の意味を明らかにふくめているので、「放棄ないし譲渡」と訳したところもある。

（2）§五九参照、「使用は所有の実在的な面であり現実性である」

（3）この追加の三つの契機説はきわめて不備。ないほうがましである。

§六六

それだから、私の最も固有な人格と私の自己意識の普遍的な本質とをなすような、もろもろの貴重なもの、あるいはむしろもろもろの実体的な規定、すなわち私の人格性一般、私の普遍的な意志自由、倫理、宗教のごときは、外に譲渡されえないのであり、同様にまたそれらのものにたいする権利も時効にかからないのである。

精神がそれの概念からいって、すなわち即自的にそうであるところのそのものは、また現存在においても、そして対自的にもそういうものである〔したがって人格であり、所有を能《よ》くしうるのであり、倫理、宗教をもっている〕ということ——この理念はそれ自身、精神の概念である。〔精神は「自己原因」(1)、すなわち、自由な原因であり、「それの本性が、現存するとしてしか考えられえないもの」である。スピノザ『エティカ』第一部、定義一〕

このように精神はただ自己自身によってのみ、かつ、それの現存在の自然的な直接性から自分のなかへの無限な還帰としてのみ、それが現にそうであるところのそのものである。そしてこの精神の概念のうちにこそ、——精神がただ即自的にのみそういうものであって、対自的にもそうであるわけではないところのものと〔§五七〕、また逆に精神がただ対自的にのみそういうものであって、即自的にはそうでないところのもの〔意志においては悪〕との、対立の可能性が存する。そしてまたこの点に、人格性と精神の実体的な存在との、外化ないし放棄——この放棄は、ある無意識的な仕方で起こるのであれ、故意な仕方で起こるのであれ——の可能性が存するのである。——

人格性の放棄の例は、奴隷や農奴の身分、所有の占有不能、所有の不自由、等々である。聡明な理性的態度、道徳、倫理、宗教の放棄は、迷信のばあい、またつぎのようなばあいに起こる。すなわち、自分がどんな行為を行なうべきか〔だれかがはっきりと、盗賊や殺人などのため、すなわち犯罪の可能性のために、やとわれるとき〕、そして良心の義務とは何であるか、宗教的真理とは何であるか、等々を自分に規定し指図すべき権威と全権が他人に譲与されたばあいである。

そのような譲渡しえないものにたいする権利は、時効にかからない。なぜなら、私が自分の人格性と実体的な本質を占有取得する行為、つまり私が自分を一個の権利能力と責任能力の有る者にし、道徳的、宗教的な者にする行為は、私についてのこれらの規定をまさしく外面性から免れさせるからである。そしてもっぱらこの外面性だけが、私についてのそれらの規定に、他人の占有するところとなることを得させたのだからである。――このように外面性が廃棄されるとともに、時間規定は落ち去り、そして私の以前の同意ないしは甘受から解釈されうるようなすべての理由が脱落する。

このような、私の自分自身のなかへの還帰によって、私は自分を理念として、法的かつ道徳的な人格として実存するものたらしめる。したがって、私の自分自身のなかへのこの還帰は、従来の関係を揚棄する。またそれは、私や他人が私の概念と理性に加えた不正・不法、つまり、自己意識の無限な現存在②を一つの外面的なものとして取り扱わせておいたり取り扱ったりしたという不正・不法を揚棄する。――

自分のなかへのこの還帰は、私の権利能力、倫理、宗教心を他人の占有に譲り与えたという矛盾をあばく。私の権利能力、倫理、宗教心は、私自身が占有しなかったものであり、そして、私がそれを占有するや否やまさしく本質的にただ私のものとしてしか現存在せず、外面的なものとして現存在しはしないものだからである。

追加

〔譲渡できない諸権利〕奴隷がおのれを自由の身にするべき絶対的な権利をもつこと、また、だれかが自分の倫理を売って盗賊や殺人を請け負ったとすれば、このことは即自かつ対自的に無効であって、だれでもこの契約を取り消す権能を有すること、——これはことがらの本性に属している。

私の聴罪神父である司祭に私の宗教心を請け負わせることも、事情は同じである。なぜなら、そのような内面的のことは、人間はひとり自分とのみ取りきめなくてはならないからである。宗教心においてその一部分が他人の手中に置き入れられるとすれば、それはなんら宗教心ではない。なぜなら、精神はただ一つのものであって、しかも私のうちに住んでいるべきものだからであり、即自的に有ると対自的に有るとの合一は、私自身に属すべきものだからである。

(1) causa sui——自己が自己の原因、みずからが原因という意味。スピノザは「実体」がそうした「自己原因」であるとした（『エティカ』第一部、定理七）。ヘーゲルは「精神」にこれをあてはめているわけである。

(2) すなわち人格ないし人格性。

§六七

私の特別な、肉体上および精神上のもろもろの熟練と、活動のもろもろの可能性とについて、私は個々の諸産物と、時間上制限された使用とを、他人[1]に譲渡することができる。なぜなら、この制限にしたがって、それらは、私の総体性と普遍性にたいする一つの外面的な関係を与えられるからである。

そうではなくてもしも私が、労働を通じて具体的な私の全時間と私の生産物の総体を外に譲渡するとしたら、私はそれらのものの実体的なもの、私の普遍的な活動と現実性、私の人格性を、他人の所有たらしめることになろう[2]。

それは上述の§六一の、物件の実体と物件の利用との関係と、同じ関係である。物件の利用は、それが制限されているかぎりにおいてのみ、物件の実体とは相違しているように、私のもろもろの力の使用もまた、それが量的に制限されているかぎりにおいてのみ、それらの力そのものとは区別されており、したがって私自身とは区別されている。——

ある力の外へのあらわれの総体は、その力そのものであり、もろもろの偶有性の総体は、実体であり、もろもろの特殊化したあり方の総体は、普遍的なものである。

追加

〔奴隷の身分と僕婢《ぼくひ》の境遇〕ここで分析した区別は、奴隷とこんにちの僕婢、ないしは日傭取《ひようと》りとの区別である。古代アテネの奴隷はおそらく、われわれの雇人たちが通例そうであるよりも、もっと容易な仕事と、もっと精神的な労働とをもっていたが、それにもかかわらず奴隷であった。なぜなら、彼の活動の全範囲が主人に譲渡されていたからである。

（1）原文は beschränkten Gebrauch an einen andern veräußern――『覚え書』でヘーゲルは d. h. den ein Andrer davon machen kann「つまり他人が行ないうる使用」と記している。ガンス版では、これを汲んでであろうか beschränkten Gebrauch von einem Andern veräußern「ある他人による時間上制限された使用」となっている。

（2）この一節はマルクスが『資本論』第一巻（ディーツ版一七六ページ、注四〇）で引用している。

§六八

精神的な生産における自分特有のものは、外にあらわす方式をつうじて直接に、物件の外面性――今や同様に他人によっても生産されうるような物件の外面性、に変わりうる。したがって、この物件の獲得でもって今の所有者は、伝えられたもろもろの思想とか技術的発明を自分のものとなしうる。そしていくぶんか〔文筆上の作品のばあい〕そのように自分のものとなしうることが、そういう獲得の唯一の規定をなし、価値をなす。だがそういうことのほかに、彼はこの獲得でもって同時に、自分をそういうふうに外にあらわし、そういうふうなもろもろの物件をたびたび産出するところの、普遍的な方式を占有することになるのである。

美術作品のばあいは、思想をある外面的な材料のうちに形象化する物としての形式は、ひじように著しい程度において、生産する個人自身の特有のものであるから、美術作品の模倣は本質的に模倣者自身の精神的および技術的な熟練の産物である。

文筆上の作品のばあいは、この作品がそれによって一つの外面的な物件となる形式は、技術的な装置の発明のばあいの形式と同様に、機械的な性質のものである。なぜなら、前者のばあいは思想はただ一連の別々の抽象的なもろもろの記号においてあらわされるのであって、一つの形にまとまった具体的な造形美術作品にあらわされるのではないからであり、後者のばあいはそもそも思想が機械的な内容をもつからである。したがって、そのような物件を物件として生産する方式は、通常のもろもろの技能に属する。——

そのほか、美術作品と手工業の機械的熟練の生産物という両極端のあいだに、もろもろの移行段階が存在しており、これらは前者あるいは後者の性質をより多く帯びていたり、より少なく帯びていたりする。

§六九

そのような生産物を個別のものとしての見本で手に入れた者は、その生産物の完全な使用と価値を占有するのであるから、一個のものとしてのその生産物の完全かつ自由な所有者である。

——もっとも、その著作の著者とかその技術的装置の発明者は依然として、そのような生産物や物件を数多くつくる普遍的な方式の所有者でありつづけるのであって、そのような普遍的な方式を彼は直接に外へ譲渡したのではなく、自分特有の外にあらわす仕方としてこの方式を自分に保有しうるのであるが。

著作家とか発明者の権利の実体的なものは、さしあたり、彼が個別の見本を外に手放すにさいしてつぎのことを恣意的に条件とする点にもとめるわけにはいかない。その条件とは、彼のこの見本放棄でもって他人もまた今後はそのような生産物を物件として同じように産出しうる可能性を占有することになるのに、この可能性が他人の所有とはならずに依然として自分の所有にとどまること、という条件である。

第一の疑問は、はたして物件の所有と、物件とともに与えられた、同じようにその物件を生産する可能性との、そうした分離が概念において許されるものかどうかということ、そして、この分離は完全な自由な所有〔§六二〕を廃棄するのではないかということである。じつは、この完全な自由な所有にもとづいてはじめて、そのような（同じように物件を生産する）可能性を自分のためにとっておくか、あるいは一つの価値として外へ譲渡するか、あるいは自分としてはそのような可能性にはなんら価値を置かず、その一個の物件といっしょにそのような可能性をも委棄するかということが、最初の精神的生産者の恣意に属することになるのである。

すなわち、そのような（同じように物件を生産する）可能性は、物件においてつぎのような性質の側面であるという独自のものをもっているのである。つまりその側面からいえば、物件はただ占有物であるばかりではなくて、一つの資産である[1]［あとの§一七〇以下を見よ］。したがって、物件が一つの資産であるということは、その物件についてなされる外的な使用の——しかもその物件が直接そのために定められている使用とは相違し、これとは分離されうる外的な使用の——特別な方式のうちに存するのである［それは、世間のひとの言うように、自分の所有する「家畜の胎児」のごとき「自然的付加物」といったようなものではない[2]］。ところでそのような区別は本性上、分割されうるもの、つまり外面的な使用に属するのであるから、使用の一部分を外に譲渡しながら他の部分を後に取っておくのは、無使用の主人たる資格の留保ではないのである。——

もろもろの学問と芸術の、たんに消極的な、だが何より第一の奨励は、それらにたずさわる人たちを盗みの危険からまもり、彼らにその所有の保護を与えることである。それはちょうど、商業と工業の何より第一のかつ最も重要な奨励が、それらを国道における掠奪《りゃくだつ》からまもることであったのと同じことである。——

それにしても精神の産物は、他の諸個人によって把握されて、彼らの表象、記憶、思惟等々に、自分のものとされるという定めをもっている。そして彼らは、彼らが学んだもの［いったい、学ぶとはただ記憶でもっていろいろの言葉を暗記することだけをいうのではない。――他人の思想はただ思惟によってのみ把握されうるのであって、この、あとにならって思惟することもまた学ぶことである」[3]をもまた同じように、彼らの外にあらわす表現によって外に譲渡しうる物件にする。そういうわけでこの彼らの外にあらわす表現は、いつでもなんらかの独特な形式をもちやすい。したがって彼らは、そのような表現から生じる資産を自分の所有と見なしうるし、その独特の形式ということからそのような生産の権利を自分のために主張しうるのである。

総じて諸学問の伝播《でんぱ》は、ことに、はっきりきまった教える仕事はその使命と義務からいってそうであり、そして実証的な諸学、教会の教え、法律学等々においても最もはっきりとそうであるように、確定された、総じてもう外にあらわされた、外から受け入れられた、思想の繰り返しである。したがってまた、この教える仕事や諸学問の伝播普及を目的としている著作においても、そのとおりである。

ところで、その繰り返し的な外への表現のなかで生じる形式がどの程度にまで、現存の学問上の宝と、ことに、まだ自分たちの精神的産物を外面的に所有しているような他の人たちの思想とを、その再生産する個人の独自な精神的所有に変えてしまうか。そしてこのことでもって、それらの思想をまたその再生産する個人の外面的な所有にもする権利を彼に与えるか、それとも与えないか。どの程度にまでそのような繰り返しは、著作物においては剽窃となるのか。——というようなことは精確な規定によって示されるものではない。したがってそれは、法律的に確定されるものではない。それゆえ、剽窃《ひょうせつ》は名誉の問題であらざるをえず、名誉によって抑制されねばならないことになろう。——

そういうわけで、偽版にたいする法律は、著者と出版者の所有を法的に安全にするというその目的を、なるほどはっきりしてはいてもはなはだ制限された範囲において果たす④。

形式にかんして故意になにか変えるのはたやすい。また、ある偉大な学問にかんし、他人の作である一つの包括的な理論にかんして、ちょっとした修正を発明工夫するのもたやすい。このたやすさが、あるいはすでに、把握したものの講義にさいして創始者のもろもろの言葉どおりにとどまることはできないということが、もうそれだけで、そのような繰り返しがそのために必要となる特別な諸目的以外に無限に多種多様な変更をともなってくる。そしてこれらの変更が、他人の所有に自分の所有としての多かれ少なかれ表面的な刻印を押すのである。

そのことは、たとえば、何百とない提要、抜萃《ばっすい》、集録などや、もろもろの算術書、幾何学書、信心の書などが示している。そしてまた、ある批判的雑誌、年刊詩集、百科辞典などのあらゆる思いつきが、ただちにまた同一の表題ないしはすこし変えられた表題のもとに繰り返され、しかしなにか独自のものとして主張されうるのである。

そのようなことによってじっさい、著作家とか発明的企業家にとっては、その作品とか思いつきが自分に約束した利得が水泡に帰せしめられ、ないしは（創始者と再生産者と）相互に利得が下落させられ合い、あるいは利得がみんなにとって台なしにさせられるということになりやすいのである。――

だが剽窃にたいする名誉の効果にかんしていえば、つぎのことがそのさい著しく目立つ。すなわち、剽窃(5)という言葉、ないしは学問上のぬすみという言葉までも、もはや聞かれないということである。――名誉は剽窃を駆逐する効を奏したということなのか。それとも、剽窃は反名誉的であることをやめ、こういったことにかんする感情が消えうせたということなのか。あるいは、ちょっとした思いつきや、外的な形式の変更が、独創性として、みずから思惟する生産として、自分をひじょうに高く見つもり、剽窃ということにかんする考えを自分のなかにぜんぜん起こってこさせないようにするということなのか。そのいずれにしてもである。

（1）一七二ページ注（1）参照。

（2）この文の主語「それは」の原文はerだから男性名詞Gebrauch（使用）を受けるほかないが、ノックスもいうように「使用」が「自然的付加物」だとはだれも言うまい。ここはesの誤植と読むことにした。ここでヘーゲルが意見を異にするといっている見解の例としてノックスは、聖フィニアンが自分のものだと主張したある写本から無断でコピーをつくった聖コルンバにたいする訴訟において、ダイアメイト王（Diarmait）が、「どの書物にもそれのむすこ書物（its son-book）が属することは、どの牝牛にもそれの仔牛が属するようなものだ」と裁いた言葉をあげている。

（3）ナーッハデンケン nachdenken は「よくよく考える」こと（nach は、……のほうをの意）だが、ヘーゲルはここでは Nachdenken（この nach は、……のあとにならっての意）として、皮肉をきかせている。

（4）著作権の問題は十八世紀末のドイツで大いに論じられ、カントもこれについて短論文を書き、また『人倫の形而上学』の「第一部、法論の形而上学的諸原理」§三一の「二、書物とは何か」で言及している。イギリスでは一七〇九年、フランスでは一七九三年に著作権法が成立した。ドイツのいくつかの諸邦もこれをまねたが、プロシアでは一八三二年以前にはなんら系統立った法律がなかった。一八三七年にやっとドイツでも一般に公布された。日本では、一八八六年ベルンで調印されて後にいくどか改定された「文学的美術的著作物保護に関する条約」にもとづいて明治三十二（一八九九）年に著作権法が制定された。

（5）プラギアート Plagiat——ギリシア語のプラギオ（まがった、ゆがんだ）から、ラテン語のプラギウム（人さらい、自由人を奴隷として売ること、剽窃）が来ている。

§七〇

外的な活動の包括的な総体、すなわち生命は、それ自身がこのもの[1]であり直接的である人格性にたいして、なんら外的なものではない。生命を放棄すること、ないしは犠牲に供することは、この人格性の現存在であるどころか、かえってその反対である。

それゆえ私は生命の放棄にたいしては総じてどんな権利をももっていない。ただ、ある倫理的な理念②だけが、そのなかにこの直接的に個別的な人格性が即自的には没しているものとして、かつ、この人格性の現実的な力であるものとして、生命を放棄することにたいする一つの権利をもっている。したがって、生命そのものが直接的であると同時に、死もまた生命の直接的な否定性であり、それゆえ、死は外から、一つの自然事として受け取られねばならない。あるいは、理念に身を捧げて、見知らぬ手から死を受け取らねばならない。

追加

〔自殺〕個別の人格は、もちろん、倫理的な全体に身を捧げなければならない従属したものである。それゆえ、もし国家が生命を要求するなら、個人はそれを与えなければならない。——だが人間は自己自身の生命を奪うことを許されるだろうか。

ひとは自殺をまず第一に勇敢と見なしうる、だが仕立屋③や女中たちの自殺は、これをはかない勇敢と見なしうる。つぎにまた、自殺は内面の傷心がそれにみちびくのであるから、一つの不幸と見なされうる。

だが根本の問題は、私は自殺する権利をもっているか、ということである。答えはこうなるであろう。――私はこの個人として、私の生命にたいする主人ではない。なぜなら、活動の包括的な総体、つまり生命は、それ自身が直接にこのものである人格性にたいして、なんら外的なものではないからである、と。

それゆえ、人格がその生命のうえに支配を及ぼす権利ということを論じるのは、人格が自分のうえに支配を及ぼす一つの権利をもっているということになるから、それは一つの矛盾である。人格はこのような権利はもっていない。なぜなら、人格は自分のうえに立つことなく、自分を裁き正すことはできないからである。

ヘラクレス(4)が焼身自殺し、ブルトゥス(5)が自刃《じじん》したのは、英雄が自分の人格性に反対するふるまいである。だが、もしたんなる自殺する権利について論じるのであれば、この権利は英雄にたいしてもまた認められなくてさしつかえないのである。

(1) 一四五ページ注(2)参照。
(2) すなわち国家(§二五七と§三二三以下)。
(3) Schneider――弱虫、おくびょう者の意味につかう。
(4) 正確にはヘーラクレース――ギリシア神話で最大の英雄。数々の偉業をなしとげたあと、最後にオイテー山に火葬壇を築いてみずから登り、火をつけさせて死んだ。
(5) マルクス・ユニウス・ブルトゥス(前八五~前四二)。ローマの政治家。カエサル(シーザー)が王になろうとする野心をもつと見てこれを刺殺したのち、オクタヴィアヌスおよびアントニウスとの戦いに敗れて自殺。

所有から契約への移行

§七一

現存在は、規定された存在として、本質的に他のものに対する存在である〔上述§四八の注解を見よ〕。自分のものとしての所有は、それが外面的な物件として一つの現存在であるという面からいえば、他のもろもろの外面性に対して存在するのであり、この必然性と偶然性の連関のうちにある。

だが所有は意志の現存在としては、他のものに対してといってもただ他の人格の意志に対してのみ存在する。意志と意志とのこの関係は、そこに自由が現存在をもつところの、独特かつ真実の地盤である。

この媒介、すなわち、所有をもはやただある物件と私の主体的意志とだけを介してもつばかりではなくて、ある他の意志を介しても、したがって一つの共通な意志において、もつという媒介が、契約の圏をなす。

人間が自分のものとしての所有を占有することは理性によって必然的である〔§四五注解〕のとまったく同様に、彼らがもろもろの契約関係に入りこむこと——贈与し、交換し、取引し、等々すること——も理性によって必然的である。彼らをもろもろの契約にみちびくのは、彼らの意識にとっては欲求一般、好意、効用などであるとしても、即自的にはそれは理性である。すなわち、自由な人格性の実在的な〔すなわち、ただ意志のかたちでのみ現存している〕現存在の理念である。——

契約は、契約に入る人どうしがたがいに人格および所有者として認め合うということを前提する。契約は客観的精神の一つの関係であるから、承認の契機はもうそのなかにふくまれており、前提されている〔§三五、および§五七注解を参照せよ〕。(1)

追加

〔契約の基礎としての普遍的意志〕契約において私は、自分のものとしての所有を、共通の意志をつうじてもつ。すなわち、主観的な意志がもっと普遍的になり、おのれをこうした実現にまで高めるということが、理性の関心なのである。したがって契約のなかには依然として（直接的な）この意志という規定がのこっている。しかしそれは、ある他の意志との共通性のうちにである。これに反して普遍的な意志は、ここでは、ただわずかに共通性という形と姿においてあらわれるにすぎない。

（1）本書『法の哲学』の大部分はこの客観的精神に属する。

第二章　契約

§七二

自分のものとしての所有の現存在ないし外面性という側面が、もはやただある物件であるばかりではなくて、ある〔したがって他の〕意志という契機をふくんでいるばあい、そういう所有は契約を通じて出来あがる。——この過程は、私が他の者と同一的なある意志のうちに、所有者たることをやめるかぎりにおいて、私は対自的に有る(1)所有者、他の意志を排除する所有者であり、かつありつづける、という矛盾がそのなかであらわれて媒介される過程である。

（1）自分だけで存在する、と読んでもいい。

§七三

私は、ある所有を外面的な物件として自分の外に手放すことができる〔§六五〕ばかりではない。私の意志が、現存在するものとして、私にとって対象的であるためには、概念によって、[1]私はその所有を所有として自分の外に手放さざるをえないのである。

だがこの後のほうの契機からいえば、私の意志は、外に手放されたものとして、同時に他の意志である。[2]このことのうちに、概念によってそうせざるをえないという右の必然性が実在している。つまりこのことは、区別された二つの意志の統一である。したがってこの統一のなかではそれら二つの意志の区別されたあり方と独自性はなくなる。だが両者の意志のこのような同一性のうちにはまた〔この段階では〕、各々が相手と同一でない意志、対自的に独自な意志であり、かつ、ありつづけるということもふくまれている。

(1)「他のもののなかへ移り込むのが存在ないし有の圏での弁証法的過程であり、他のもののなかへ照り込むのが本質の圏でのそれである。これにたいして概念の運動は発展であって、それ自身においてもう現存しているものがただ定立されるだけである」(『小論理学』§一六一補遺)。ここでは所有の概念の運動を指している。

(2) ノックスの例解によると、難船して無人島にあがった一人の人間は物を獲得したり手放したりできるけれども、それらの物が自分のものとしての所有であるのは、彼のことを想像するわれわれが彼とともに社会を形成していると想像するかぎりにおいてだけであり、所有の権利ということはこの社会のなかではじめて意味をもつ。私がある所有物の合法的な所有者だと言うことは、他の人たちが私の権利を認めることを意味する。すなわち、私が自分のものだと呼んでいるのは、たんに他の諸物に関係した一個の外的な物ではなくて、私の所有が私の意志の対象化された外的現存在であることを、他の人たちが認めるという意味をふくんでいる。私は物を自分だけの了見で手放すことはできるが、「所有」を手放すことは、だれか他人の意志の協力なしにはできない、なぜなら所有（したがって、放棄ないし譲渡）は認知を前提しているからだ（たとえば、「許可なくしてはここにくずを捨てられない」――もし私が何かを捨てるつもりで街路に落とすと、たぶん、だれかがひろって私にかえしてくることになろう）。認知されたもろもろの権利の社会的文脈においては、手放そうとする私の意志と他人の意志とのあいだに一つの同等同値、同意義が存在するのであって、こうして私の意志は他の意志のかたちで私にとって客観的となる。

§七四

それゆえ、契約というこの関係は、それぞれ対自的に有る①二人の所有者たちの絶対的な区別のなかで同一的な意志の媒介である。それは、各所有者が自分の意志および相手の意志でもって、「所有者たることをやめ、所有者でありつづけ、所有者となる」ということをふくんでいる。――すなわちそれは、ある一つのしかも個別の所有を手放そうとする意志と、そのような所有、したがってある他人の所有を受け取ろうとする意志との、媒介である。しかも、一方の意欲はただ他方の意欲が現存しているかぎりにおいてのみ決心するという、同一的な連関のなかでの媒介である。

（1）自分だけで、と読んでもいい。

§七五

契約をする双方の側はともに直接的な自立の人格としてたがいにふるまい合うのであるから、〔α〕契約は恣意から出発するのであり、〔β〕契約によって現存在することになる同一的な意志は、ただ双方の側によって定立された、したがってただ共通的な意志でしかなく、即自かつ対自的に普遍的な意志ではないのであり、〔γ〕契約の対象はある個別の外面的な物件である、なぜなら、ただそのような物件だけが、それを外に手放そうとする双方の側のたんなる恣意に従わされているから〔§六五以下〕である。

したがって契約の概念のもとには結婚を包摂《ほうせつ》することはできない。こうした包摂はその恥ずべき――と言わざるをえない――仕方でカント〔『法論の形而上学的諸原理』、一〇六ページ以下〕[2]において行なわれている。――

同様に国家の本性も契約関係のうちにふくまれてはいない。――国家が万人の万人との契約と解されるにしろ、この万人と君主や政府との契約と解されるにしろである。

国家関係のなかに契約関係を、また総じて私的所有の諸関係を混ぜ込むことは、国法と現実における最大のもろもろの混乱をひきおこした。

以前の諸時代③には国家のもろもろの権利と義務④は、君国の法⑤と反対に特別な諸個人のなにか直接的な私的所有と見なされ、かつ主張された。しかし、近ごろの時代においては君主と国家とのもろもろの権利は、契約の諸対象として、契約にもとづいたものと見なされ、意志の或るたんに共通的なものとして、一つの国家に結合した者たちの恣意から生じたものと見なされることになった⑥。

右の二つの立場は一方ではひじょうに相違しているけれども、他方では、私的所有のもろもろの規定をば、まったく別のそしてもっと高い本性をもった圏のなかへもちこんだという誤りを共有している。——後述の、倫理と国家を見よ⑦。

追加

〔契約としての国家という説〕近ごろは、国家を万人の万人との契約と見なすことが、ひじょうに好まれることになった。万人が君主と一つの契約を結び、そして君主は君主でまた臣下たちと契約を結んだのだと言われる。こうした見解は、ちがった意志のある一つの統一だけを表面的な仕方で考えることから来る。

ところが契約においては、どちらも人格であり、そしてどちらも所有者でありつづけようと欲するところの、二つの意志が存在している。したがって契約は人格の恣意から出発するのであって、この出発点は結婚もまたこれを契約と共有するところである。⑧

だが国家にあっては右の点がただちにちがっている。というのは、ひとは自然《うまれつき》の面ですでに国家の市民なのだから、国家から自分を切り離すことは個人たちの恣意でできることではないからである。

人間の理性的な規定は、国家のうちに生きることである。どんな国家もまだ現に存在していないとすれば、国家の創設されることをもとめる理性の要求が現に存在している。国家というものは、ひとが国家に入るとか、国家を去るとかにたいして、まさしく許可を与えなくてはならない。したがって、国家に入るとか国家を去るとかは個々人の恣意によることではなく、それゆえ国家は、恣意を前提とする契約にもとづくものではない。国家を創設することは万人の恣意にもとづくことであるなどと言うのはまちがいである。かえってむしろ、なんびとにとっても、国家のうちにあるということは絶対的に必然なのである。

近代における国家の偉大な進歩は、国家がどこまでも即自かつ対自的な目的であって、なんびとも国家への関係においては中世のように自分の私的な約定にしたがったやり方をすることは許されない、という点である。

（1）六三ページ注（5）参照。

（2）「性的共同態は、ひとりの人間がある他のものの性器と能力について行ない合う相互的な使用」であり、この「他のもの」が人間でありかつ異性であるばあいが「自然的使用」である。「自然的な性的共同態」が「たんなる動物的自然」にではなく「おきてないし法則」に従うばあいが「婚姻、すなわち、性を異にする二人の人格がたがいの性的諸特性を生涯永続的に相互に占有するための結合」である。「婚姻契約」は「人間性の法則によって必然的な契約」である。

右の「自然的使用」という「享楽」の「行為において人間はみずからおのれを物件にする」が、「これはただ、一方の人格が他方の人格によって物件としてのように獲得されるあいだに自分のほうでもまた相手を物件としてのように獲得するという唯一の条件のもとでのみ可能」である。なぜなら「そのようにしてもとどおり自分自身を獲得して人格性を回復するからである」等々（カント『人倫の形而上学』の第一部、§二四〜二七参照）。

（3）封建時代——§二七七、§二七八参照。

（4）原文は die Staatsrechte und Staatspflichten——これは、§二七七、§二七八に「国家のもろもろの特殊な職務と活動」とか「国家のもろもろの特殊な職務と権力」とか言っているものにあたる。ノックスは「政治的なもろもろの権利と義務」、カーンは「もろもろの公的特権と国家の職務」と訳している。

（5）das Recht des Fürsten und Staats——これをノックスもカーンもただ「君主と国家の権利」と訳す（そのために前注のような英仏訳をせざるをえなかった）が、ここは§二七八注解で、封建時代には国内的には君主も国家も「主権」をもたず、有機的全体ではなかったといっているのに対応するものと解される。「君国」は「君主の統治する国家」の意味と、「君主と国家」の意味。

(6) 近代の社会契約説。ホッブズ、ロック、ルソーなど。

(7) とくに§二五八、§二七八、§二九四。

(8) この一文は明らかに本文と注解におけるヘーゲルの考えとは食いちがっている。「追加」の編集者ガンスのおかしたミスの一つとしてホフマイスターが指摘した点である。フォン・グリースハイムのノートには、「だが契約の関係は、倫理的関係としての結婚に適用されてはならないことは、国家に適用されてはならないのと同様である」と書かれている由。

§七六

契約は、それによって共通の意志が出来あがる双方の同意、つまり、一方、ある物件を外に手放すという否定的な契機と、他方、その物件を受け取るという肯定的な契機とが、双方の契約当事者たちに割りあてられているかぎりでは、形式的である。すなわち——贈与契約である。

他方しかし、契約を結ぶ双方の意志の各々がいずれも、この媒介する両契機の総体であり、したがってこの総体のなかでどちらも同じように所有者となり、かつ所有者でありつづけるかぎりでは、契約は実質的と呼ぶことができる。すなわち——交換契約である。

追加

〔実質的契約〕契約には、二つのことがらにかんする二つの同意が必要である。すなわち、私は所有を手に入れることを意志するとともに、所有を手放すことを意志する。

実質的契約とは、右の全体を契約当事者双方のどちらもが行なうばあい、つまり、所有を手放すとともに所有を手に入れ、手放すなかで依然として所有者にとどまるばあいの契約である。形式的契約とは、当事者双方のうちの一方だけが所有を手に入れ、もしくは所有を手放すばあいの契約である。

§七七

実質的契約においては、当事者双方のどちらもが、それをもって契約に入り、そして同時にそれを手放すところの、その同一の所有を保持する。したがって、その依然として同一的でありつづけるものは、契約のうちに即自的に有る所有であるから、交換においてその所有者を変える外面的な物件とは区別される。前者は価値である。価値においてはもろもろの契約対象は、諸物件のあらゆる質的な外的相違にもかかわらず、たがいにひとしい。価値はもろもろの物件の普遍的なものである〔§六三〕。

「法外な損害①」は契約のなかで引き受けた義務を廃棄する、という規定は、それゆえ、契約の概念のうちに、くわしくはつぎのような契機のうちにその源泉をもっている。すなわち、契約当事者が彼の所有の放棄を通じて依然として所有者、もっとこまかな規定でいえば量的に同じ所有者でありつづける、という契機のうちにである。

だが、もしなにか譲渡されえない貴重なもの〔§六六〕にかんして、それの[2]譲渡のための契約、ないしは総じて約定が結ばれたとしたら、損害は「法外《エノルム》」〔損害が価値の半分を越えると、「法外」と見なされる〕であるばかりではなくて、無限である。

それはともかくとして、約定[3]はまず第一にその内容からいって契約とは区別されており、契約全体のなんらか個別の部分、ないしは契機を意味する。第二にまた約定は、契約の正式な確定である――これについては後述（§二一七）――という点でも契約とは区別されている。

第一の面からいえば約定は、契約の形式的な規定だけ、すなわち、一方が或るものを給付するという同意と、他方がそれを受け取るという同意とであるという規定だけしかふくんでいない。それゆえに約定は、いわゆる片務的契約に数えられてきた。

もろもろの契約を、片務的と双務的とに区別すること、またローマ法におけるその他のいろいろの契約分類[4]は、一つには、諸契約の正式手続の方式といったような、個別的でしばしば外面的な観点による、表面的な並べ立てである。それはまた一つには、なかんずく諸規定の混同でもある。それは、契約そのものの本性にかんする諸規定をば、実定法にしたがってやっと訴訟〔actiones〕と法律的諸作用に関係するような諸規定、しばしばまったく外面的な事情に由来するものであって法の概念をそこなうような諸規定と、混交するのである。

（1）ラエシオ・エノルミス laesio enormis

（2）ihrer とあるが、Gut を指すことは明らかなので seiner ないし dessen と読むことにする。これについては従来の邦訳も英仏訳もことわっていない。

（3）シュティプラツィオーン Stipulation――ローマ法用語では問答契約と邦訳され、注（4）のBの中心をなす。

（4）A、物的契約 contractus re（1、消費貸借 mutuum　2、使用貸借 commodatum　3、寄託 depositum　4、質 pignus）B、言葉契約 contractus verbis　C、文書契約 contr. litteris　D、同意契約 contr. consensu（1、売買 emptio venditio　2、賃約 locatio conductio　3、組合 societas　4、委任 mandatum）

§七八

所有と占有との区別、つまり実体的な面と外的な面との区別〔§四五〕は、契約においては、合意としての共通な意志と、給付によるこの合意の実現との区別になる。前者、すなわち成立した合意は、給付と区別されたそれだけとしては、一つの表象されたものである。したがってこれには、もろもろの表象はしるしのうちに現存するというその独特な仕方〔『エンチクロペディー』§三七九（§四五八）以下[1]〕にしたがって、ある特別な現存在が与えられねばならない。すなわち、いろいろの身振りとかその他の象徴的な諸行為という正式諸手続による約定の表現[2]において、ことに、言語による確たる言明という、精神的表象に最もふさわしい要素において、ある特別な現存在が与えられねばならない。

約定は、右の規定からいえばなるほど形式である。すなわち、契約において締結された内容はやっと表象されただけの内容として、約定という形式によって現存在をもつ。約定はなるほどそのような形式である。けれども、その表象するということは形式でしかない。そして、表象するといっても、それは、内容がまだなにか主観的なもので、どのようにでも願望され意欲されうるものであるかのような、そういう意味はもたないのである。そうではなくて、内容は、この点にかんする、意志によって成就された締結である。

追加

〔契約のしるし〕われわれは所有についての学説において、所有と占有との区別、実体的なものと外面的でしかないものとの区別を知りえたが、同様に、契約においては、合意としての共通的な意志と、給付としての特殊的な意志との差異を見る。

契約においては意志が意志にたいしてふるまうのであるから、共通的意志も特殊的意志もおのれを外にあらわすことになっているのは、契約の本性上、当然である。それだから、あるしるしにおいておのれを表明する合意と、そして給付とは、教養のある諸民族にあっては別々になっている。ところが粗野な諸民族にあっては、この二つが一つになりかねない。セイロン（スリランカ）の森林に住んで商業を営む連中は、自分たちの所有をそこへ置いといて、他の連中がやってきてそれを取っては代わりに彼らのものを置くまで、じっと待っている。このばあいは、意志の無言の表明が給付と別ではないのである。

（1）独立の表象と或る直観との一体性（知性から生じる）においては、直観の質料はなにか受け入れられた直接的なものだが、直観はこの同一性においてなにか他のものを表象すると見なされる。直観は知性の或る独立な表象をたましい、つまりおのれの意味として、おのれのなかへ受け入れた心像（Bild）だ。この直観がしるし（Zeichen）である。しるしは、直接的直観がそれだけで有するのとはまったく別な内容を表象するところの、なんらかの直接的な直観である云々。

（2）儀式的問答のほかに、握手、手打ち、杖投げ、麦わら（stipula）の破棄（カント『人倫の形而上学』第一部、§一八参照）等々。

§七九

約定は、契約における意志の面、したがって契約における法的なものの実体的なものをふくんでいる。この実体的なものに対比すれば、契約がまだ実行されていないかぎりなお存続する占有は、それだけとしてはただ外面的なものでしかない。この外面的なものは、それの規定をもっぱらただ前者の面、すなわち意志の面のうちにもつのである。約定によって私は、ある所有とこれにかんする特殊な恣意を放棄したのであって、それはもう、他人の所有となっている。したがって私は約定によって直接に、給付の義務を法的に負わされているのである。

たんなる約束と契約との区別は、つぎの点にある。約束においては、私が贈与、行為、給付しようと欲するものは一つの未来的のものとして言いあらわされている。それは依然としてまだ私の意志の、ある主観的な規定にとどまる。したがって私はそれをまだ変更することができる。

これにたいして、契約の約定はもうそれ自身、私の意志決定の現存在である。すなわち、私はこの約定によって私の物件を外に譲渡し、この物件はいま私の所有たることをやめたのであって、これを私はもう他人の所有と認める、という意味においてである。ローマ法における「約束《パクトウム》」と「契約《コントラクトウス》」との区別立ては①、まずい。——

フィヒテはかつてつぎのような主張を立てた②。すなわち、契約をまもる責務は私にとってはただ、相手の開始する給付とともにはじめて始まる。なぜなら、私は相手の給付以前には、相手が自分で言った言葉がはたして本気であったのかどうかにかんしては不知の状態にあるからである。それゆえ、相手の給付にさきだっての私の責務は道徳的な性質のものでしかなく、法的性質のものではないのである、と。

しかしながら、約定という表明は、表明一般ではなくて、成立した共通の意志をふくんでおり、意向とその変更との恣意はこの共通の意志のうちに揚棄されたのである。それゆえ問題は、はたして相手が内面的に別なふうの意向であったか、ないしは別なふうの意向になっているかどうかの可能性ではなくて、はたして相手がそうする権利をもっているかどうかの可能性なのである。

相手が給付を開始しても、私のがわにもまた依然として不法の恣意がのこっている。フィヒテの見解では、契約の法的なものはどうやら、悪しき無限、はてしない過程のうえに立てられており、時間、行為の質料[3]、等々の無限な分割可能性のうえに立てられていることになる。このことによって、フィヒテの見解はたちまちその無効性を示すのである。

意志が、身振りの正式手続のうちに、あるいはそれ自身はっきりきまった言語のうちにもつ現存在は、すでに、知性的意志としてのその意志の完璧な現存在であって、給付はただこの意志の現存在の帰結、没自己的な帰結でしかないのである。——

それにしても、実定法においては、いわゆる同意契約と区別された、いわゆる物的契約[4]なるものが存在する。そして後者は、同意にたいしてさらに現実的給付〔「物」res、「物の引き渡し」traditio rei〕が加わるときにのみ完璧と見なされるという意味をもっている。だが、そんなことは、ことがらに何のかかわりもないのである。

一つには、物的契約は特別なばあいである。すなわち、物件の引き渡しがはじめて私に、私のほうでも給付しうる立場を与え、そして私の給付するという責務は、私が物件を自分の手に受け取るかぎりにおいて、もっぱらただその物件にのみ関係する。たとえば、貸付、貸借契約、寄託のばあいがそうである〔なお他の諸契約のばあいにもそのとおりのことがありうる〕。もっとも、この事情は、約定と給付との関係の本性にかんすることではなくて、給付の方式にかんすることであるが。——また一つには、契約にさいして、一方のがわの給付にたいする責務は契約そのもののうちには存しないものとし、ただ相手のがわの給付によるものとする、ということを約定することは、総じてどこまでも恣意にゆだねられているのである。

(1) パクトゥム pactum とコントラクトゥス contractus の区別はハイネキウスによると、特別の名義と consideratio（約因、対価）とが無いのと有るとの区別。しかしそれが無いほうのパクトゥムでもその本性上、市民的責務を生じる。パクトゥムは、あるコントラクトゥスをする意図の表現、「私は売る用意がある」という言い方であって、法律で強制はできない。「たんなる約束からは訴権は生じない」というのがローマ法の原則で、パクトゥムに債務関係（obligatio）が付け加わってはじめてコントラクトゥスが成立する。ただし同意契約（contractus consensu）だけは例外で、パクトゥムだけで成立する。

（2）フィヒテ「フランス革命にかんする公衆の判断を正す」（一七九三年）において。

（3）ここはガンス版では der Zeit, der Materie, des Tuns で、ノックスはそれに依っているが、ホフマイスター版は der Zeit, der Materie des Tuns で、カーンもこれに依っている。

（4）Real-Kontrakte——二三六ページ注（4）のAのこと。

§八〇

もろもろの契約を区分し、これにもとづいて契約のいろいろの種類をわかりよく論述することは、外面的な事情からではなくて、契約そのものの本性のうちに存するもろもろの区別にもとづいて行なわれるのでなくてはならない。

それらの区別とは、形式的契約と実質的契約、つぎには所有と占有および使用、価値と特殊的物件、の区別である。したがって以下のような契約の種類が生じる〔ここで与えられた区分は全体として、カントの『法論の形而上学的諸原理』の一二〇ページ[1]以下に見られる区分と一致するのであって、とっくに期待されていたことではあろうが、物的契約と同意契約、定名契約と無名契約[2]など、契約分類の通常の慣行は、理性的な区分にたいしては廃棄されてしまっているであろう」。

A、贈与契約、さらに詳しくは、

〔1〕物件の贈与契約、つまり本来いわゆる贈与と、

つぎに、

〔2〕物件の貸与——物件の一部分を、ないしはその物件の制限された享受と使用を贈与すること。このばあい、貸主は依然としてその物件の所有者でありつづける〔無償の「消費貸与《ムトウウム》」と「使用貸与《コモダトウム》」〕[3]。そのばあい、物件は一つの特殊的物件であるか、それとも、たとい特殊的物件であってもやはり一つの普遍的な物件と見なされ、ないしは〔貨幣のように〕一つのそれ自身で普遍的な物件として通用するかである。つぎに、

〔3〕総じて用役の贈与、たとえば、ある所有物のたんなる保管という用役の贈与〔「受託《デポジトウム》」**depositum**〕。——ある物件の贈与に特別の条件をつけて、贈与者の死の瞬間に、すなわち、贈与者がどっちみちもはや所有者ではない時点で、はじめて相手が所有者となることにするという、遺言による処分は、契約の概念のうちにはふくまれておらず、市民的社会とそして一つの実定的立法とを前提とするものである[4]。

B、交換契約、

〔1〕交換そのもの、

〔α〕総じて物件の交換、すなわち、ある特殊的物件を他の特殊的物件と交換すること。
〔β〕売買〔emptio venditio〕。ある特殊的物件を、普遍的物件として規定されている物件、すなわち、ただ価値として通用するだけで他に利用のための特殊的規定をもたない物件、つまり——貨幣と交換すること。

〔2〕賃貸し〔locatio conductio〕。ある所有物の一時的な使用を貸し賃とひきかえに譲渡すること、すなわち、
〔α〕特殊的物件の賃貸し、つまり本来の賃貸し、もしくは、
〔β〕普遍的物件の賃貸し、したがって貸与者はこの普遍的物件の、ないしは、同じことだが、価値の、ただ所有者にとどまる。——すなわち、借入金の賃貸しである。
「消費貸与《ムトウウム》」、またあの「使用貸与《コモダトウム》」も、貸し賃つきのばあいはこの〔2〕の部類に属する。——物件のもっと立ち入った経験的な性状、たとえばそれが家屋の或る一つの階であるか、家具類であるか、家屋であるか等々、また「代替物《レス・フンギビリス》」res fungibilis であるか「不代替物《レス・ノン・フンギビリス》」res non fungibilis であるかは、〔贈与の〔2〕としての貸与のばあいのように他のいろいろの特殊的な、それにしてももしかし重要ではない[5]規定をもたらす〕。

〔3〕雇傭契約〔locatio operae〕。すなわち、私の生産行為ないし用役行為を、それが外に譲渡しうるものであるかぎり、ある制限された時間ぎめで、ないしはそのほかなんらかの制限

にしたがって、外に譲渡すること〔§六七〕。

このBと同類のものに委任その他の諸契約があるが、これらの契約にあっては給付は、人物と信用とか、高級の才能とかにもとづく。したがって、給付されたものは、外面的価値〔それはじっさいまたここでは賃金とか報酬とは呼ばれず、謝礼[6]と呼ばれるが〕に対比して測りえないということが起きる。

C、抵当入れによる契約の完璧化〔「保証」cautio〕。

私がある物件の利用を外に譲渡するばあいのもろもろの契約にあっては、私はその物件を占有してはいないが、しかし私はまだその物件の所有者である〔賃貸しのばあいのように〕。さらに、交換契約、購買契約のばあい、また贈与契約のばあいでも、私はまだ占有していることなしに所有者となっていることがありうる。同様に総じてこのような（所有と占有との）分離は、なんらかの給付にかんして、直接その場でのやりとりが行なわれないときには起きるのである。

ところで私は、じっさいまた、自分が貸し渡すところの、もしくは自分に返してもらうはずの、特殊的物件を占有していることなしに、前の（貸す）ばあいには、まだ自分の所有であるところの価値を現実的に占有しつづけており、後の（返してもらう）ばあいには、もう自分の所有であるところの価値を現実的に占有している状態におかれる。このことは抵当によって生ぜしめられる。――しかし、この特殊的物件（貸してやる物）は、私が（相手の）占有に引き渡した自分の所有、いいかえれば〔相手が〕私に負う所有の、価値からいってのみ私の所有であるのであって、この物件の特殊的な性状と剰余価値からいえばどこまでも抵当者の所有にとどまるのである。それゆえ、抵当入れはそれ自身、契約ではなくて、ある約定〔§七七〕にすぎず、契約を所有の占有という点にかんして完璧化する契機にすぎない。——担保、保証人などは、これの特殊な諸形式である。

追加

〔抵当入れ〕契約にさいしては、合意〔約定〕によってなるほど所有は私のものとなるけれども、私は占有してはいないのであって、占有を私は給付によってはじめて得るものとする、という区別がなされた。ところで、私がもともとその物件の所有者であるとすれば、抵当することの意図はなにかといえば、私が抵当すると同時にまた所有の価値を占有するようにもなり、したがって合意したさいにもう給付が保証されるということである。

抵当入れの特殊な仕方の一つは保証人であって、そのばあいは、だれかが私の給付にたいする彼の約束、彼の信用を抵当に入れる。このばあいは、ふつうの抵当入れのさいにはただ物件によって行なわれるにすぎないことが、人格によって生ぜしめられる。

（1）カント『人倫の形而上学』第一部、§三一。

（2）二三六ページ注（4）であげた、名の定まった契約が定名契約。それら以外に契約と見なされるものが無名契約。

（3）mutuum と commodatum――もとは「おたがいさま」（mutuus）とか「御用立て」（commodo）という意味から来たらしい。

（4）§一七九以下参照。

（5）「つまり、普遍的な諸規定にとっては重要でない」（ヘーゲルの『覚え書』）

（6）ホノラール Honorar――ラテン語の honor（名誉）、honorarium（名誉をあらわす贈物）から来ており、医師、教師、弁護士など「名誉を保つべき人」への謝礼をあらわす語。

§八一

直接的な人格どうしの関係においては総じて、両者の意志は即自的に同一的であり、かつ契約において両者によって共通に定立されるとともに、同じくまた両者の意志は特殊的な意志でもある。両者は直接的な人格どうしであるから、彼らの特殊的な意志が、即自的に有る意志――これはもっぱらただ特殊的意志によってのみ現存するが――と一致するかどうかは、偶然的である。彼らの特殊的な意志は、普遍的な意志とは対自的にちがった特殊的な意志として、洞察および意欲の恣意性と偶然性というかたちをとって、即自的に正ないし法であるところのものに反対の態度に出る。――これが不正・不法である。

不正・不法への移り行きは、論理的なもっと高い必然性が行なう。この必然性とは、すなわち、概念の諸契機——ここでは（一）それ自身における正ないし法、いいかえれば、普遍的な意志としての意志と、（二）正ないし法がそれの現存在〔これはまさしく意志の特殊性である〕においてあるあり方と——が対自的にちがったものとして定立されていなければならないということであって、これは概念の抽象的実在性に属することである。——だが（二）の意志の特殊性はそれだけとしては、私が契約においてただある個別の物件にかんする恣意として放棄しただけの恣意と偶然である。私はそれを、意志そのものの恣意および偶然として放棄したのではないのである。

追加

〔契約と不正・不法〕契約においてわれわれは、一つの共通な意志としての二つの意志の関係を得た。だがこの同一的意志は、ただ相対的に普遍的な、定立された普遍的な意志でしかないのであって、それゆえまだ、特殊的な意志にたいして対立している。

契約においては、たしかに合意のなかに、給付を要求する権利がふくまれている。だがこの給付はまた特殊的な意志のことがらであり、特殊的なものとしてのこの意志は、即自的に有る正ないし法に違反した行為をなしうる。

ここにつまり、以前にもう即自的に有る意志のなかにふくまれていた否定が、出現するのであって、この否定がまさに不正ないし不法なのである。

その進行は総じて、意志からその直接無媒介性を洗いおとし、そのようにして意志の共通性から、この共通性に反対の態度に出るような特殊性を呼び出すという経過で行なわれてゆく。

契約においては、合意する双方はまだそれぞれの特殊的な意志を保持しており、したがって契約はまだ恣意の段階から脱却しておらず、それゆえ依然として不正・不法に任《まか》されたままである。

第三章　不　法

§八二

契約においては、即自的な法①は一つの定立されたもの②として有り、この法の内的な普遍性は（契約する双方の）恣意および特殊的意志の一つの共通的なものとして有る。法のこの現象③、すなわち、法において法とその本質的な現存在つまり特殊的意志とが直接いきなり、すなわち偶然的に一致するという現象は、つづいて進行して不法のかたちで仮象となる。——すなわち、即自的な法と、この法が一つの特殊的権利となるものとしての、特殊的意志との対立となる。

だが右の仮象は空《くう》ないし無効なものであるということ、法はこのおのれの否定を否定することによっておのれを回復するということが、この仮象の真理性である。法は、おのれの否定からおのれに帰るという、おのれを媒介するこうした過程を通じて、おのれを現実的かつ妥当するものとして規定する。というのは、法は最初はただ即自的でしかなく、なにか直接無媒介的なものでしかなかったのだからである。

追加

〔法と不法〕即自的な法、普遍的な意志は、特殊的な意志によって本質的に規定されているものとして、ある非本質的なものへの関係のうちにある。それは本質がその現象にたいする関係である。現象は本質に適合しているとしても、別の面から見るとこんどは適合していない。なぜなら、現象は偶然性の段階であり、非本質的なものへの関係のうちにある本質だからである。ところが現象はつづいて進行して不法のかたちで仮象となる。仮象は、本質に不適合な現存在であり、本質が空《くう》なるしかたで引き離され定立されてあることである。したがって、本質と仮象とのどちらにおいても区別はたんなる差違としてある。それゆえ仮象は、それだけで、つまり対自的に存在しようと欲すると消えてしまうような非真なるものであって、この消失において本質はおのれを本質として、つまり仮象の真の力として示した。本質はおのれの否定を否定したのであり、それゆえ、裏づけられ強められたものなのである。不法はそのような一つの仮象であって、これの消失を通じて法は一つの堅固で妥当するものという規定を得る。

われわれがたったいま本質と呼んだものは、特殊的意志がそれにたいして非真なるものとして揚棄されるところの、即自的な法である。これはさきにはただ直接的な存在をもっていたにすぎなかったが、いまやそれは、おのれの否定からおのれに帰ることによって、現実的となる。

なぜなら、現実性（Wirklichkeit）とは、はたらく（wirken）もの、しかもおのれの他在のなかでおのれを保つものだからであって、[4]これにたいして他方、直接的なものはまだ否定を受けやすいのである。

（1）ダス・レヒト・アン・ジッヒ——それ自身における法と訳してもいいが、法という言葉で法律を表象するだけでは十分に理解できないであろう。レヒトはもともと、正しさ、正を意味することを念頭におくべきである。

（2）ゲゼッツテス Gesetztes——措定されたもの。定め置かれたもの。

（3）本質は現象の背後とか彼岸にあるのではない。本質こそ現存在する当のものだということによって現存在が現象なのである。現象はおのれのなかへの折れ返りと他のもののなかへの折れ返りという両契機をおのれのうちに合一してふくんでいるかぎり、有（ザイン）よりもっと豊かな規定である（『小論理学』§一三一参照）。

（4）現実性については『小論理学』§一四二～一四六、ことに§一四二補遺参照。「抽象的な悟性」は「現実と思想ないし理念」という規定の区別を「固定不動の対立」と見なす。そして「この現実の世界においては、人はもろもろの理念などは自分の念頭から追い払おうとしなくてはならない」ことになる。だが「もろもろの理念はけっして、たんにわれわれの頭の中だけにあるのではない。そもそも理念はなにかそれほど無力なもの、それの実現がわれわれの好みしだいでやっと出来（でか）されたり出来されなかったりもするようなものではない。理念は頭の中にあると同時に、また端的にはたらくもの、かつまた現実的なものでもある」。他方、「現実は、思惟と決裂して気落ちした無思想な実際家が思いこんでいるほど、悪くて非理性的ではない。現実性は、たんなる現象とは区別され、まず第一に内的なものと外的なものとの一体性だから、理性にたいしてなにか別のものとして対立するどころか、かえって現実こそがまったく理性的なものであって、理性的でないものはまさにそのためにこそ、じっさいまた現実的とは見なされえないのである」。なお「他在」は Anderssein——他であること、他の存在。否定と同じ。

§八三

法が一つの特殊的なもの、したがって多様なものとして、法の即自的に有る普遍性と単純性にたいして一つの仮象の形式を得るばあい、それは、一つには即自的ないし直接的にそのような仮象である。また一つには、それは主観によって仮象として定立される。さらにまた一つには、それはもんくなしにただ空無ないし無効なるものとして定立される。——すなわち、それは無邪気な不法ないし市民的不法であったり、詐欺であったり、犯罪であったりする。

追加

〔不法の種類〕不法とは、したがって、本質の仮象がおのれを自立的なものとして定立するのである。仮象がただ即自的にあるだけで、対自的にもあるのではないとすれば、つまり、私にとっては不法が法と見なされるとすれば、この不法はこのばあい、無邪気である。このばあい、仮象は法にとってはあるけれども、私にとってはないのである。

第二の不法は詐欺である。このばあいは、不法はなんら、即自的な法にとっての仮象ではなくて、それは、私が相手に仮象つまり見かけをつくろうというふうにして行なわれる。私はだますのであるから、法は私にとっては仮象である。第一のばあいは、不法が法にとって仮象であった。第二のばあいには、不法としての私自身にとって、法は仮象でしかない。

さいごに、第三の不法は犯罪である。これは、それ自身において、かつ私にとって、不法である。だが私はこのばあい、不法を欲するのであって、法の仮象を用いることすらしない。犯罪が行なわれる相手に、即自かつ対自的に有る不法を法と見なさせようとするのではない。犯罪と詐欺との区別は、詐欺においては行為の形式のうちにまだ法の承認が存しているが、犯罪にあってはそういうこともまた欠けているという点である。

A 無邪気な不法①

§八四

占有取得〔§五四〕と契約は、それ自身としてもその特殊的な諸方式からいっても、まず第一に総じて私の意志のいろいろの外へのあらわれと結果であるが、意志はそれ自身のうちで普遍的なものであるから、それら（占有取得と契約）は他人の承認にたいする関係においてはもろもろの権利根拠である。これらの権利根拠どうしの外面性と多様性ということによって、権利根拠は同一の物件にたいする関係において異なった人格に属することがありうる。それらの人格の各々は自分の特殊な権利根拠からその物件を自分の所有と見なし、そのことによってもろもろの権利の衝突が生じる。

（1） undefangenes Unrecht——従来の邦訳は「犯意なき不法」、ノックス英訳は non-malicious wrong「悪意なき不正」、カーン仏訳は dommage civil「民事上の損害、民法上の不法」。

§八五

この衝突においては、物件はなんらかの権利根拠から要求されるのであって、この衝突は市民どうしの権利の争い、民事訴訟の圏をなしている。それは、（一）普遍的かつ決定的なものとしての権利ないし法を承認すること、（二）したがって物件は、その物件にたいする権利をもっている者に属するものとすること、をふくんでいる。争い、訴訟は、ただ物件をどちらのがわの所有のもとに包摂するかにかんするだけである。——すなわち、私のものという賓辞《ひんじ》のなかでただ特殊なものだけが否定されるところの、端的に否定的な判断である。[1]

(1) 相手が契約を破っても私の所有一般つまり全体としての私の所有を否定するのではない。「私のもの」と呼ばれるもろもろの物件のなかにこの特定の「特殊なもの」を私が合法的に(正当の権利をもって)ふくめたということだけを、相手は否定する——「これは君のではない(ほかの諸物件が君の所有であることは認めるけれど)」。この型の否定的判断から肯定的無限判断へ、さらに否定的無限判断へすすむ必然については『小論理学』§一七二~一七三参照。

§八六

権利の争いとしての訴訟の両当事者にあっては、法の承認は、法に対置された特殊的な利益関心および同様に特殊的な見解と結びついている。この仮象に対抗して同時に、即自的な法が、両当事者によって表象されかつ要請されたものとして、この仮象自身のうちに〔§八五〕あらわれてくる。

だがそれは最初はただ、一つの当為でしかない。なぜなら、意志はまだ利益関心の直接性から解放されておらず、特殊的な意志として普遍的な意志を目的にしているといえるくらいの、それほどの意志として存在しているのではないからである。なおまたこのばあい、意志は、それにたいしては両当事者がそれぞれの特殊的な見解と利益関心を断念しなければならないといえるくらいの、それほどの承認された現実性として規定されているのでもないのである。

追加

〔権利の争いとしての訴訟〕それ自身において正、ないしは法であるところのものは、一定の根拠をもっている。そして私が正ないし法であると考えるところの、私の不正・不法をも、私はなんらかの根拠にもとづいて弁護する。有限で特殊的なものは、もろもろの偶然に活動の余地を与えるという本性がある。したがってこのばあい、われわれはここでは有限的なものの段階にいるのであるから、もろもろの衝突が起こらずにはおかないのである。

この最初の不正・不法は、ただ特殊的意志を否定するだけであって、他方ではしかし、普遍的な正ないし法が顧慮される。したがってそれは総じて最も軽い不正・不法なのである。

私が、ある薔薇《ばら》を赤くないと言うとき、その薔薇が色をもっているということはそれでもまだ承認する。私はそれゆえ、類を否定するのではなくて、ただ特殊的なもの、赤を否定するだけなのである。同様にこの権利の争いとしての訴訟のばあいにも、権利ないし正または法は承認され、どちらの人格も正しいものを欲するのであって、彼にはただ正しいものであるところのものだけが与えられるものとされる。彼の不正・不法はただ、彼が自分の欲するところのものを正ないし法であると考える点にあるだけである。

B　詐　欺

§八七

特殊的で現存在するものとしての法と区別された即自的な法は、要請されたものとしてはなるほど本質的なものと規定されてはいるけれども、その点で同時にただ要請されただけのものとして、この面からいえばなにかたんに主観的なもの、したがって非本質的でたんに見かけのうえの、仮象的なものである。

そのように、普遍的なものが特殊的意志によって一つのただ見かけのうえの、仮象的なものにまで、——まず第一に契約において意志のただ外面的な共通性にまでおとしめられると、それは詐欺である。

追加

〔詐欺〕不正・不法のこの第二の段階では、特殊的意志は顧慮されるが、普遍的意志は顧慮されない。詐欺においては、だまされたがわは、自分に正当のことが行なわれていると思わされるのであるから、特殊的意志は侵害されない。したがって、あの要請された法ないし正は、一つの主観的でたんに見かけのうえの、仮象的なものとして定立されているのであって、このことが詐欺をなしている。

§八八

契約において私は一つの所有を、物件の特殊な性状のために手に入れ、そして同時にその物件の内的な普遍性にしたがって――一つには価値にしたがって、一つには相手の所有からとして――手に入れる。

相手の恣意によって私には、このことにかんして一つの虚偽な外見、仮象がもち出されることがありうる。したがってその契約は、直接的個別性から見たこの物件にかんする交換の双方のがわの自由な同意としては正しいのであるが、そこには、即自的に有る普遍的なものという面は欠けていることになる〔無限判断をその肯定的表現ないし同一的意義から見たばあい。『エンチクロペディー』§一二一（§一七三）を見よ[1]〕。

（1）無限判断は主語と述語とがまったく不適合なもの――「精神は象ではないものである」「ライオンは机ではないものである」（象とか机ではないものは無限にたくさんある）。この判断は「……である」という肯定的表現になっている。それの意義は、「精神は精神である」「象は象である」という同一的命題とおなじくばからしいものである。

§八九

このように物件をたんにこのものとして受け取ることにたいし、また、たんに思いこみ的な[1]意志ならびに恣意的な意志にたいしては——客観的ないしは普遍的なものが、一つには価値として認識されうるし、一つには法として妥当する。そして法にたいする主観的な恣意は揚棄される。とはいえ、これもまた、この段階ではさしあたりただ、一つの要請でしかない。

追加

〔詐欺と刑罰〕市民どうしの無邪気な不法にたいしては、どんな刑罰も科せられない。なぜなら、このばあいは、私は法に反することをなに一つ欲したわけではないからである。これに反して詐欺のばあいは刑罰が生じる。なぜなら、このばあいは、侵害されている法が問題なのだからである。

（1）「このもの」と「思いこみ」は一四五ページ注（2）参照。

C　強制と犯罪

§九〇

所有において私の意志が一つの外面的な物件のなかへおのれを置き入れるということのうちには、私の意志はその物件のうちに反映されるとちょうど同じほど、その物件において捉えられ、必然性のもとに置かれるということがふくまれている。この点で私の意志は、一つには総じて強力をこうむることがありうる。また一つには、私の意志は、強力によって、ある犠牲ないし行為をなんらかの占有ないし肯定的存在の条件にされ、――強制を加えられることがありうる。

追加

〔犯罪〕ほんらいの不法・不正は犯罪であって、そこでは法ないし正は、それ自身においても、なおまた私にそう見えるあり方においても、顧慮されはしない。つまりそこでは法ないし正の客観的な面と主観的な面との両方とも侵害されるのである。

§九一

人間は生きものとしてたしかに強制されうる。すなわち、彼の肉体的およびそのほかの外的な面が他人の強力のもとにもたらされうる。しかし自由な意志は即自かつ対自的に強制されえないのである〔§五〕。ただし、この意志がそこに固くつなぎとめられる外面性ないしはその表象から、おのれ自身を引きもどさないかぎりでは〔§七〕[1]、意志は強制されることがありうる。なにかをするように強制されることができるのは、自分が強制されるのを欲する者だけである。

（1）§七の本文の「観念的」云々のところ。

§九二

意志は現存在を有するかぎりにおいてのみ、理念であり、すなわち現実的に自由である。そして意志がおのれを置き入れた現存在は、自由の存在である。それゆえに、強力ないし強制はそれの概念において直接それ自身を破壊する。というのは、それは一つの意志の外へのあらわれでありながら、しかも意志の外へのあらわれ、すなわち意志の現存在を、廃棄するものだからである。したがって、強力ないし強制は、抽象的に取れば、不法・不正的である。

§九三

強制は、それの概念においてそれ自身を破壊するということの実在的な示現を、強制は強制によって揚棄されるということのうちに有する。したがって強制はただ条件的に正当、合法的であるばかりでなく、必然的である、――すなわち、ある最初の強制を揚棄することであるところの第二の強制として。

約定されたものを給付しないとか、家族、国家にたいする法的義務を履行しないとかにより、作為もしくは不作為によって、一つの契約を侵害することは、私が、ある他人のものである所有を取り上げるとか、自分の当然行なうべき給付を与えないとかするかぎり、最初の強制ないしはすくなくとも強力である。――

教育上の強制、いいかえれば野蛮と粗野にたいして行使される強制は、なるほど最初の強制として、それに先行する別のある最初の強制につづいて生じるのではないように見える。けれども、ただ自然的でしかない意志はそれ自身において、自由の即自的に有る理念に反する強力であって、この自由の理念はそのような無教育の意志にたいして保護されねばならず、かつこの無教育の意志のなかで効力をもつようにされねばならないのである。

家族とか国家のかたちで一つの倫理的な現存在がもう定立されているばあいには、右に述べた自然性はこの倫理的な現存在にたいする一つの強力無法である。そうではなくてただ自然状態、総じて強力の状態だけしか存在していないばあいには、この状態に反対して理念が一つの英雄の権利を根拠づけるのである。

追加

〔英雄たちの権利〕国家においてはもはやどんな英雄も存在しえない。英雄たちはただ無教育の状態においてのみ出現する。彼らの目的は正当な、必然的な、国家的なものであり、そしてこれを彼らは自分たちのことがらとして実行する。諸国家をうち立て、婚姻と農業をみちびき入れた英雄たちは、もちろんこのことを承認された権利として行なったのではないのであって、これらの行為はまだ彼らの特別な意志として現われる。けれども、英雄たちのこうした強制は、自然性にたいする理念のもっと高い権利として、一つの正当な強制である。なぜなら、自然の強力にたいしては、平和的手段ではほとんど成功しないものだからである。(1)

(1) §一〇二、§一五〇、§三五〇参照。

§九四

抽象的な権利ないし法は、強制の権利ないし法である。なぜなら、抽象的な権利ないし法にたいする不法は、私の自由が一つの外面的な物件のうちに現存するあり方にたいする一つの強力だからである。それゆえ、この意志の現存在をそのような強力にたいして維持することはそれ自身、一つの外面的な行為としてあり、それはあの最初の強力を揚棄する強力である。

抽象的すなわち厳格な法を、もともとはじめからすぐさま、そのためにひとを強制してもよいような法として定義することは——不法という廻り道をしてはじめて生じるところの結果であるそれを把握することである。

追加

〔法と道徳〕ここでは法的なものと道徳的なものとの区別が、なにはさておき顧慮されなくてはならない。道徳的なもののばあい、すなわち、私のなかへの折れ返りとしての反省のばあいにも、ある二元性がある。というのは、善は私にとって目的であって、私はこの理念にしたがって自分を規定すべきだからである。善の現存在は私の決心であって、私は善を自分のなかで実現する。だがこの現存在はまったく内面的であって、それゆえ、どんな強制も行なわれえない。したがって国家の法律は私の心の持ちようにまで手をのばそうと欲することはできない。なぜなら、道徳的なものにおいては私は自分自身だけでおり、対自的に有るのであって、ここでは強力はどんな意味をももっていないからである。

§九五

第一の強制〔§九三〕は、自由の現存在をその具体的な意味において侵害するところの、すなわち権利としての権利ないしは法としての法を侵害するところの強力が、自由な者によって遂行されるばあいとして、犯罪である。それは完璧な意味での否定的-無限判断〔私の『論理学』第二巻九九ページを見よ〕(1)である。これによって、ある物件の私の意志のもとへの包摂という特殊的なものが否定される〔§八五〕ばかりではない。同時にそれによって、私のものという賓辞における普遍的なもの、無限なもの、つまり権利能力もまた否定される。しかもそれは、〔詐欺のばあいのように〕〔§八八〕私の意見という媒介なしに、(詐欺のばあいと)同じほど私の意見に反して否定されるのである。――これが刑法の圏である。

それの侵害が犯罪であるところの権利ないし法は、なるほどこれまでのところでは、やっと、われわれの見てきたようなもろもろの形態化されたあり方を有するにすぎない。したがって、犯罪もさしあたりただ、これら諸規定に関係するもっと詳細な意義を有するにすぎない。けれども、これらの諸形式における実体的なものは、普遍的なものであって、これは、そのもっとさきの展開と形成のなかでも依然として同じものにとどまる。だからこれを侵害することもまた、犯罪の概念からいって犯罪なのである。

したがって、つぎの§九六で顧慮される規定は、偽誓、国事犯、貨幣偽造、手形偽造などにおける特殊的な、もっと規定された内容にもかんするのである。

（1）これは、いわゆる『大論理学』の初版。現行の第二版はページが大きく移動しており、その第三篇第二章の「A　現存在の判断」の「〔c〕無限判断」が該当する。『小論理学』§一七三の補遺にもこれと同じ趣意が述べられている。否定的-無限判断では主語と述語との間にもはやぜんぜん、なんらのつながりも起こらないが、先行する直接的判断（肯定判断とたんなる否定判断）の最初の弁証法的成果であることがわかる。否定的-無限判断の客観的な一例が犯罪であると見ることができる云々。

§九六

侵害されることがありうるのはもっぱらただ現存在する意志だけである。この意志はしかし現存在することによって、ある量的な範囲ならびに質的な諸規定という圏のなかへ入り込んだので、その範囲と諸規定からいっていろいろちがっている。そのかぎりでは、——意志のそのような現存在とそれの規定されたあり方が（一）総じてその全範囲において、したがってその概念に等しい無限性において〔たとえば殺人、奴隷制、宗教強制などのばあいのように〕侵害されたか、（二）それともただ一部分だけ、またどの質的規定からいって侵害されたか、ということも、もろもろの犯罪の客観的側面にとって一つの区別をなすのである。

徳も悪徳もただ一つしか存在しないというストア派の見解[1]や、どんな犯罪をも死刑で罰するドラコン[2]の立法や、どんな名誉毀損《きそん》にも無限な人格性をつぎ込む形式的名誉[3]の粗野さは、いずれも、自由な意志と人格性との抽象的思惟のところにたちどまっている。それらはいずれも、理念としての人格性がもたずにはおかないその具体的で規定された現存在において人格性を考えることはしない。そういう点が共通している。

強盗と窃盗の区別は質的なものに関係する。すなわち、強盗のばあいは私はまた現在の意識としても、つまりこの主観的な無限性としても侵害され、私にたいする人格的暴力が行なわれたのである。——

質的な諸規定は、たとえば公共の安全にとっての危険性[4]のようにもっと規定された諸関係のうちにその根拠を有するものが多い。だが、それはまたしばしば、ことがらの概念にもとづいて把握されるかわりに、もろもろの結果というまわり道を経てはじめて把握されたものなのである。——もちろん、犯罪の直接的性状においてそれ自身いっそう危険な犯罪こそ、まさしく、範囲ないし質からいっていっそう重大な侵害ではあるのだが。——

主観的な道徳上の質は、ある事件と所行がそもそもどこまで一つの行為であるかという、もっと高い区別に関係するのであって、この行為の主観的本性そのものにかかわるのであるが、これについてはあと（§一一三以下）で論じる。

追加

〔刑罰の度量〕　それぞれの犯罪がどのように罰せられるべきかは、思想によって定められるわけにはいかず、これには実定的な諸規定が必要である。それでも教養と文化の進歩によって犯罪にかんする見方はよりおだやかになるのであって、こんにちではもはや、百年前に行なわれたほどひどい刑罰は行なわれない。――かくべつ、犯罪もしくは刑罰が変わるのではないけれども、両者の関係が変わるのである。

（1）「ストア派の考えでは、もろもろの徳はたがいにともない合うのであって、人はその一つをもっていれば、すべてをもっているわけである」〈ディオゲネス・ラエルティオス――一六五ページ注（6）参照〉。ただ一つの徳は自然にしたがって生きることであり、ただ一つの悪徳はその反対である。ヘーゲル『哲学史』（岩波版邦訳、中巻の二、一九七ページ）参照。

（2）前七世紀末のアテネの成文法公布者。そのうちの、殺人にかんするもの以外はソロンが改廃したので全貌は不詳だが、処罰のひどさで後世に有名。プルタルコスの『ソロン伝』によるとドラコンは「ほとんどすべての犯罪にたいして一つの刑罰、死刑」を規定した。

（3）中世の騎士道のそれをいうのであろう。

（4）§二一八と§三一九注解参照。

§九七

権利としての権利ないし法としての法の侵害が起こったばあい、この侵害はなるほど一つの実定的な、外面的な現存在であるけれども、この現存在はそれ自身のうちで空無であり無効である。この現存在が空無であり無効であることの明示は、右の侵害の空無化・無効化もまた現存在のなかへ入って来るという事態である。――すなわち、権利ないし法がおのれの侵害を揚棄することによっておのれをおのれと媒介する必然性としての、権利ないし法の現実性である。

追加

〔刑罰の意味〕一つの犯罪によってなんらかのものが変化させられるのであって、問題はこの変化のうちに現存在している。だが、この現存在はそれ自身の反対物であって、そのかぎり、それ自身のうちで空無であり無効である。権利としての権利ないしは法としての法を、廃棄してしまったということが、無効なものなのである。すなわち、絶対的なものとしての正、権利、法は、廃棄されるわけがないからであり、したがって犯罪のあらわすところはそれ自身において無効であって、この無効さが犯罪の効果の本質である。

だが無効であるところのものは、おのれをそういうものとして明示しないではおかない。すなわち、おのれ自身が侵害されうるものであることを提示しないではおかない。犯罪の行為がなにか最初のもの、肯定的なものであり、これにたいして否定としての刑罰が加えられるといったようなことなのではなくて、犯罪の行為は一つの否定的なものであり、したがって刑罰は否定の否定にほかならないのである。

現実的な法はこのように侵害の揚棄である。それはまさにこのことにおいておのれの妥当性を示し、おのれが一つの必然的な媒介された現存在であることの実を示すのである。

§九八

権利の侵害は、ただ外面的な現存在すなわち占有にたいしてだけの侵害としては、所有ないし資産のなんらかの様式にたいする害悪、損害である。損害を与えることとしての権利侵害を揚棄することが、補償——そのようなことがともかくなされうるかぎり——としての民事上の賠償である。

この賠償の面においてはすでに、損害がまったく破壊であったり、総じて原状に返せないものであるかぎり、損害（された物件）の質的な特殊的性状のかわりにそれの普遍的性質が、価値として、問題になってこずにはおかない。

§九九

しかし権利の侵害は、即自的に有る意志〔しかもこう言えば侵害者のこうした意志も、被侵害者および万人のこうした意志と同じくふくまれるが〕に起こったばあい、この即自的に有る意志そのものにおいても、たんなるその産物においても、どんな肯定的、実定的な現存在をももってはいない。

この即自的に有る意志〔正ないし権利それ自体、法則自体①〕は、それだけとしてはむしろ、外面的に現存在するのではないものであり、そのかぎりでは侵害されるわけがないものである。同様に侵害も、被侵害者およびその他の者たちの特殊的な意志にとっては、ただ否定的な或るものでしかない。

（権利の）侵害の肯定的、実定的な現存在は、ただ犯罪者の特殊的な意志としてだけ有る。それゆえ、一つの現存在する意志としてのこの（犯罪者の特殊的な）意志を侵害することは、そうでなかったら妥当することになるであろうところの犯罪行為を揚棄することであり、正ないし法を回復することである。

刑罰の理論は、近時の実証的法学において一番ひどく失敗した題目の一つである。その理由は、この理論においては悟性ではまにあわず、本質的に概念が問題だからである。

犯罪と、その揚棄――これはさらに刑罰として規定される[2]――とが、ただ総じて害悪と見なされるだけであるならば、一つの害悪（刑罰）をたんにもう一つ別の害悪（犯罪）が存在しているからという理由だけで意志することは、もちろん非理性的であると見なすことができる〔クライン『刑法の原則』[3] §九以下〕。

害悪のこういう皮相的な性格は、刑罰にかんするいろいろの理論、たとえば予防説、威嚇《いかく》説、戒告説、矯正《きょうせい》説などの理論において、第一のものとして前提されるのであって、刑罰を与えたかわりに現われてくるとされるものもまた皮相的に一つの善いことと規定されている。

だが問題はたんに害悪でもなければ、あれこれの善いことでもなくて、はっきりと、不正・不法と正義である。〔ところが[4]〕右の皮相的な観点によって、犯罪について第一のかつ実体的な観点である正義の客観的な考察がわきへおかれる。その結果おのずから、犯罪の主観的側面である道徳的観点が、ありふれた心理学的諸表象とまぜこぜになって、本質的なものとなる。ありふれた心理学的諸表象とは、たとえば理性に反する感性的なもろもろの衝動の刺戟《しげき》と強さとか、表象に加えられる心理的な強制と影響とかについて〔まるで、そうしたものがまた自由[5]によって、なにかただ偶然的でしかないものにおとしめられることはないかのように〕の表象である。

現象としての刑罰とこの現象の特殊的意識への関係とに属するいろいろの顧慮、また表象におよぼすもろもろの結果〔威嚇、矯正、等々〕にかんするいろいろの顧慮は、それはそれとして、しかも主としてたんに刑罰の方式の点で、たしかに本質的な考察をふくんではいる。けれどもそれらの顧慮は、刑罰が即自かつ対自的に正当であるという根拠づけを前提にしている。

刑罰が正当であることの論議においてもっぱら肝腎なのは、犯罪が、しかもそれが害悪の惹起《じゃっき》としてではなくて、法としての法の侵害として、廃棄されねばならないということである。そしてつぎに、犯罪がもっており、そして廃棄されねばならない現存在はどれかということである。この現存在こそ、除去されねばならない真の害悪であって、この害悪がどういう点にあるかが本質的な点である。この点にかんする諸概念がはっきりと認識されていないかぎり、刑罰の見方において混乱が支配せずにはおかないのである。

追加

〔フォイエルバッハ⑥の刑罰理論〕フォイエルバッハの刑罰理論は刑罰を戒告にもとづかせるのであって、だれかがこの戒告にもかかわらず犯罪をおかすならば、刑罰が行なわれねばならない、なぜなら、犯罪者は刑罰をあらかじめ知っているのだから、と考える。

だが、おどかしの正当性ないし合法性はどうなのか。おどかしは人間を自由な者としては前提していないのであって、害悪の表象によって人間を強制しようと欲するのである。だが法と正義は、自由と意志のうちにその座を有するのであって、おどかしが向けられるところの、不自由のうちにであってはならない。こういう仕方での刑罰の根拠づけは、犬にむかって杖をふりあげるようなものであって、人間はその名誉と自由にしたがって取り扱われるのではなく、犬みたいに取り扱われる。

おどかしはひっきょう、人間を憤激させて、人間がそれにたいしておのれの自由を証示することになりかねない。だがそういうおどかしは正義をまったくわきにおく。心理的な強制は、犯罪そのものの本性にではなく、ただ犯罪の質的および量的な区別にしか関係しないのである。それゆえ、この学説から生じたといえるかもしれない法典は、ほんらいの基礎を欠いているのである。

（1）「法則」は§一〇〇参照。
（2）§二二〇参照。
（3）**E. F. Klein : Grundsätze des peinlichen Rechts. Halle 1706**
（4）［ ］のなかはヘーゲルの『覚え書』では抹消されている。
（5）理性と解してもよい。カントは感性的なもの、経験的心理的なものを、理性の必然にたいして偶然的なものとする。ドイツ観念論哲学の理性と自由の思想の最高頂点がヘーゲルである。
（6）パウル・ヨーハン・アンゼルム・フォン・フォイエルバッハ（一七七五〜一八三三）はドイツの刑法学者。哲学者ルートヴィッヒ・フォイエルバッハの父。

§一〇〇

犯罪者の身に起こる侵害（刑罰）は、即自的に正当であり、――正当なものとしてそれは同時に犯罪者の即自的に有る意志でもあり、彼の自由の一つの現存在（あり方）、彼の権利ないし正でもある。そればかりではなく、この侵害（刑罰）はまた犯罪者自身にたいする一つの権利[1]でもある。すなわち、犯罪者の身に起こる侵害（刑罰）は即自的に正当であるばかりではなく、彼の現存在する意志のうちに、彼の行為のうちに定立されているのである。なぜなら、理性的な者としての彼の行為のうちにふくまれているのは、この行為がなにか普遍的なものであるということ、この行為によって一つの法則が立てられたということだからである。そしてこの法則は、彼がその行為にさいして自分でみとめたものであり、したがって彼はこの法則をおのれの権利ないし正としてそのもとへ包摂されることを要するからである。

ベッカリア[2]は、よく知られているように、国家に死刑の権利をみとめることをこばみ、その理由として、社会契約のうちには諸個人が殺されてもよいと同意することがふくまれていると予想されるわけにはゆかず、かえってその反対こそ仮定されねばならぬからだと主張した。

しかしながら国家はそもそも契約などではなく〔§七五を見よ〕、なおまた個々のものとしての諸個人の生命および所有の保護と保全も、けっして無条件に国家の実体的な本質ではない。

むしろ国家は、より高いものであって、そのような個人の生命および所有をさえも国家自身の権利として請求し、それを犠牲に供することを個人に要求する。

さらには、ただ犯罪の概念、犯罪の即自かつ対自的に理性的なもの、個々人たちの同意があろうとなかろうと理性的なものだけが、国家の貫かねばならぬところのものなのではない。③犯罪者の行為のうちには、個人の形式的な理性的あり方、つまり意志するはたらきもまた存するのであって、その点で刑罰は犯罪者自身の権利ないし正をふくむものと見なされる。そしてこの点で犯罪者は理性的なものとして尊敬されるのである。

この尊敬は、もし彼の刑罰の概念と尺度が彼の所行そのものから取り出されるのでないとすれば、彼には与えられない。同様にまた、もし彼がただ無害にされるべき有害な動物としか見なされず、ただ威嚇と矯正の諸目的のなかでしか見られないとすれば、やはりその尊敬は彼には与えられない。

さらに、正義の現存在の仕方にかんしていえば、もともと、それが国家のなかでもつ形式、つまり刑罰としての形式は、唯一の形式ではないし、国家は正義それ自身の条件をなす前提ではないのである。

追加

〔死刑〕ベッカリアが要求すること、すなわち、人間は処罰にたいする同意を与えねばならないということは、まったく正しい。だが、犯罪者はそれをすでに彼の所行によって与えるのである。犯罪（者）から生じる侵害が廃棄されるということが、犯罪の本性でもあり、また犯罪者自身の意志でもある。

それにもかかわらず、死刑を廃止させようとするこのベッカリアの努力は、有益な諸結果を生み出した。たといヨゼフ二世(4)もフランス人たちも、かつて死刑の完全な廃止を実施することはできなかったとはいえ、しかし、どれが死に値する犯罪であり、どれがそうでないかを、よく調べようとしはじめられた。それによって死刑はずっとまれになった――じっさいまた刑罰のこの最高頂点はそうなるのが当然であるが。

（1）原文は **ein Recht an den Verbrecher selbst**――ノックス英訳は **a right established within the criminal himself**（犯罪者自身の内部に確立された権利）。従来の邦訳も「犯罪者自身における法」とか「犯罪者自身において定立された法」。いずれも誤っていると思う。カーンの仏訳 **un droit par rapport au criminel lui-même** に依った。「にたいする」は「に向けられた」「に向かう」の意味をふくむ。

（2）（一七三八～九四）。イタリアの法学者・経済学者。一七六四年の『犯罪と刑罰』（邦訳岩波文庫）は拷問、死刑に反対し、教育による犯罪防止を説いた。カント『人倫の形而上学』の第一部にきびしいベッカリア批判がある。

（3）ここの一節は、「さらには……」のつぎにラッソン版で Fernerist［es］と補正しているのに依った。

（4）（一七四一～九〇）。神聖ローマ皇帝。啓蒙的専制君主の代表者で、軍と官僚を基礎にした中央集権的な国家の建設を目的とし、諸種の改革に努めた。一七八六年、近世最初の統一的成文法典としてヨゼフ法典を制定した。

§一〇一

犯罪を廃棄することは、概念からいえば侵害を侵害することであるから、また現存在からいえば犯罪が一定の質的および量的な範囲をもち、したがってまた犯罪の否定も現存在としては同様にそのような範囲をもつのであるから、そのかぎりにおいて報復である。

だが概念にもとづくこの（報復の）同一性は、侵害の特殊的性状における同等性ではなくて、侵害の即自的に有る性状における、――つまり侵害の価値からいっての同等性である。

通常の学問においては、ある規定の定義、ここでは刑罰の定義は、意識の心理的経験の一般的な表象から取り出されるというのであるから、この一般的な表象が示すであろうことは、たぶん、つぎのような事実であろう。すなわち、犯罪が刑罰にとうぜん値し、犯罪者にはとうぜんい、彼の行なったのと同様のことがなされるべきだというのが、犯罪にたいする諸国民および諸個人の一般的な感情であり、ずっとそうであった、という事実であろう。

それらの諸学はその諸規定の源泉を一般的な表象のうちにもっている。それがどうして、別のときには、右のような、これまたいわゆる一般的な意識の事実とは矛盾する諸命題をみとめるのか、どうもわけがわからないことである。――

だが、同等性の規定は、報復の表象のなかへ一つの根本的な困難さをもちこんだ。刑罰諸規定の質的および量的な性状からいっての公正さということは、しかし、もともと、ことがらそのものの実体的なものよりももっとあとのことである。たとい、そうしたもっとすすんだ規定をするために、刑罰の普遍的なもののためとは別の諸原理をさがさねばならぬことになるだろうとしても、その実体的なもの、刑罰の普遍的なものは、どこまでもそのあるとおりのものである。

しかしながら概念自身は総じて、特殊的なもののための根本原理をもふくんでいなくてはならない。だが概念のこの規定とは、さきにあげたまさにあの連関である。すなわち、犯罪は即自的に無効な意志であり、したがってそれはおのれ自身のうちにおのれの無効化――これが刑罰として現われる――をふくんでいるという、必然性の連関である。この内的な同一性こそは、外面的な現存在において、悟性にとって同等性として反映する当のものなのである。

ところで、犯罪とその揚棄との質的および量的な性状は外面性の圏に属する。この圏ではもともと、どんな絶対的規定も不可能である〔§四九参照〕。絶対的規定は、有限性の分野では、どこまでも一つの要請でしかない。悟性はこの要請をますます限らねばならず、このことが最高の重要なことである。しかしその要請は無限につづいてゆくのであって、ただ永遠のだんだんと近づくことしかゆるさない。——

もし有限性のこの本性を見のがすばかりでなく、おまけにまたどこまでも抽象的、特殊的な同等性のところにとどまるとすれば、もろもろの刑罰を規定するという乗りこえがたい困難さが生じるばかりではない〔おまけになお心理学がもろもろの感性的衝動の大きいことを持ち出してきて、これに結びついたら悪い意志の強さがそれだけいっそう大きくなるか、それとも——どちらでもよかろうが——総じて意志の自由と強さとがそれだけいっそうわずかになるかであると言い出すなら、ことにそうである〕。それだけではなくて、抽象的特殊的な同等性のところにとどまると、刑罰の報復を〔窃盗には窃盗を、強盗には強盗を、眼には眼を、歯には歯を——そのさい犯行者が片眼だとか歯無しだとかいうことまでも考えられうる——として〕不合理と見せることはきわめてたやすい。だが概念はこの不合理とはなんらかかわりあいがない。この不合理はもっぱらただあの持ち出された特殊的同等性のせいである。

現存在においては特殊的にまったくちがっている二つの物件の、内的に同等なものとしての価値は、すでにもろもろの契約〔前を見よ（§七七）〕にさいして見られる規定であり、同様にまた犯罪にたいする民事訴訟〔§九五（§九八）〕においても見られる規定である。この価値という規定によって、表象は物件の直接的な性状から普遍的なもののなかへ高め入れられる。

犯罪のばあいは、所行の無限的なものが根本規定であるから、たんに外面的に特殊的なものはそれだけにいっそう消えうせる。そして同等性はどこまでもただ、犯罪者がとうぜん値したところの本質的なものにとっての原則にとどまり、このむくいの外的特殊的な形態にとっては、同等性は原則ではないのである。

むくいの外的特殊的な形態の面からいってのみ、窃盗、強盗などと、そして罰金刑、禁錮《きんこ》刑などとは、まったく不同等なものである。だが、それらの犯罪と刑罰との価値からいえば、つまり、それらの犯罪と刑罰が権利の侵害であるという両者の普遍的属性からいえば、両者は比較しうるものである。そこで、上述のように、両者のこの価値の同等性へだんだんと近づくことをもとめるのが、悟性のやることがらなのである。

もし犯罪とその無効化との即自的に有る連関が把握されず、つぎに、この両者の価値という思想と、そして価値による両者の比較可能という思想が把握されないならば、ほんらいの刑罰をば、ある一つの害悪をなんらかの不許可の行為にただ恣意的に結びつけることだと見る〔クライン『刑法の原則』§九〕ことになりかねないのである。

追加

〔報復としての刑罰〕報復は、二つのちがったものとして現象する規定、そしてじっさいまたたがいにちがった外的な現存在をもってもいる両規定の、内的連関と同一性である。犯罪者に返報がなされると、このことは犯罪者には属していないなにか疎遠な規定というふうに見られはする。しかし刑罰とは、われわれの見てきたように、じつはただ犯罪の明示でしかない。すなわち、一つのものの半分が必然的に前提している他の半分にほかならないのである。

報復がまず第一に反対されるのは、それがなにか不道徳なもの、復讐として現われるということ、またそれゆえ、なにか個人的なものと見なされかねないということである。だが報復そのものを遂行するのは個人的なものではなくて、概念なのである。復讐するは我れにあり、と聖書で神は言っている。[1] もし報復という言葉のうちに、主観的意志の特殊な好みといったような表象をもちたがるとしたら、それはただ犯罪の形態そのものを逆に向けることを意味するだけだ、と言われなくてはならない。復讐の女神エウメニデス[2]たちは眠っているが、犯罪が彼女たちをめざめさせるのである。つまり犯罪者自身の行為がその本性を現わすのである。

ところで報復にさいしては特殊的同等性をはかるわけにはいかないとしても、このことは殺人のばあいには別なのであって、これには必然的に死刑が科せられる。なにしろ生命は現存在の全範囲なのだから、殺人にたいする刑罰は、なんらかの価値において成立するわけはなくて〔殺された生命のかわりの価値などありはしない〕反対にただ殺人者の生命を奪い取ることにおいてしか成立しないからである。

（1）『新約聖書』「ローマ人への手紙」第一二章第一九節。「愛する者よ、みずから復讐すな、ただ神の怒りに任せまつれ。録《しる》して『主いい給う、復讐するは我れにあり、我れこれを報いん』とあり」。

(2) ギリシア神話でエウメニス、エリーニュスとも呼ばれる。主として肉親間の、だがまた一般に殺人その他、自然の法に反する行為にたいする、復讐ないし罪の追及の女神たち。

§一〇二

権利の直接性というこの圏においては、犯罪を揚棄することはさしあたりまず復讐であり、それは、それが報復であるかぎりにおいて内容からいって公正である。だが、形式からいえば復讐は一つの主観的意志の行為である。この主観的な意志は、行なわれたどの侵害のなかへもおのれの無限性を置き入れることができ、したがってこの主観的意志の公正さは総じて偶然的である。またこの主観的意志はじっさい、(復讐される当の)相手の意志にとっては特殊的意志としてしか存在しないのである。

このように復讐は一つの特殊的意志の肯定的な行為であるということによって、復讐は一つの新たな侵害となる。それはこうした矛盾として無限な過程のなかにおちいり、はてしなく代々つたわってゆく。

犯罪が「公的犯罪」(crimina publica) としてではなく「私的犯罪」(crimina privata) として

〔たとえばユダヤ人のばあいやローマ人のばあいに、窃盗、強盗がそうであり、イギリス人のばあいにはなおいくつかのものにおいてそうである、等々のように〕[1]追及され、かつ処罰されるばあいには、刑罰はすくなくともまだ一部分、復讐の性質をおびている。

諸国家の起原の一部分をなすところの、英雄たちや冒険的な騎士たち等々の復讐遂行は、私的復讐とはちがったものである。[2]

追加

〔刑罰形式としての復讐〕　裁判官もなければ法律もない社会状態においては、刑罰はつねに復讐の形式をもっているのであって、これは一つの主観的な意志の行為であるかぎり、つまり内容にふさわしくないかぎり、どこまでも欠陥をまぬかれない。

司直の役をする人びともなるほどまたそれぞれ人ではあるけれども、彼らの意志は法律の普遍的な意志であって、彼らは刑罰のなかへ、ことがらの本性のうちに現存しないものはなにひとつ置き入れようとは思わない。これに反して、被害者には不法・不正はその量的および質的な限定において現われはせず、ただ不法・不正一般としてしか現われない。だから彼は返報にさいして度を過ごしかねず、このことがまた新たな不法・不正にみちびくことになろう。

未開の諸民族にあっては、復讐は一つの不滅のものである。たとえばアラビア人のばあいには、復讐はただもっと高い強力によってか、それとも実行の不可能さによってしか抑制されえないのである。そしてこんにちのかなり多くの法律のうちにもまだ復讐の残滓《ざんし》がのこっている。というのは、個人たちが一つの侵害を法廷に持ち出そうと思うかどうかは、依然として彼らにまかされたままだからである。

（1）イギリス法では、被害者の要求をまってはじめて起訴される「私的犯罪」がまだあるということ。ノックスによるとローマ法では窃盗にたいする訴訟手続は刑事訴訟としてではなく、損害にたいする民事訴訟としてあつかわれた。

（2）§九三の注解と追加、§三五〇参照。

§一〇三

ここで不法・不正を揚棄する方式について現に存在している、こうした矛盾が〔他の不法・不正のばあいの矛盾と同様に、§八六、§八九〕解消されることを要請することは、主観的な利益関心と形態から解放されているとともに権力の偶然性からも解放されているような、したがって復讐的ではなくて刑罰的な正義を要請することである。このことのうちにはまず第一に、特殊な主観的意志として普遍的なものそのものを欲するような意志、という要請がふくまれている。だがこの道徳（Moralität）の概念は、ただ要請されたものであるばかりではなく、これまでの運動[1]

そのもののなかで出現したものである。

（1）「所有」から「契約」をへて「不法」までの展開の弁証法的運動。

権利ないし法から道徳への移行

§一〇四

（道徳の概念がこれまでの運動そのもののなかで出現したというのは）すなわち、犯罪と復讐的正義は意志の発展の形態を、即自的に有る普遍的な意志と、対自的に前者にたいして有る個別的な意志とへの、区別にまで展開されたものとしてあらわす。それはさらに、即自的に有る意志がこうした対立物の揚棄を通じておのれのなかへ帰ってきたこと、したがってみずから対自的かつ現実的となったということをあらわす。そこで権利ないし法は、たんに対自的にあるだけの個別的な意志にたいしておのれの真を確証されて、意志の必然性によって現実的なものとして有りかつ妥当するのである。——

犯罪と復讐的正義のあらわすこうした意志発展の形態化はまた同時に、意志の概念のずっと形成しつづけられた内的な規定されたあり方でもある。

意志の概念からいえば、意志のおのれ自身における現実化とは、即自存在を揚棄することである。意志はさしあたりまず直接性の形式において有り、この形式を意志は抽象的な権利ないし法における形態としてもっているが、この直接性の形式を揚棄することが、意志の現実化である〔§二一（注解）〕。したがって意志の現実化とはまず第一に、即自的に有る普遍的な意志と対自的に有る個別的な意志との対立のうちに意志がおのれを定立することである。そしてつぎに第二に、この対立の揚棄により、否定の否定によって、意志がおのれを、ただ即自的に自由な意志であるばかりではなく対自的に自由な意志であるというあり方の、現存在における意志として規定することである。そのように意志がおのれを、否定性それ自身に関係する否定性として規定することが、意志の現実化である。

抽象的な権利ないし法においては、意志はただ人格性としてあるだけだが、今後は意志はおのれの人格性をおのれの対象とする。自由のそういうように対自的に無限な主観性が、道徳的立場の原理をなす。

自由の概念は、意志のさしあたりまず抽象的な規定されたあり方から、規定されたあり方それ自身に関係する規定されたあり方[1]へ、したがって主観性の自己規定へと、おのれをずっと形成しつづけてゆく。

そのばあいに経る諸契機をもっとくわしくふりかえって見るならば、意志の規定されたあり方は（一）所有においては、抽象的な私のものであり、したがって、ある外的な物件のうちにあり、（二）契約においては、（二つの）意志によって媒介されたそしてただ共通的な私のものである。そして（三）不法においては、権利ないし法の圏の意志とその抽象的な即自存在ないし直接性が、偶然性として、それ自身偶然的な個別的意志によって定立されている。（四）道徳的立場においては右の偶然性が克服されている。すなわち、この偶然性そのものがおのれのなかへ折れ返って（反省して）おのれと同一的なものとして、意志の偶然性それ自身のうちに有る無限な偶然性であり、意志の主観性である、というふうに克服されている。

追加

〔道徳への移行〕真理には、概念が存在するということ、そしてこの現存在が概念にふさわしいということが必要である。

権利ないし法においては、意志はその現存在を、ある外面的なもののうちにもっている。だがもっとすすんだことは、意志がその現存在をおのれ自身のうちに、ある内面的なもののうちにもつということである。意志は、対自的に有り、主観性であるのでなくてはならず、おのれをおのれ自身にたいしてもつのでなくてはならない。

このような、おのれにたいするふるまいは肯定的なものである。だがこれは、意志がおのれの直接性の揚棄によってのみ得ることができる。そういうわけで、犯罪において揚棄された直接性は刑罰によって、すなわち（犯罪という）この無効性の無効性（刑罰）によって、肯定へ——道徳へと通じる。

（1）このページの「否定性それ自身に関係する否定性」と同じ。規定されていることの基礎は否定である〈二九九ページ注（2）〉。

第二部　道　徳

§一〇五

道徳的立場は、意志がたんに即自的に無限であるばかりでなく対自的に無限であるかぎりにおける、意志の立場である〔§一〇四〕。意志のおのれのなかへの折れ返りとしてのこの反省が、そして即自的存在および直接性にたいする、またそのなかで展開するもろもろの規定されたあり方にたいする、意志の対自的に有る同一性が、人格を主観ないし主体にまで規定する。[1]

（1）第一部、抽象的な権利ないし法の立場では「人格」。この第二部、道徳の立場では「主観ないし主体」。そしてつぎの第三部、倫理の立場では、「家族成員」と、「市民」「人間」（§一九〇注解）と、「国民ないし民族」が論じられる。

§一〇六

主観性が今後は①概念の規定されたあり方をなし、そして概念としての概念すなわち即自的に有る意志とは区別される。しかも主観の意志は同時に、対自的に有る個人の意志としてある〔まだ直接性をもおびている〕。したがって主観性が概念の現存在をなす。――このことによって、自由にとって一つのもっと高い地盤が規定されたわけである。いまや理念において現存在の面が、すなわち理念の実在的契機が、意志の主観性ないし主体性である。自由ないしは即自的に有る意志は、ただ主体的な意志としての意志のなかでのみ、現実的でありうる。

それゆえ、第二の圏である道徳は、大体において自由の概念の実在的な面をあらわす。この圏の過程は、さいしょはただ対自的に有るだけの意志を、つまり直接的にはただ即自的にしか即自的に有る意志ないし普遍的意志と同一的ではないところの意志を、それが普遍的意志とのこの区別のなかでおのれ自身に没頭する面では揚棄することである。そうしてこの意志を、即自的に有る意志と対自的に同一的であると定立することである。

したがって右の運動は、自由のこの目下《もっか》の地盤たる主観性に手を加えることである②。すなわち（一）さいしょは抽象的な、つまり概念とは区別されている、こ〔の主観性〕を、概念に同等〔ならしめること③〕であり、そして（二）主観的な意志がおのれを、概念と同様に客観的な、したがって真に具体的な意志として規定するということによって、理念にとってその真の実現を得ることである。

追加

〔対自的に有る自由としての道徳〕　厳格な法にあっては、私の主義、あるいは私の意図が何であったかは問題ではない。ところが今この道徳的なもののばあいには、意志の自己規定と動機、また企図が何であったかという問いが生じてくる。

人間がその自己規定の面から判定されていたいと思う以上、この点にかんしては、たとえ外的なもろもろの規定がどんな事情にあろうとも、彼は自由である。このような、人間の自分のうちの信念のなかへはだれも侵入することができない。それにはどんな暴力をも加えることはできないのであって、道徳的意志はそれゆえ、手がとどかないものなのである。

人間の価値は彼の内面的な行為によって評価されるのである。それゆえ、道徳的立場は、対自的に有る自由である。

(1)「道徳」の段階に入ってからはという意味。
(2) Bearbeitung——加工して仕上げること。ノックスの英訳では cultivation（耕作、教化）、カーンの仏訳では organisation（組織化）。
(3)［ ］のなかはラッソンによる補正。

§一〇七

意志の自己規定は同時に意志の概念の契機である。そして主観性は意志の現存在の面であるばかりではなく、意志自身の規定である〔§一〇四〕。主観的として規定された、対自的に自由な意志は、さいしょは概念としてあるが、理念としてあるためにみずから現存在をもつ。それゆえ道徳的立場は、それの形態においては、主観的意志の正ないし権利である。

この正ないし権利にしたがってのみ意志はなにものかを承認し、かつ、なにものかである、――そのなにものかが意志のおのれのものであるかぎりにおいて、そして、そのなにものかのうちに意志がおのれにとって、主観的なものとしてあるかぎりにおいて。

この面からいえば、さきに述べた道徳的立場の過程〔§一〇六の注解を見よ〕は、主観的意志の正ないし権利の発展であるという形態、いいかえれば主観的意志の現存在の仕方という形態をもっている。したがって主観的意志は、おのれの対象のうちにおのれのものとして認めるものをさらに規定していって、それがおのれの真実な概念であり、おのれの普遍性の意味での客観的なものであるとするのである。

追加

〔意志の主観性〕意志の主観性のこうした全規定は、それはそれでまた、主観性としてまた客観性をもたずにはおかない一つの全体的なものである。自由は主観においてはじめておのれを実現しうる、というのは、主観はこの実現のための真実の材料だからである。だが、この、われわれが主観性と呼んだ意志の現存在は、即自かつ対自的に有る意志とはちがっている。すなわち意志は、即自かつ対自的にある意志となるためには、この、たんなる主観性というもう一つの一面性からおのれを解放しなくてはならない。

道徳においては人間の独自の関心こそが問題になる。そして人間が自己自身を絶対的なものと知り、かつ自己を規定するという、このことがまさに人間の高い価値なのである。

未開の人間は、強さというものの支配力ともろもろの自然的な規定されたあり方とによって何もかもいっさい自分に負わされる。子供はどんな道徳的意志ももたず、親たちによって自己を規定してもらう。だが、教養のある、内面的となりつつある人間は、自分の為《な》すところのどんなもののうちにも自分みずからがいることを欲するのである。

§一〇八

主観的意志が直接に対自的であって、即自的に有る意志とは区別されているかぎり〔§一〇六注解〕、それはしたがって抽象的で、制限されており、かつ形式的である。だが主観性はただ形式的であるばかりではない。主観性は、意志が無限に自己規定するはたらきとして、意志の形式的なものをなしている。

意志のこの形式的なものは、それが最初に個別の意志においてこのように主観性としてあらわれるばあいは、まだ意志の概念と同一的なものとしては定立されていないのであるから、道徳的立場は、関係と当為（べし）ないし要請[1]の立場である。そして主観性の相違は、外面的な現存在としての客観性にあい対する規定をもふくんでいるので、ここでまた意識の立場も生じる〔§八〕。——道徳の立場は、総じて意志の相違の立場、意志の有限性と現象の立場である。

正は直接無媒介に不正に対置されたものではないように、道徳的なものは最初はけっして不道徳的なものに対置されたものとして規定されているのではない。道徳的なものならびに不道徳的なものの普遍的な立場が、意志の主観性にもとづくのである。

追加

〔当為（べし）〕自己規定は道徳においては、まだどんな存在するところのものにも達しえない純粋な不安と活動であると考えられねばならない。倫理的なもの[2]においてはじめて、意志は、意志の概念と同一的であり、ただこの概念だけをおのれの内容とする。道徳的なものにおいては、意志はまだ、即自的に有るところのものにたいして関係する。つまり道徳的なものは相違の立場であって、この立場の過程は、主観的意志が意志の概念と同一化する過程である。

それゆえに、まだ道徳のうちにあるところの当為は、倫理的なものにおいてはじめて達成されている。しかもこの後者、すなわち、それにたいして主観的意志が或る関係に立っている倫理的なものは、二重的なものである。すなわちそれは一方、概念の実体的なものであり、他方、外面的に現存在するものである。

たとい善は主観的意志のうちに定立されているとしても、そのことでもって善は実行されているとはまだいえないであろう。

（1）Forderung——カント哲学で要請とか公準と訳されるポストゥラート Postulat のこと。

（2）das Sittliche——大きくは家族・市民社会・国家。さらにそのなかのもろもろの制度、組織など、人間社会の客観的な諸体制を指す。

§一〇九

意志の形式的なものとは、それの普遍的な規定からいえば、まず第一に主観性と客観性との対置と、これに関係する活動〔§八〕とをふくんでいる。この活動の諸契機をもっとくわしくいえばつぎのとおりである。——（一）現存在と規定されたあり方とは概念においては同一であって

〔§一〇四参照〕、主観的としての意志はそれ自身、意志の概念である。[1]（二）右の両者を、しかも対自的に、区別し、かつ両者を同一的として定立すること。

自己自身を規定する意志においては、規定されたあり方は、〔α〕まず第一に、意志自身によって意志のうちに定立されたものとしてある。すなわち、意志のそれ自身のなかでの特殊化であり、意志が自分にあたえる内容である。これが最初の否定であり、[2]この否定の形式的な限界は、定立されたもの、主観的なものでしかないことである。この限界は、おのれのなかへの無限な折れ返り（反省）として、意志自身にとってあるのであって、意志は〔β〕右の制限[3]を廃棄しようとする意欲である。すなわち、右の内容を主観性から総じて客観性へ、ある直接的な現存在へ移し入れようとする活動である。〔γ〕主観性と客観性とのこのような対置のなかでの意志のおのれとの単純な同一性が、対置された両者のなかで依然として不変な、そして形式のこうした区別（主観性と客観性）にたいして無関心な内容、つまり目的である。

（1）主観的意志は意志の概念の現存在だから。したがって主観性は、即自的には客観的と主観的との一体性である。

しかしこの一体性は、その両契機の区別が対自的にされ、意志がこの区別に打ち勝つまでは、対自的となりえない（§三二の注解参照）。

（2）「あらゆる規定されていることの基礎は否定である〔スピノザの言うとおり、あらゆる規定は否定である〕」「現存在（ダーザイン）においては、規定されていることは、有る（ザイン）と一つであり、この規定されていることが同時に否定として定立されると、限界、制限である」「現存在、現に有る（ダーザイン）においては、否定と、有る（ザイン）とはまだ直接に同一であって、この否定こそ、われわれが限界と呼ぶものである」（『小論理学』§九一、§九二と各補遺参照）

（3）ヘーゲルは、『小論理学』§九二で右の注（2）に引用しているように述べて、カントのように限界（グレンツェ）と制限（シュランケ）を区別していない。

§一一〇

道徳的立場においては、自由というこの意志の自己同一性が意志にとって（対自的に）有る〔§一〇五〕。したがって、前の§一〇九で述べた内容の同一性は、道徳的立場においては、もっとくわしい独自の規定を得る。

〔a〕内容は私にとってつぎのように、私のものとして規定されている。――すなわち、内容は（主観性と客観性との区別にたいして無関心な）それの同一性において、私の内的な目的として私の主観性をふくむだけではなく、それが外面的な客体性を得たかぎりでも、私の主体性を私にとって（対自的に）ふくんでいる。

追加

〔意図の妥当〕主体的な、すなわち道徳的な意志の内容は、一つの固有な規定をふくんでいる。すなわち、その内容が客体性の形式を得たときでも、しかもなおそれは私の主体性をひきつづきふくんでいるとされる。そして所行は、それが内面的に私によって規定されたかぎりにおいて、すなわち、それが私の企図、私の意図であったかぎりにおいてのみ価値があるとされる。私は外にあらわれたもののうちに、私の主体的意志のなかにあったより以上のものは私のものと認めはしない。外にあらわれたもののうちに私は自分の主体的な意識をもう一度見ることを望むのである。

§一一一

〔b〕たとい内容がなにか特殊的なもの〔これがほかのどこから取って来られたにせよ〕をふくんでいるにしても、それは、おのれの規定されたあり方のなかでおのれ自身のなかへ折れ返って反省した意志、したがって自己同一的でかつ普遍的な意志の内容である。したがってこの内容は、〔α〕即自的に有る意志にふさわしくあるという規定、すなわち、概念の客観性をもつという規定を、おのれ自身のうちにもっている。〔β〕だが、このことは、主体的意志が対自的に有る意志として同時にまだ形式的である以上〔§一〇八〕、ただ要請でしかないのであって、内容は、概念にふさわしくはないという可能性をもふくんでいる。

§一一二

〔c〕私は私の主体性をもろもろの目的の実行のなかで保持する〔§一一〇〕のであるが、この実行はそれらの目的の客体化であるから、この実行において私は同時に私の主体性を、直接無媒介のものとしては、したがってこの私の個別的な主体性としては揚棄するのである。だが、そのようにして私と同一的な外面的主体性とは、他の人たちの意志である〔§七三〕[1]。――

意志の現存在の地盤はいまや主体性である〔§一〇六〕。そして他の人たちの意志は、私が私の目的に与える現存在、同時に私にとって他の現存在である。――

それゆえ、私の目的の実行は、私の意志と他の人たちの意志とのこうした同一性を内に蔵している。すなわち、それは他の人たちの意志への、ある肯定的積極的な関係をもっている。

したがって、実行された目的の客体性は、三つの意義を内に蔵している。あるいはむしろそれは三つの契機をいっしょにふくんでいる。すなわち〔α〕外面的な直接の現存在であること〔§一〇九〕、〔β〕概念にふさわしくあること〔§一一二〕[2]、〔γ〕普遍的な主体性であること。[3]

この客体性のなかでおのれを保持するところの主体性とは、〔α〕客体的な目的が私のものであり、したがってそのなかで私が自分をこの者として保持する〔§一一〇〕ということである。そしてこの主体性の〔β〕と〔γ〕にあたるものは、すでに客体性の〔β〕および〔γ〕の契機と一致している。――

これらの規定が、そのように、道徳的立場においてはたがいに区別されるものであって、結合されるとただ矛盾にしかならないということは、くわしくいえば、そのことがこの道徳の圏の現象するものすなわち有限性をなしている〔§一〇八〕わけである。そしてこの道徳的立場の発展は、それらの矛盾の発展とそのもろもろの解決である。もっとも、この立場の内部ではこれらの解決はただ相対的でしかありえないが。

追加

〔道徳の普遍妥当性〕まえに形式的な権利ないし法のところで、それはただもろもろの禁止をふくむだけだということ、したがって厳格に法的な行為は他の人たちの意志にかんしてはただ否定的な規定しかもっていないということ、を論じておいた。④

これに反して、道徳的なものにあっては、他の人たちの意志にかんする私の意志の規定は肯定的積極的である。すなわち、主体的意志はおのれが実現させるもののうちに、即自的に有る意志を一つの内面的なものとしてもっている。ここには、現存在をつくり出すこと、ないしは変化させることが存在しているのであって、これは他の人たちの意志へのある関係をもっている。

道徳の概念は、意志のおのれ自身にたいする内的なふるまい（関係）である。だが、このばあい、一つの意志があるばかりではなくて、客体化は同時につぎのような規定をふくんでいる。――すなわち、個別の意志はこの客体化のなかでおのれを揚棄するということ。したがって一面性という規定がなくなる以上、まさに二つの意志が定立され、そしてこれら二つの意志どうしの肯定的積極的な関係が定立されているということ。

権利ないし法のばあいには、所有においておのれに現存在を与える私の意志にかんして、他の人たちの意志がなにごとかを欲するだろうかどうかは問題ではない。これに反して、道徳的なものにおいては、他の人たちの福祉もまた肝腎なのであって、こうした肯定的積極的な関係はこの道徳的なものにおいてはじめて生じうるのである。

（1）二二七ページ注（2）参照。
（2）ノックスの言うとおり、§一一一のほうがよい。
（3）注（1）と同じ。
（4）§三八参照。

§一一三

主体的すなわち道徳的な意志としての意志の、外へのあらわれが行為である。行為は上述の諸規定をふくんでいる。すなわち、〔α〕行為はそれの外面的なあり方のなかで私によって自分のものとして知られる。〔β〕行為は、ある当為としての概念への本質的な関係である。〔γ〕行為は他の人たちの意志への本質的な関係である。

道徳的な意志の外へのあらわれであってはじめて行為である。意志が形式的な権利ないし法のかたちでおのれに与える現存在は、一つの直接的な物件のうちにあり、それ自身が直接無媒介的である。それは、それだけとしてはさしあたり、概念へのどんな明確な関係をももたない。概念はまだ主体的意志に対置されておらず、主体的意志と区別されてはいないのである。なおまた形式的な権利ないし法としての、この意志の現存在は、他の人たちの意志へのどんな肯定的積極的な関係をももたない。法の命令はその根本規定からいってただ禁止でしかないのである〔§三八〕。

なるほど契約と不法は、他の人たちの意志への関係をもちはじめはする。だが、契約において成立する一致は恣意《しい》にもとづく。契約のなかで相手の意志に向けられている本質的な関係は権利的ないし法的な関係として否定的消極的なものである。それは、私が自分のものとしての所有を〔価値からいえば〕保持すること、そして相手には相手の自分のものをまかせることである。

これに反して、犯罪の面は、主体的意志から生じるものとして、かつ犯罪が主体的意志のうちにその現存在をどういうふうにもつかというその仕方と方式からいって、〔ほんらいの道徳的行為を論じる〕ここではじめて考察されることになる。——

法廷での行為〔「訴訟」actio〕は、諸法規によって規定されているそれの内容上、私の責めに帰されるべきではないものとして、道徳的なほんらいの行為のただいくつかの諸契機だけを、しかも外面的な仕方においてふくんでいるにすぎない。ほんらいの道徳的な行為であることは、それゆえ、法廷での行為としての行為とは区別された一面なのである。

§一一四

道徳的意志の権利ないし正は、三つの側面をふくんでいる。

〔a〕行為の抽象的あるいは形式的な権利。——行為が実行されて直接的な現存在のうちにあるあり方、つまり行為の内容は、総じて私のものであるということ。したがって行為は主体的意志の企図であるということ。

〔b〕行為の特殊的なものは、行為の内的な内容である。すなわち、〔α〕私にとって行為の内容の普遍的な性格が規定されている仕方であり、行為の価値と、行為が私にとって大切であるゆえんのもの、つまり意図とをなすところのものである。〔β〕行為の内容は、私の一個特殊な主体的現存在のもつ私の特殊的な目的としては、――福祉である。

〔c〕内的なものとしてのこの内容が同時にそれの普遍性のなかへ、すなわち、即自かつ対自的に有る客観性のなかへ高め入れられたものが、意志の絶対的な目的、つまり善である。だがそれは反省の圏においては主観的な普遍性という対立物をともなう。この対立物が、一つには悪であり、一つには良心である。

追加

〔道徳的行為の諸契機〕どんな行為でも、道徳的であるためにはまず第一に私の企図に一致しなくてはならない。なぜなら、道徳的意志の権利は、内面的に企図として存していたものだけがおのれの現存在のなかで認められるということだからである。企図はただ、外面的な意志がまた私のなかの内面的なものとしてもあること、という形式的なものにかんするだけである。これに反して第二の契機においては、行為の意図が問われる。すなわち行為の、私自身への関係における相対的な価値が問われる。さいごに、第三の契機は、行為のたんに相対的な価値ばかりでなく普遍的な価値、すなわち善である。

行為の第一の分裂は、企図されたものと、現に存在するところの、もたらし出されたものとの分裂であり、第二の分裂は、普遍的な意志として外面的に現に存在するものと、この意志に私が与える内面的な特殊的規定とのあいだにある。さいごに、第三のものとは、意図がまた普遍的な内容でもあるということである。善とは、意志が意志の概念にまで高められたものである。

第一章　企図と責任

§一一五

行為という直接性における主体的意志の有限性は、この意志が自分の行為のために一つの前提された外面的な対象とこれにともなう多種多様な事情をもつという点に直接的には存する。所行はこの眼前にある現存在に一つの変化を定立するのであって、意志は総じて、この変化された現存在のうちに私のものという抽象的賓辞《ひんじ》がふくまれているかぎりにおいて、おのれの所行に責任がある。

一つの事件、一つの生じた状態は、一つの具体的な外面的な現実であって、それゆえに、規定できない多くの事情をともなっている。そうしたある事情の条件、根拠、原因としてすがたをあらわし、したがってそれなりの寄与をした個々の契機は、いずれも、その事件とか状態とかがそれのせいである、つまり責任がそれにあるのだと、ないしはすくなくとも責任をもつのだと見なされうる。だからこそ形式的悟性は、なにか変化に富んだ事件〔たとえばフランス革命〕にさいしては、数えきれぬ多数の事情について勝手に選び、これこそ責任があるのだと主張したがるのである。

追加

〔責めを帰すること〕私の企図のうちにあったものが私に責めを帰されうるのであって、犯罪のばあいにはとくにこのことが眼目である。だが責任ということのうちには、わずかにただ、私があることを為したか否かというまったく外面的な判定がふくまれているだけである。私が或ることに責任があるということは、ことがらが私のせいにされうるということにはまだならない。(1)

(1)「責任」と訳したSchuld《シュルト》は、道徳的な関連があってもなくても用い、罪の意味にも、「わけ、せい」といった原因の意味にも用いる。「責めを帰する」と訳したzurechnenは、もともと、だれの勘定に入れるという意味の言葉。

§一一六

私がその所有者であるもろもろの事物、そして外面的なものとして多種多様な連関のなかにあって作用する〔このことは、機械的肉体としての、あるいは生きものとしての、私自身にもまたありうるのだが〕もろもろの事物が、そのことによって他の人たちに損害をひき起こすばあい、それはなるほど私自身の所行ではない。けれどもこの損害は多かれ少なかれ私の責任負担になる。なぜなら、それらの事物は総じて私のものだから――とはいえ、その独自の本性からいっても、ただ多かれ少なかれ私の支配、注意、等々のもとに属しているだけだが――である。

§一一七

みずから行為する意志は、眼前にある現存在に向けられた自分の目的のうちに、その現存在の周囲の事情の表象をもっている。だが意志はこの前提（§一一五）のために有限的であるから、対象的現象は意志にとっては偶然的である。それは、意志のもつ表象のうちにふくまれていたのとは別なあるものを内に蔵していることがありうる。しかしながら意志の権利は、自分の所行のなかで、ただ右のように自分の表象のうちにふくまれていたものだけを自分の行為として認めるということである。すなわち、自分の所行のもろもろの前提のうち、ただ自分の目的のなかで知っているもの、自分の企図[1]のなかにあったものにだけ、責任をもつということである。所行はただ意志の責任としてのみ（私に）責めを帰されうる。――これがすなわち、知の権利である。

追加

〔責任性〕意志は自分の前に一つの現存在をもっていて、これに行為をしかける。だがこのことができるためには、意志はこの現存在の表象をもたなくてはならないのであって、私に真実の責任があるのはただこの眼前にある現存在が私の知のなかにあったかぎりにおいてだけである。意志はそのようなことを前提とするのだから有限である。あるいはむしろ、意志は有限であるからそのようなことを前提とするのである。

私が理性的に思惟《しい》し意志するかぎり、私はこうした有限性の立場にはいない。というのは、そのかぎりでは、私が行為をしかける当の対象は私に対する他のものではないからである。だが有限性には不動の限界と制限がつきまとう。私はある他のものを自分に対してもっており、それはただ偶然的なもの、たんに外面的に必然的なものでしかないのであって、私に一致することもあり、あるいはそんなものとはちがっていることもありうる。だが、私はただ私の自由への関係においてあるところのものでしかないのであって、所行はただ私がその事情をよく知っているかぎりにおいてのみ私の意志の責任である。

自分の父をそうとは知らないで打ち殺したオイディプス(2)は、親殺しとして告発されるべきではない。だが古代の法律ではこんにちほど、主体的なもの、責めを帰すること、に大して価値を置きはしなかった。それだからこそ古代の人びとのもとでは、復讐をのがれる者が受け容《い》れられ護られるようにと、庇難《ひなん》所が生じた。

（1）フォールザッツ Vorsatz——英語では purpose、自分の心の前に置かれたもの。「所行における現存在のうち、主体の知と意志のなかに存していたもの」（『エンチクロペディー』§五〇四）

（2）ギリシア神話の人物。エウリピデス、ソポクレスの悲劇の主人公。テーバイの王ライオスはアポロンの神託により、男子が生まれたら父を殺すであろうと知らされていたので、妻イオカステとの間に生まれたオイディプスを山中に捨てた。オイディプスはコリントス王夫妻に育てられて成人し、友人に実の子でないとののしられ、デルポイのアポロンに伺いを立てて自分の運命を知り、その実現をさけようと旅に出たところ、せまい道で老人とその臣に出あって争いを生じ、その老人を父とは知らずに殺した。テーバイに来てスフィンクスの謎を解いて国難を救い、王となり、先王の妻を母とは知らず自分の妻とした。国が疫病におそわれたので原因をアポロンに伺ったところ、先王の殺害者を消せといわれてさがすうちに、自分がそうであった事実を知って自分の目をえぐり、流浪する。

§一一八

行為はさらに、外面的な現存在のなかへ移し入れられたばあい、——この現存在は、外的な必然性のなかでそれがもつ連関にしたがって、あらゆる方面に発展するので、——多種多様な結果をもつ。

これらの結果は、行為の目的をたましいとしている形態①としては、おのれのもの〔行為に属しているもの〕である。——だが同時に行為は、目的が外面性のなかへ定立されたものとして、もろもろの外面的な力にゆだねられたのであって、これらの外面的な力は、行為がそれだけとしてあるのとはまったく別のものを行為にむすびつけ、行為をもろもろの遠い無縁な結果のなかへころがしていってしまう。②

意志はただ前者（行為に属しているもの）だけを自分の責めに帰する、なぜなら、ただそれらの結果だけが意志の企図のうちにふくまれていたのだから——ということもまた意志の権利である。

どれが偶然的な結果であり、どれが必然的な結果であるかは、不規定性をふくんでいる。というのは、有限的なものにおける内的必然性は、外的必然性として生じるからである。すなわちそれは、自立的な個々の事物としてたがいにたいして無関心かつ外面的に集まるような、個々の事物どうしの一つの関係として現存在のなかにあらわれてくるからである。

行為にさいしては結果を軽視するという主義と、他方、行為を結果から判定し、結果を尺度として、何が正しく何が善いかをきめるという主義とは——どちらも同じく抽象的な分別、つまり悟性である。行為のもろもろの結果は、行為自身の内在的な形態として、ただ行為の本性を明示するだけであり、行為自身よりほかの何ものでもない。だから行為は結果を否認し軽視することはできないのである。だが逆に他方、行為のもろもろの結果ということのなかにはまた、行為自身の本性にはなんら関係のないところの、外面的に食い入ってくるものや偶然的につけ加わってくるものもふくまれている。

有限的なものの必然性がふくんでいる矛盾が発展することは、現存在のなかではまさに必然性から偶然性への変転とその逆の変転である。したがってこの面からいえば、行為するとはこの法則に身をまかすことである。――

これこそ、犯罪者には自分の行為のもつ結果の悪さが少ないほうがためになるゆえんであり、同様にまた、善い行為はなんの結果も、あるいは思ったほどの結果も得られなかったことに甘んぜざるをえないゆえんであり、そして、犯罪からもろもろの結果が十分に発展したほうが、犯罪にとってこれらの結果が重荷となるゆえんである。――

英雄的な自己意識〔オイディプスなど、古代人の諸悲劇におけるような〕は、まだその純真さをぬけ出ておらず、所行と行為の区別、外的な事件とそして企図および周囲の事情の知との区別、の反省にまですすんでおらず、またもろもろの結果の分裂にまで行ってもおらず、所行の全範囲で責任をひき受ける。

追加

〔企図と意図〕私はただ自分の表象であったものだけを認める、という点に意図への移行が存する。つまり、私が事情を知っていたものだけが私に責めを帰されうるのである。

だが、たとい私はただある個別的、直接的なものしか生ぜしめはしないとしても、どんな行為にもむすびつくところの、そしてそのかぎり、その個別的、直接的なものがそれ自身のうちにもっている普遍的なものであるところの、必然的なもろもろの結果というものがある。なるほど私は、阻止できるかもしれないもろもろの結果を予見することはできないが、私は個別の所行の普遍的な本性を知らなくてはならない。ここでだいじなことがらは、個別のものではなくて全体であり、これは特殊的行為の規定されたものに関係するのではなくて、その行為の普遍的な本性に関係するものである。

ところで企図から意図への移行とは、私がたんに自分の個別的行為だけでなく、それと連関している普遍的なものを知るべきだということである。普遍的なものはそういうふうに立ちあらわれるばあい、私によって意欲されたもの、私の意図である。

（1） Gestalt――§三二参照。ここではノックス英訳は outward form「外的形式」、カーン仏訳は création「被造物」としている。

（2） ラッソンはここでシラー『ヴァレンシュタインの死』第一幕第四場の一節を引合いに出している。
――「胸のうちにあるときは、私の所行はまだ自分のものであった。いったんそれが、生まれた土地、安全な心のかくれがから、見知らぬ人の世に出されると、どんな人間の巧みももう打ち解けさせないような、あの意地悪なもろもろの力に属してしまう」

第二章　意図と福祉

§一一九

行為の外面的な現存在は、一つの多種多様な連関であって、この連関は無限にもろもろの個別態へと分割されていると見なされうるので、行為はただある一つのそうした個別態にさしあたりまずふれただけだと見なされうる。だが個別的なものの真理は普遍的なものであり、行為の規定されたあり方はそれ自身、ある外面的な個別性として孤立した内容ではなくて、それ自身のうちに多種多様な連関をふくんでいる普遍的な内容である。企図は、思惟する者から発するものとして、たんに個別性をふくむばかりではなく、本質的に右の普遍的な面――すなわち意図をふくんでいる。

意図（Absicht）は語原上、抽象（Abstraktion）をふくんでいる。すなわち、一つには普遍性の形式、また一つには具体的なことがらのある特殊な面を取り出すこと、をふくんでいる。[1] 意図によって正当化しようと努めるのは、総じて、行為の主観的な本質として主張される一つの個別の面を隔離することである。

外面的な所行としての一つの行為にかんする判断が、まだその行為の正・不正の面の規定をもたないばあいには、それは放火である、殺人である、等々の普遍的な賓辞《ひんじ》をその行為に与える。——

外面的な現実の、個別的な規定されたあり方は、この現実の本性であるところのものを外面的な連関として示す。現実はさしあたりまず、ある個別の点にだけふれられる〔たとえば放火はただ木材の小さな一点にだけ直接ふれる。このことは一つの命題を与えるだけで、どんな判断をも与えはしない〕[2]。だが、この個別の点の普遍的な本性は、その点の広がりをふくんでいる。

生きたものにおいては、個別的なものは直接的には部分としてあるのではなくて、そのなかに普遍的なものそのものが現に存在しているところの、器官としてあるわけで、したがって殺人のさいには一片の肉がなにか個別のものとして傷つけられるのではなくて、その一片の肉そのもののなかで生命が傷つけられるのである。

一つには、個別的なものと普遍的なものとの論理学的な本性を知らない主観的な反省が、もろもろの個別態および結果における分裂にかかり合い、他方では、有限的な所行そのものの本性が、もろもろの偶然態のそうした分離孤立態をふくんでいるのである。「間接的犯意」〔*dolus indirectus*〕の案出は、右に考察されたことのうちにそれの根拠をもっている。

追加

〔間接的犯意〕ある行為のさい、多かれ少なかれ事情が付け加わりうるというのが、たしかに実情である。放火のさい、火が燃え出さないこともありうる。あるいは他方、犯人が欲したよりももっと火がひろがることもありうる。それにもかかわらず、ここではなんら好運と不運の区別はなされるものではない。というのは、人間は行為することで外面性と関係せざるをえないのだからである。古いことわざに、石は手から投げられると悪魔のもの、と言っているのは正しい。私は行為することによって不運の危険に我が身をさらすのである。だから不運は私にたいして一つの権利をもっているのであって、私自身の意欲の一つの現存在〔あり方〕なのである。

（1）意図を所行と区別するとき、具体的な出来事の一定の諸局面を度外視してつぎのことを抽出（abstrahieren）する。（a）意図が一つの普遍的な形式であって、私はまだどんな特殊の内容をもこの形式のもとに入れていないこと。たとえば、私は空腹をみたそうと意図するが、まだ、どうして、何によってみたすかはきめていないこと。（b）意図は、行為がある特殊な仕方で私を満足させるがゆえに私にとってその行為に価値を与えるような、行為のそういう特殊な面、たとえば、パンを食おうとする私の意図であること。——「意図」Absicht のもとの動詞 absehen は「見てとる、見きわめる、目ざす」の意味のほかに、「度外視する」の意味に用いられるので、Abstraktion（度外視、抽象）に連関するとヘーゲルはいうのである。

（2）ふつうは、判断を言語・文章で表わしたものを命題（そのドイツ語の Satz は文章を意味する）といい、どちらもほぼ同じ意味に用いられる。判断は問いに対する答えとしての意味をもつので、論理学上の命題は、一定の主張を言明し、真偽を問題にすることのできるものにかぎられる。真であることがわかりきった事実を、述べただけの命題は、判断ではない、というのがヘーゲルの考えである。

§一二〇

意図の権利とは、行為の普遍的な質がただ即自的に有るばかりではなく、行為する者によって知られること、したがってもう彼の主観的な意志のなかにふくまれていたということである。また逆に、行為の客観性の権利——と呼ばれうるもの——は、思惟する者としての主体によって知られ欲せられていると主張することである。

こうした洞見を要求するこの権利はとうぜん、子供や白痴や狂人などの行為のばあい、彼らの責めに帰することがまったくできないか、わずかしかできないということをともなう。——

だがもろもろの行為はその外面的な現存在からいって、もろもろの結果の偶然性を内に蔵しているように、主観的な現存在もまた、自己意識と思慮性のもつ力と強さにかんする不規定性をふくんでいる。——この不規定性は、しかしながら、ただ白痴や狂気などや、また幼時にかんしてだけ顧慮されうる。なぜなら、ただそうした決定的な諸状態だけが、思惟と意志自由という性格を廃棄するからであり、そして行為者を、一個の思惟する者であり意志であるという名誉にしたがってではなく取り扱うことをゆるすからである。

§一二一

行為の普遍的な質は、総じて行為の多種多様な内容が普遍性の単純な形式へ還元されたものである。だが主観はおのれのなかへ折れ返ったもの、したがって客観的特殊性にあい対する特殊的なものとして、おのれの目的のうちにおのれ自身の特殊な内容をもっており、これが行為を規定するたましいである。

行為する者の特殊性というこの契機が、行為のうちにふくまれており、行為のなかで実行されたということが、主体的自由のもっと具体的な規定におけるあり方をなす。すなわち、主体が行為のうちにおのれの満足を見出すという、主体の権利をなすのである。

追加

〔動機〕自分だけの私、自分のなかへ折れ返った私は、まだ私の行為の外面性にあい対する一つの特殊的なものである。私の目的が、私の行為を規定する内容をなすのである。たとえば殺人とか火事は普遍的なものであって、まだ主体としての私の肯定的、積極的な内容ではない。だれかがそのような犯罪をおかしたら、なんのために彼はそれをやったのかと、ひとは問う。殺人は殺人のために行なわれたのではなくて、そのさいまだ一つの特殊な肯定的、積極的な目的があったのである。

だが、もしわれわれが、殺人は殺人欲から行なわれたのだと言うとしたら、その欲がもう主観の肯定的、積極的な内容そのものなのであろうし、そうするとその所行は主観の意欲の満足である。

したがって、ある所行の動機は、くわしくいえば道徳的なものと呼ばれるところのものである。そのかぎりにおいては、これは企図のなかにある普遍的なものと、意図の特殊的なものという、二重の意味をもっている。

近頃はとくに、もろもろの行為についていつも動機が問われるということが起こりはじめたが、かつてはたんに、この男は正しいか、彼は自分の義務であることを行なうか、と問われるだけであった。現今では、こころをよく見ようとするのであって、そのさい、もろもろの行為の客観的なものと、内的なもの、つまり動機という主観的なものとの、分裂を前提としている。たしかに主観の規定は考察されねばならない。主観は、おのれのうちに根拠づけられたあるものを意志するのであり、おのれの欲を満たそうとし、おのれの情念を満足させようと欲する。だが善と正もまた、たんに自然的ではなくて私の理性的あり方によって定立されたところの内容である。私の意志の内容にされた私の自由は、私の自由そのものの純粋な規定である。したがって、もっと高い道徳的な立場とは、行為のうちに満足を見出し、人間の自己意識と所行の客観性との分裂のところにとどまっていないことである。とはいえ、世界史においても、諸個人の歴史においても、そうした分裂のところにとどまる考え方はそれなりの時期をもつのであるが。

§一二二

右の特殊的なものによって、行為は、主観的な価値、私にとっての利益をもつ。こうした目的、つまり内容上の意図にたいして、行為の直接的なものは、その行為のもっとすすんだ内容のなかで手段におとしめられてしまう。そうした目的が一つの有限的なものであるかぎり、それはそれでまた、あるもっとすすんだ意図のための手段におとしめられうる等々、無限にそうなりうる。

§一二三

これらの目的の内容にとっては、ここではただ〔α〕形式的活動そのもの――すなわち、主体が自分の目的と見なして促進すべきもののところにその主体が自分の活動をもっていあわせていること――が存在しているだけである。――人間が自分のものとしてそれに関心をもつもの、ないしは関心をもつべきもの、そういうもののために人間は活動的であろうと欲する。〔β〕だが主体性のまだ抽象的で形式的な自由は、ただそれの自然的主観的な現存在、すなわち、もろもろの欲求、傾向、情念、意見、思いつき等においてしか、もっと規定された内容をもちはしない。こうした内容を満足させることが、福祉とか幸福のもろもろの特殊的な規定におけるあり方であり、一般的には、総じて有限性のもつ諸目的である。

これこそ、主体がその区別されたあり方にまで規定され、したがって、特殊的なものと見なされるところの、関係の立場〔§一〇八〕として、自然的な意志〔§一一〕の内容が生じてくる場所なのである。だがこの内容はここでは、直接にあるがままのものではなくて、おのれのなかへ折れ返った意志に属しているものとして、一つの普遍的な目的へ、福祉とか幸福〔『エンチクロペディー』§三九五以下（§四七九〜四八〇）[1]〕という目的へと高められている。――

すなわち、意志をまだそれの自由においては把握せず、ある自然的な与えられたものとしてのその内容にかんして反省する思惟の立場へと高められている。――たとえばクロイソスとソロンの時代においてのように。[2]

追加

〔物質的な諸目的〕幸福のもろもろの規定が眼前に見出されたものであるかぎり、それらはなんら自由の真の諸規定ではない。自由はその自己目的である善においてはじめておのれに真実である。ここでわれわれは、つぎのような問いを提出しうる、すなわち、人間は、主体が一つの生きたものであるということだけにもっぱらもとづいているような、不自由な諸目的をおのれに立てる権利をもっているのか、と。

だが、人間が一つの生きたものであるということは偶然的ではなく、理性にかなったことであって、そのかぎりでは、人間はおのれのもろもろの必要をおのれの目的にする権利がある。だれかが生きるということのうちには、品位を下げるようなものはなにひとつないのであって、彼にはなんら、そのなかで実存することのできるようなもっと高い霊性が対立しているわけではない。

眼前に見出されたものを、おのれ自身のなかから創造されたものに高めあげることだけが、善というもっと高い圏を与えるのである。だが、そうした区別性はそれら両側面が相容れないということを少しもふくんでいるわけではない。

(1) 邦訳『精神哲学』では§一〇三～一〇四。幸福とは、もろもろの特殊的満足の真理、つまり普遍的満足という表象のこと。これは、反省する思惟がつくり出したもので、思惟する意志はこれを自分の目的にする。幸福とは、ただ表象されただけの、抽象的でしかない、内容の普遍性であって、これはただあるべきものでしかない。幸福は総じて、ある直接的な現存在として表象されるのにたいし、福祉は道徳にかんして正当と表象される。

(2) クロイソスはリュディアの王（在位、前五六〇～前五四六）。ソロン（前六四〇ころ～前五六〇ころ）はギリシアの政治家で詩人。七賢人の一人。ヘーゲルはヘロドトス『歴史』の伝える二人の対話を引用し、「なんぴとも、死の来ないうちに幸福を誇ってはならない」という点にソロンとその時代の反省の立場が示されるという。そこにはすでに普遍性の形式が存している。だが普遍的なものはまだ自己意識的にあらわれてはいない。つまり反省する思惟の立場である、と（ヘーゲル『哲学史』邦訳上巻二一〇ページ以下参照）。

§一二四

即自かつ対自的に妥当するもろもろの目的の実行のうちには、個人自身の主観的な満足〔彼が名誉名声のうちに認められることをもふくめて〕もまたふくまれている。したがって、つぎの二つの主張、すなわち一方、ただそのような即自かつ対自的に妥当する目的だけが意欲され達成されたものとしてあらわれるようにという要求も、また他方、まるで客観的目的と主観的目的とが意欲のなかでたがいに排除し合うかのように見なすことも、どちらも抽象的悟性の空虚な主張である。

それどころか、そうした主張は、主観的満足が存在している〔なにか成就された仕事のうちにはいつもそうであるが〕からという理由で、これこそ行為者の本質的な意図であるとし、客観的目的は行為者にとってはただこの主観的満足のための手段でしかなかったと主張しだすならば、なにかおかしなものとなるのである。――

主体がどういうものであるかという正体は、主体のもろもろの行為の系列である。主体のもろもろの行為の系列が、もろもろの無価値な産物の系列であるとすれば、意欲の主体性もまた無価値な主体性なのである。反対に、個人のもろもろの所行の系列が、実体的な性質のものであるとすれば、彼の内的な意志もまたそうなのである。

おのれの満足をおぼえようとする主体の特殊性の権利、あるいは、こういっても同じことだが、主体的自由の権利、これが古代と近代との区別における転回点かつ中心点をなす。この権利は、それの無限性におけるすがたがキリスト教において表現されており、一つの新しい形式の世界の、普遍的現実的な原理にされたのである。この原理のもっとくわしいもろもろの形態化に属するものが、愛、ロマン的なもの、個人の永遠な祝福の目的、等々であり、つぎに道徳と良心であり、さらにその他の、一つには本書の以下の叙述のなかで市民的社会の原理とか政治的基本体制の諸契機としてすがたをあらわすであろうところの、しかし一つには総じて歴史のなかで、とくに芸術、諸学、哲学の歴史のなかで立ちあらわれるところの、もろもろの形式である。①——

ところでこの特殊性の原理はたしかに対立の一契機であって、さいしょはすくなくとも、普遍なものと同一であるとともにまた区別されてもいる。だが抽象的反省はこの契機を、普遍的なものに対するそれの区別と対置のうちに固定するのである。そこで抽象的反省は、道徳はただ自分の満足に対する敵対的な闘争としてのみ永続するのだと考える道徳観——「義務の命ずるところを嫌悪しつつ行なうこと」②という要求を生み出すのである。

まさにこうした悟性こそは、すべての偉大な事業と個人を矮小化《わいしょうか》して価値をおとしめるすべをこころえているところの、心理的な歴史の見方を生み出す。この見方は、いずれにしても実体的な効果から満足を見出しもしたこころの傾きと情念、また名声名誉その他のもろもろの結果、総じて悟性があらかじめなにかそれ自身悪いものに決めておいた特殊的な面を、もろもろの行為の根本的意図および実効的動機につくり直すのである。こうした悟性はこう断言する、すなわち——もろもろの偉大な行為と、一連のそのようなもろもろの行為において成立した効果とは、偉大なものをこの世界のうちに生み出したのであり、そして行為する個人にとっては権力、名誉、名声という結果をもたらしたのであるから、個人に属するものは右の偉大なもののほうではなくて、ただそのうちから個人に当たったこの特殊的で外面的なものだけである、と。つまり、この特殊的なものが結果なのであるから、それだからこそまた、それは目的としても存在していたのであり、しかもそれ自身、唯一の目的としても存在していたのである、と。

そのような反省は、それ自身が主観的なもののうちにいるゆえに、偉大な個人たちの主観的なものに固執し、この自家製の空虚のなかで偉大な個人たちの実体的なものを見のがすのである。――これこそ「心理的従僕ども」の見方であって、「従僕どもにとってはどんな英雄も存在しないのは、英雄が英雄でないからではなくて、従僕がただ従僕でしかないからである」〔『精神現象学』六一六（四六八）ページ③〕。

追加

〔意欲と実行〕「大事においては意志したことで十分である④」という言葉は、ひとはなにか偉大なことを欲すべきである、という正しい意味をもっているが、しかしひとはまた偉大なことを実行もできなくてはならない。そうでなければ、それは無効な意欲である。たんなる意欲をほめたたえる月桂樹は、ついぞ緑になったためしのない、ひからびた葉である。

（1）ヘーゲルのいう主観的自由とは欲求や衝動それ自身の満足ではなく、全自我すなわち理性的になった欲求の満足である。その理性的であることの最も少ない形式は感情である。これは家族のところで論じる。もっと理性的な形式は、生活の経済的な諸必要の満足つまり労働である。これが市民的社会の原理をなす。さらにもっと高い理性的形式は、議会的諸制度を通じて世論で獲得されうる政治的満足である。これは国家論で示される。もちろん、結婚、ビジネス、政治において付随的に満足される直接的な感性の欲求が存在するけれども、理性的目的のうちに本能の満足以外の何ものをも見ないのは、人間と動物のちがいを否定していっさいの歴史を無意味にすることになる（『小論理学』§一四〇参照）。

（2）シラーが『哲学者たち』（一七九六年）のなかで、カント倫理学の厳粛主義、つまり、好きなものに傾く感性的なものを道徳からいっさいしめ出す理性主義にたいして抵抗した詩句からの、ヘーゲルの的引用。シラーの二行詩はつぎのとおり。「良心のとがめ。私はよく友だちにつくすけど、残念ながら好きでする、そこで私は道徳的でないとは、どうもしゃくにさわってならないことだ。――決心。ほかにどんないい手もありはしない、汝はまず友だちを軽蔑《けいべつ》し、しかるのち義務の命ずることを嫌悪しつつ行なわねばならぬ」

（3）これはフランスのことわざでナポレオンがよく引用したという。

（4）ローマの詩人セクストゥス・アウレリウス・プロペルティウス（前五〇ころ～前一四ころ）の言葉といわれる。

§一二五

主観的なものは福祉という特殊的内容をともなうが、おのれのなかへ折れ返ったもの、おのれのなかで無限なものとしては、同時に、普遍的なもの、即自的に有る意志に関係してもいる。この契機は、さしあたりまずそうした特殊性そのものに即して定立されたものとしては、他の人たちもふくめた福祉であり、――十全な、だがまったく空虚な規定でいえば、万人の福祉である。そこで、総じて多くの他の特殊的な者たちの福祉もまた、主体性の本質的な目的と権利ないし正である。だが、そのような特殊的内容とは区別された、即自かつ対自的に有る普遍的なものは、ここでは権利ないし正としてより以上にはまだおのれを規定していないのであるから、特殊的なものの あのもろもろの目的は、この普遍的なものすなわち正とは異なったものとして、この普遍的なものすなわち正に適合していることも、また適合していないこともありうる。

§一二六

だが私の特殊性も他の人たちの特殊性①も総じてただ、私が一個の自由なものであるかぎりにおいてのみ、一つの権利なのである。したがってこの特殊性は、それのこうした実体的基礎が矛盾しているばあいにはおのれを固守することができないのであって、私の福祉という意図も、他の人たちの福祉という意図——このばあいはとくに、道徳的な意図と呼ばれる——も、なんらかの不正な行為を正当化するわけにはゆかない。

われわれの時代の堕落したもろもろの格率②の一つは、主として、もろもろの不正・不法な行為について、いわゆる道徳的な意図に関心をひかせることである。それは、もろもろの悪しき主体にも一つのあるべき善き心があると思わせること、つまり、自分自身の福祉とそしてなにかまた他の人たちの福祉をも欲するような善き心があると思わせることである。それは一つにはカント以前の善き心の時代③に由来し、たとえばよく知られた感動的な戯曲表現④の精髄をなしている。だが一つには、この説は増強されたすがたでまたまたむし返されている。したがって、内的な感激と心情、すなわち、特殊性の形式そのものが、なにが正しくて、理性的で、りっぱであるかの規準にされている。その結果、もろもろの犯罪とそれをみちびく思想は、どんなに浅薄空虚な思いつきや、どんなにばかげた考えであっても、心情と感激から来るものだからという理由で、正当な、理性的な、りっぱなものということになるらしい。くわしくはあとの§一四〇注解を見よ。——

ついでに言えば、ここで権利ないし正と福祉が考察されている立場、すなわち、それが形式的権利として、また個別者の特殊的な福祉として考察されている立場に、注意しなくてはならない。いわゆる普遍的な最善、国家の福祉、すなわち、現実的具体的精神の権利ないし正は、まったく別の圏であって、そこでは形式的権利は、特殊的な福祉および個別者の至福と同様に、一つの従属的な契機なのである。私的権利ならびに私的福祉を、国家という普遍的なものにたいして即自かつ対自的として押しとおすことは、抽象のしばしばおかす失策の一つであるということ、――これはもう前に述べてある。⑤

追加

〔福祉と、権利ないし正〕ここでは、誹謗《ひぼう》文書の作者が、「だから私は生きる必要がある」ということを弁解の口実にしたのにたいして与えられた有名な答え、「余《よ》はその点に必然を見ず」⑥という言葉がふさわしい。生命は、自由というもっと高いものにたいしては必然的でない。聖クリスピヌス⑦が貧しい人たち用の靴のための革を盗むとすれば、その行為は（主観的）道徳的であって不正・不法であり、したがって通用しないのである。

（1）『覚え書』にヘーゲルは鉛筆でここに、「特殊性〔β〕自由な抽象的な人格性」と記している。

（2）マクシーメ Maxime ――準則ともいう。ロックやライプニッツは、自明な公理とか、証明なしに認容される命題とかの意味に用いたが、カントでは個人が自分のために採用する行為の規則、意志決定の主観的原理の意味。ここでもそれに近い。

（3）ドイツの啓蒙時代。イギリスのシャフツベリー（一六七一～一七一三）、ハチスン（一六九四～一七四六）などの影響のもとで啓蒙哲学は「仁慈」「利他心」（benevolence）という「善き心」を強調した。

（4）ドイツの「シュトゥルム・ウント・ドラング」期の戯曲、シラーの『群盗』では、善き意図をもった青年が専制政治と戦うために盗賊団を組織するとき観衆の共感を得ることが期されている。

（5）ラッソンは§二九（注解）としている。

（6）ボランドの注によればフランスの政治家リシュリュー（一五八五〜一六四二）の言葉。

（7）三世紀のキリスト教殉教者。伝説によるとローマの貴族の出で、二八七年ころ、迫害を逃れて、弟クリスピニアヌスとともにフランスのソアソンに移り、靴屋を職としながらキリスト教を弘《ひろ》め、のち殉教した。靴屋、鞍工、皮鞣《かわなめし》工の保護聖人。

§一二七

自然的な意志のもろもろの利益関心の特殊性は、それらの利益関心の単純な総体性にまとめてみれば、生命としての人格的現存在である。この生命は、究極の危険に瀕し、ある他人の正当な所有と衝突したばあい、危急権[1]を〔衡平[2]としてではなく権利として〕要求しなければならない。なぜなら、そういうばあいには、一方のがわに現存在の無限な侵害と、したがって全面的な権利喪失とのおそれがあるのに、他方のがわには、ただ自由の或る個別の制限された現存在の侵害のおそれしかないからであり、したがってこのばあい同時に、権利そのものと、ただこの所有の点でだけ侵害された者の権利能力とが認められるからである。

危急権から、資力限度の恩恵[3]が生じる。すなわち、債務者にたいして手道具とか農具とか衣服とか、総じて彼の資産のうち、つまり債権者の所有のうち、債務者の——しかも身分相応の——生計の可能性に役立つと見なされるだけのものは、取りあげずにおかれるという恩恵である。

追加

〔危急権〕 生命は、もろもろの目的の総体として、抽象的な権利に反対する一つの権利をもっている。たとえば、もしパンを盗むことによって生命がつながれうるとすれば、そのことによってなるほど、ある人間の所有が侵害されたのではあるけれども、こうした行為をふつうの窃盗と見なすことは不当であろう。生命の危険に瀕した人間にとって、そのようなやり方をして自分の生命を保つことがゆるされていないとされたら、彼は権利のないものとして規定されていることになろう。そして彼の生命が認められないとしたら、彼の全自由が否定されていることになろう。

生命の保全には、もちろん、いろいろ多くのものが必要であって、われわれが将来に眼をむけるなら、これらもろもろの個別性にかかり合わなければならない。だが必要なのは、いま生きることだけであり、将来は絶対的ではなくて、どこまでも偶然性の裁量に任されたままである。したがって、ただ直接的な現在の危急だけが、ある不法な行為を行なう正当さを与えることができる。なぜなら、その行為をしないこと自身のうちにまた一つの、しかも最高の不正行為、すなわち自由の現存在の全面的な否定がふくまれていることになろうからである。――ここに「資力限度の恩恵」がその所を得る。というのは、親戚関係ないしは他の近い諸関係のうちには、ひとがすっかり権利の犠牲にされないようにということを要求する権利がふくまれているからである。

（1）Notrecht――英訳は right of distress。緊急避難の権利とも邦訳される。緊急避難は法律上、難船のさいなど急迫した危険を避けるためにやむをえず他を害する行為をいう。

（2）Billigkeit――英語では equity。イギリスで一般法にたいしてその欠陥を道徳律に従って補正する法律を衡平法という。つり合い、平衡、公平の意。これを考慮することは「情けある譲歩」だからというつもりだろうか、ノックスとカーンは、それぞれ mercy とか、concession gracieuse と訳しているが、少し行きすぎのようだ。

（3）die Wohltat der Kompetenz――これはふつう「資力限度の利益」と邦訳されるラテン語の beneficium competentiae のドイツ語訳。ローマ法で契約および準契約にかんする訴訟でまけた被告に与えられる利益ないし恩恵。夫婦間や兄弟間の訴訟に多く適用された。

§一二八

危急は、権利ならびに福祉の——いいかえれば、自由の現存在が特殊的人格の実存在としてあるということをともなわない抽象的なあり方と、特殊的意志が権利の普遍性をともなわない圏との——有限性を、したがって偶然性を開示する。

このことでもって、権利と福祉の一面性と観念性は、それが両者自身において概念上すでに規定されているとおりに定立されている。権利はすでに〔§一〇六〕おのれの現存在を特殊的意志として規定した。そして主体性は、即自的には意志のおのれ自身への無限な関係として、自由の普遍的なものであるが、主体性の包括的な特殊性においてそれみずから自由の現存在である〔§一二七〕。

権利と主体性（福祉）における右の両契機が、それの真理性、それの同一性にまで統合され、だがさいしょはまだたがいに相対的な関係にあるばあい——それら両契機は、（一）成就された、即自かつ対自的に規定された普遍的なものとしての善と、そして（二）おのれのなかで知り、おのれのなかで内容を規定する無限な主体性としての良心とである。

第三章　善と良心

§一二九

善は、意志の概念と特殊的な意志との一体性として、理念である。――この一体性のなかでは、抽象的権利も、福祉も、知の主観性も、外面的な現存在の偶然性も、それだけで自立的なものとしては廃棄されており、同時にしかしその本質からいえば、この一体性のうちにふくまれかつ保存されている。――つまり、善は実現された自由であり、世界の絶対的な究極目的である。

追加

〔善としての理念〕それぞれの段階はほんらい、理念である。だが、より前の諸段階は理念を、より抽象的な形式においてしかふくんでいない。たとえば自我もまた人格性としてすでに理念、だが最も抽象的な形態における理念である。こうして善は、もっと規定された理念であり、意志の概念と特殊的な意志との一体性である。それはなにか抽象的に正しいものではなくて、内容豊富なものであり、その実質が権利をも福祉をもなしているのである。

§一三〇

この理念のなかで、福祉は、個別的特殊的な意志の現存在としてはなんらそれ自身の妥当性をもたず、ただ普遍的な福祉としてのみ、そして本質的にはそれ自身において普遍的なものとして、すなわち自由ということからいって妥当性をもつ。――つまり、福祉は、正ないし権利を欠いては善きものではない。同様に正ないし権利も、福祉を欠いては善ではない〔「正義が行なわれよ」ということは、「世界はほろびよ」という結果をもってはいけない[1]〕。

こうして善は、特殊的な意志をとおして現実的に存在すべき必然性として、また同時にこの特殊的意志の実体として、所有の抽象的権利や福祉の特殊的な諸目的に反対する絶対的な権利をもっている。善とは区別されるかぎりでのそれら諸契機のそれぞれは、ただそれが善にかなっていて善に従属しているかぎりにおいてのみ妥当性をもつのである。

（1）Fiat justitia, pereat mundus.（正義を行なわれしめよ、世はほろぶとも）は神聖ローマ皇帝フェルディナント一世（一五〇三～六四）の言葉といわれる。

§一三一

主観的な意志にとっても善はまったく本質的なものである。主観的な意志は、その洞察と意図において善にかなっているかぎりでのみ、価値と尊厳をもつのである。ここ（道徳の立場）では善がまだこのように善の抽象的理念であるかぎり、主観的意志はまだ善のなかへ揚げ入れられておらず、善にかなって定立されてはいない。したがって、主観的意志は、善にたいするある関係のうちにある。しかもこの関係は、善が主観的意志にとって実体的なものであるべきであり、(1) すなわち主観的意志は善を目的とし成就すべきであるとともに、善のほうでもまた現実のなかへあらわれるための媒介をただ主観的意志のうちにのみもつ、という関係である。

追加

〔善の理念の諸契機〕善は特殊的意志の真理である。だが意志とは、意志がそれをめざしておのれを定立する当のものにほかならない。すなわち、意志は生来はじめから善いのではなくて、ただおのれの労働《はたらき》をとおしてのみ、おのれの真のすがたになることができるのである。他方、善は、主観的意志を欠いてはそれ自身一つの抽象物でしかなく、主観的意志をとおしてはじめて善に生じてくるはずの実在性を欠いている。

したがって善の発展はつぎの三つの段階をふくんでいる。――〔1〕善が、意志する者としての私にとっては特殊的意志であって、私がその善を知るという段階。〔2〕なにが善であるかが言われ、善の特殊的なもろもろの規定が展開されるという段階。さいごに〔3〕善それ自身の規定するはたらき。すなわち、善の特殊性が、無限な、対自的に有る主観性としてあること。この内面的な規定するはたらきが、良心である。

（1）「善が主体的意志の自分のものであるべきであり」（ヘーゲル『覚え書』）

§一三二

主観的意志の権利とは、（一）意志が妥当的とみとめるべきものはこの意志によって善として洞察されるのだということであり、そして（二）外面的客観性のなかへ入ってゆく目的としての行為が、この客観性のなかでもつ価値についての意志の知識に応じて、行為は正当あるいは不正当、善あるいは悪、適法あるいは違法として意志の責めに帰されるのだということである。

善とは、総じて意志の実体性と普遍性における本質、――意志がおのれの真理においてあるあり方である。それゆえに、善はまったくただ思惟のうちにかつ思惟によってのみある。したがってつぎのような主張①――人間は真なるものを認識できず、ただもろもろの現象とだけかかり合いをもつのだとか、思惟は善き意志をそこなうのだとか②、これらの主張やこれらと類似の考え方は、精神から知性的な価値と尊厳をうばい去ると同様に、倫理的な価値と尊厳をもすべてうばい去るわけである。

自我がそれを理性的であると洞察するものでなければ、なにものをもみとめないという権利は、主観の最高の権利ではあるが、同時にそれの主観的な規定によって形式的でもあって、これにたいして、客観的なものとしての理性的なものの、主観にたいする権利は確固として存続する。

洞察はその形式的な規定のために、真でありうるとともにまた、たんなる意見や誤謬でもありうる。個人が、あの、おのれの洞察の権利に達するということは、まだ（主観的）道徳的な圏の立場からいえば、個人の特殊な主観的な教養に属することである。

私が、ある義務をもろもろの然るべき理由にもとづいて洞察し、それについての確信をもつこと、なおそのうえ、私が義務をそれの概念と本性にもとづいて認識すること――こういう要求を私は自分に行ない、しかもそのことを自分のなかの一つの主観的な権利と見なすことができる。だが、私が、ある行為の善、許されたもの、または許されていないものについて、したがってまたこの点での行為の責任能力についての、自分の確信を満足させるために何を要求するかは、客観性の権利にどんな損害をも与えはしない。

善への洞察のこうした権利は、行為そのものにかんしての洞察の権利〔§一一七〕とは区別されている。行為そのものからいえば客観性の権利は、——なにしろ行為とは、ある現実的な世界のなかで実存するはずの、したがってこの世界のなかでみとめられていたいと欲する、一つの変化なのだから、——行為が総じて現実的世界のなかの妥当するものにかなっていなければならない、という形態をもっている。だれでもこの現実のなかで行為しようと欲する者は、まさにそのことでもってこの現実のもろもろの法則に身をゆだねたのであって、客観性の権利をみとめたのである。

同様に、理性概念の客観態としての国家においても、法律上の責任は、ひとが自分の理性にかなっている、もしくはかなっていないと思うものや、正・不正と善悪への主観的な洞察や、自分の確信を満足させるために行なうもろもろの要求のところで、立ちどまらなければならないことはない。

国家というこの客観的な分野では、洞察の権利は、妥当する権利すなわち現行の法への洞察としての、適法的あるいは違法的なものへの洞察と見なされる。そしてこの洞察は、それの最も手近かな意義にかぎられる。つまり、適法的であってそのかぎり義務的であるところのものを知っていることとしての知識にかぎられる。国家は、もろもろの法律の公然性により、またもろもろの普遍的な習俗③によって、洞察の権利から形式的な面と主観にとっての偶然性とを取り去るのである。——これらはまだ道徳の立場においては取り去られていないが。

主観が行為を善悪、適法違法の規定において知るという権利は、子供や白痴や狂人のばあいにはこうした面からいってもまた[4]責任能力を軽減、ないしは廃止するという結果をもつ。とはいっても、これらの諸状態とその責任能力にとってのはっきりした限界というものは、確定せられないのである。

犯罪者に犯罪そのものの責めを帰したりその処罰の程度を規定したりするばあいに、瞬間の眩惑《げんわく》とか、情念のいらだちとか、酔っぱらったこととか、総じてふつう世間で感性的動機の強さと呼ばれるもの〔ただし§一二〇[5]で述べた危急権の根拠となるものが除かれているかぎり〕を、もろもろの理由にすることは、そしてまたそのような諸事情をば、それによってまるで犯罪者の責任が取り除かれるかのように見なすことは、これまた〔§一〇〇、§一一九注解[6]参照〕犯罪者を人間の権利と名誉にしたがっては取り扱わないことである。なぜなら、人間の本性はまさに、本質的に知の普遍的なものであるということ、知の抽象的瞬間的で個別化されたものでありはしないということだからである。——

放火謀殺犯人は、彼が灯火でふれた木材のこのインチ大の表面を、孤立したものとしてではなく、そのインチ大の表面のうちの普遍的なもの、つまり家に火をつけたのである。同様に彼は主観としても、この瞬間の個別的なものとか、復讐の激情のこの孤立した感じとかでありはしない。もしそうであったら彼は動物であって、その有害さと、憤怒の発作に支配されているという物騒さのために、まっこうからその頭をなぐってやらなくてはならないことになろう。

——

犯罪者は、犯罪としての責めが彼に帰されうるためには、彼の行為の瞬間にその行為の不正・不法と処罰されるべきことを明瞭に表象していたのでなくてはならないということ——こうした要求は、彼の道徳的主観性の権利をまもるように見えはするが、むしろ反対に、（人間に本来）内在する理知的本性が彼にはないものとすることになる。というのは、この理知的な本性は、その活動的な現在性におけるあり方が明瞭な諸表象というヴォルフ心理学[7]流の形態にむすびついているとはかぎらないのであって、内在する本性であり、ただ狂気のばあいにだけ、個々の事物の知と行から切りはなされてしまうくらいにひどく狂っているにすぎないからである。

上述のような諸事情が刑罰の軽減理由として考慮される領域は、権利の領域とは別のもの、恩赦の領域である[8]。

（1）カント哲学。
（2）ヤコービ、ハーマンなどの主張。
（3）§一五一と追加参照。
（4）§一二〇注解参照。

（5）ノックスがD・G・リッチーに拠って訂正しているように、これは明らかに§一二七のまちがいであると思うが、従来のどの版もとくに注意してはいない。ただしガンス版の第三版（一八五四年）を戦時中（一九四二年）写真版で出された金子武蔵氏版には§一二七と訂正されている。

（6）これもノックスの指摘のとおり§一二〇注解が正しい。

（7）ヴォルフ『経験心理学』（一七三二年）の§三一にいう、「われわれの知覚するものは何であるかを認識しうるとき、すなわち、それを他のもろもろの知覚しうる事物から識別しうるとき、われわれのもつ知覚は明瞭な知覚である」（すなわち表象である）……「たとえば、われわれは昼の光のなかで樹を見るとき、樹の明瞭な表象をもつ」（ノックスの引用による）

（8）§二八二参照。

§一三三

善は特殊的な主観にたいして、この主観の意志の本質的なものであるという関係をもっており、したがってこの主観の意志はまったくこの関係のなかで義務づけられる。[1]特殊性は善とは区別されていて、主観的意志に属するのであるから、善はさしあたりただ普遍的抽象的な本質性の規定、義務という規定しかもっていない。こうした義務の規定のせいで、義務は義務のために行なわれるべきなのである。[2]

追加

〔義務の絶対性〕意志の本質的なものは私にとって義務である。善は私にとって義務であるということ以外に私はなにも知らないとすれば、私はまだ義務の抽象的なもののところにたちどまっているわけである。私は義務をそれ自身のために行なうべきであって、私が義務のうちに成就するのは真実の意味での私自身の客観性なのである。私は義務を行なうなかで自分自身のもとにおり、自由なのである。義務のこの意義をきわ立たせたことが、カント哲学の実践的なものにおける功績であり、高い立場なのである。

（1）§一三一参照。
（2）カントの説を指す。『実践理性批判』の原理論第一篇第三章「純粋実践理性の動機」参照。

§一三四

行為することはそれ自身、一つの特殊的な内容および規定された目的を要する。ところが、義務という抽象物はまだなんらそうしたものをふくんでいない。それゆえ、なにが義務であるかという問いが生じる。これを規定するために存在しているものはさしあたりまだなにもなくて、ただ、正を行なうこと、そして福祉――自分の福祉と普遍的な規定における福祉、他の人たちの福祉——のために気づかうこと〔§一一九を見よ〕[1]、これだけである。

追加

〔もろもろの義務の特殊化〕なにが義務であるかという右の問いは、ひとが永遠の生命を得るにはどうすればよいかをイエスから知ろうとしたとき、イエスに向けられた問い[2]と同じものである。なぜなら、善の普遍的なもの、すなわち抽象的なものは、抽象的なものとしては成就されるわけがないのであって、そのためにはなお特殊性の規定を与えられなければならないからである。

(1) §一二五をも参照。

(2) 『新約聖書』「マタイ伝」第一九章第一六節以下。「ルカ伝」第一〇章第二五節以下参照。

§一三五

これら二つの規定(正を行なうこと、そして福祉のために気づかうこと)は、しかし、義務そのもののの規定のうちにはふくまれていないのであって、どちらもともに条件づけられ制限されている以上、まさにそのことによって両者は、無条件的なもの、義務という、もっと高い圏への移行を生じさせる。

義務は道徳的自己意識のなかにあって、この自己意識の本質的すなわち普遍的なものであるかぎり、そしてこの自己意識はおのれの内部でただおのれ自身にだけ関係するものであるかぎり、義務そのものにはしたがってただ抽象的普遍性しかのこっていない。［それは］[1]無内容な同一性、すなわち抽象的な肯定的積極的なもの、無規定なものを、おのれの規定としている。

意志の純粋な無条件的な自己規定が義務の根元であることをきわ立たせるのは、ひじょうに本質的なことであり、じっさいまた意志の認識はカント哲学によってはじめてその確固たる根拠と出発点を、彼の無限な自律の思想をとおして獲得した［§一三三を見よ］。けれどもカントは、（客観的）倫理の概念へ移行しないところの、たんに（主観的）道徳的な立場を固持するので、そのためにこの獲得を一つの空虚な形式主義におとしめ、道徳の学を義務のための義務についてのお説教におとしめることもまた、はなはだしいのである。

こうした立場からはどんな内在的な義務論も不可能である。たしかに、外からなんらかの素材を取り入れて、これによってもろもろの特殊的な義務に達することはできる。だが義務を、あの（カントの）ように矛盾の欠如、［あるいは］[2]おのれ自身との形式的な一致として規定するのは、抽象的無規定性の確立以外のなにものでもない。そこからは、もろもろの特殊的な義務の規定への移行は行なわれえない。なおまた、もし行為するためのなにかそのような特殊的な内容が考慮されるとしても、それが義務であるかないかの規準は、右の原理のうちにはふくまれていない。——反対に、こういう仕方ではあらゆる不正かつ不道徳な行為の仕方が正当化されうるのである。

もっとさきのカント的形式、すなわち、ある行為が普遍的な格率として表象されうるという資格[3]は、なるほど、ある状態のもっと具体的な表象をともないはするけれども、それ自身なんら、右に述べた矛盾の欠如と形式的な同一性より以上の原理をふくんではいない。

どんな所有も起こらないということは、あれこれの個々の民族、家族等々が存在していないということ、あるいは総じて人間がひとりも生きていないということとまったく同様に、それ自身としては矛盾をふくんでいない。だが一方、もし所有と人間生活は存在し尊重されるべきだということがそれ自身、確定され前提されているとすれば、窃盗とか殺人を行なうことは一つの矛盾である。矛盾は、なにか存在するものとの矛盾、すなわち、確固たる原理として前もって根底にある内容との矛盾としてのみ生じうる。行為は、そのような確固たる原理への関係においてはじめて、それと一致しているか、それとも矛盾しているのである。だが、内容のためではなくてただ義務そのものとしてのみ意志されるべき義務、つまり形式的同一性は、まさにあらゆる内容と規定を排除することにほかならない。

たんに道徳的な、関係の立場は、永遠につづく当為の、もっとさきのもろもろの二律背反と形態化のなかをただうろつきまわるだけで、それらを解決して当為以上に出ることはできない。

——それらのことは、私の『精神現象学』〔五五〇（四二四）ページ以下〕[4]のなかで説明してある。なお『哲学的諸学問のエンチクロペディー』§四二〇（§五〇七）以下[5]を参照。

追加

〔カント的な命法の不十分さ〕われわれは右に、カント哲学の立場は義務が理性にかなっていることを確立するかぎり、崇高な立場であると強調した。だが、なんといっても、この立場にはすべての分節組織が欠けているという欠陥がここで摘発されねばならない。なぜなら、汝《なんじ》の格率が一つの普遍的な原則として立てられうるかどうかを考慮せよ、という命題は、もしわれわれが何をなすべきかにかんしてすでにもろもろのきまった原理をもっているのだったら、ひじょうによい命題だろうからである。すなわち、われわれは一つの原理について、それがまた普遍的な立法の規定でもありうるべきだと要求する以上、そのような規定はすでに一つの内容を前提するのであって、この内容がそこにあるのだったら、その適用はたやすくなるにちがいないだろうからである。

ところがこのカント哲学の立場では、原則そのものがまだ存在していないのであって、なにひとつないところではどんな矛盾もまたありえないのだから、どんな矛盾もあるべからずという規準はなにものをも生み出さないのである。

（1）ラッソンによる補正。

(2)( )は補訳。[ ]はラッソンによる補正。
(3)正確にいえば、「汝の意志の格率がつねに同時に一つの普遍的な立法の原理として通用しうるように行為せよ」(『実践理性批判』)。そのほか『道徳形而上学の基礎づけ』、『人倫の形而上学』の「第二部、徳論の形而上学的諸原理」にも、ほぼ同様の定式化がある。ヘーゲルの言い方は少し簡単すぎて不正確である。追加で述べているほうが正確に近い。
(4)「道徳的世界観」の項。
(5)邦訳『精神哲学』では§一三一〜一三六。

§一三六

善の抽象的な性質のために、理念のもう一つの契機である特殊性一般は、主観性に属する。この主観性は、そのおのれのなかへ折れ返った普遍性においては、おのれのうちにおける絶対的な自己確信(ゲヴィスハイト)であり、特殊性を定立するもの、規定し決定するもの、——良心(ゲヴィッセン)である。(1)

追加
〔良心の立場の高貴さ〕ひとは義務について、はなはだ崇高な語り方をすることができるのであって、こういう議論は人間をより高い立場に置き、そのこころをひろくする。だが、もしそれがどんな規定にもすすんでゆかないとすれば、しまいには、たいくつになる。精神は一つの特殊性を要求するものであり、そうする正当な権利があるからである。

ところが良心は、このように最もふかい内面的な、自分だけの孤独性であって、すべての外面的なもの、したがってすべての被制限性が消失している。それはこのようにまったく自己自身のなかへひきこもったあり方である。人間は良心としてはもはや特殊性の諸目的にしばられてはいないのであって、このことはしたがって一つの高い立場、近代世界の立場であり、近代世界がはじめてこういう意識、このような自己没入に達したのである。

過去のもっと感性的な諸時代[2]は、宗教であれ法であれ、なにか外面的で与えられたものをおのれの前にもっている。だが良心は、自己自身を思惟であると知り、この私の思惟こそがひとり私にとって義務づけるものであるということを知るのである。

（1）ヘーゲルは良心（Gewissen）、確信（Gewißheit）という言葉がいずれも「知」（Wissen）を語原としていることにもとづいて論じている。

（2）§二一、§三五の各注解参照。

§一三七

真実の良心は、即自かつ対自的に善であるところのものを意志する心がけ[1]である。したがって[2]真実の良心はもろもろの確固たる原則をもっており、しかも良心にとってはこれらの原則はそれ自身、客観的なもろもろの規定であり義務である。良心はそれのこうした内容、つまり真理と区別されるなら、ただ意志の活動の形式的な面でしかなく、この意志はこのもの[3]としてどんな独自の内容ももってはいないのである。

けれども、それらのもろもろの原則と義務の客観的な体系も、そしてこれとの、主観的な知の合一も、(客観的)倫理の立場ではじめて存在する。ここでは(主観的)道徳の形式的立場であるから、良心はこうした客観的な内容を欠いており、したがってそれだけとしては自己自身の無限な形式的な確信であって、この自己確信はまさにそれゆえにこそ同時にこの主観の確信としてあるのである。

良心という言葉は、主観的な自己意識の絶対的な権利づけをあらわす。すなわち、なにが権利であり義務であるかをおのれのなかで、かつおのれ自身から知り、そのようにして善であると知るもの以外にはなにものをもみとめないという権利づけであり、同時に、そのようにして知りかつ欲するところのものは真に権利と義務であるという主張における権利づけである。良心はこのように、主観的な知と即自かつ対自的にあるところのものとの一体性として、一つの聖物であり、これに手をふれるのは冒瀆《ぼうとく》であろう。

だが、はたしてある一定の個人の良心が、このような良心の理念にかなっているかどうか、はたして彼の良心が善であると思い、ないしはそうであると称するところのものが、現実的にもまた善であるかどうか、この点はもっぱらただ、この善であるとされるものの内容からしてのみ認識される。権利および義務というものは、もろもろの意志規定の即自かつ対自的に理性的なものとして、本質的に、ある個人の特殊的な所有でもなければ、なおまた、感じとかそのほかの個別的、すなわち感性的な知の形式においてあるのでもなくて、本質的に、もろもろの普遍的な思惟された規定の形式、すなわち、もろもろの法則と原則の形式においてあるのである。

したがって良心は、それが真実であるか否かという判断に服せしめられているのであって、良心がただおのれの自己だけを引き合いに出すのはとりもなおさず、良心がそうであろうと欲するもの、つまり、理性的で即自かつ対自的に通用する普遍的な行為の仕方という規則、に反している。それゆえに国家は良心を、その独自的な形式においては、すなわち主観的な知としては、みとめるわけにいかないのであって、これは、学問においても主観的な意見は通用せず、ある主観的意見を引き合いに出しての請け合いは通用しないのと同じことである。

真実の良心のなかでは区別されていないものが、しかし区別されうるのであって、知と意という規定する主観性こそは、おのれを真実の内容から切りはなし、おのれをおのれだけで定立して、真実の内容をば一つの形式と外見ないしは仮象におとしめかねない当のものなのである。したがって良心にかんするあいまいさの存する点は、良心が、主観的な知と意とそして真実な善との、上述のあの同一性という意義において前提されており、そこでまた、一つの聖なるものと主張されかつ承認されるという点である。同様にまた、良心は自己意識のおのれ自身のなかへのただ主観的な折れ返りでしかないのに、しかも、右の同一性そのものにとってもただそれの即自かつ対自的に通用する理性的内容のせいではじめて与えられるような権利づけを、良心が要求するという点に、あいまいさが存する。

本書で（客観的）倫理の立場とは区別されるような（主観的）道徳の立場には、ただ形式的な良心だけが属する。右に真実の良心のことに言及したのはその区別を示すためにほかならず、そして、形式的な良心だけしか考察されないここ（道徳の立場）のところに、まるで真実の良心が論じられているかのような、ありうべき誤解をとりのぞくためにほかならない。真実の良心は、つぎの部ではじめてあらわれる倫理的心がけのなかにふくまれている。だが宗教的良心は総じてこの圏には属さない。[4]

追加

〔良心の立場の限界〕われわれが良心ということを論じるばあい、抽象的に内面的なものであるその形式のために、もう即自かつ対自的に良心は真実なものであると考えられやすい。だが真実なものとしての良心とは、即自かつ対自的に善であり義務であるところのものを欲するようにおのれ自身を規定することである。ここでは、しかし、われわれはやっとただ抽象的な善だけにかかり合っているのであって、良心はここではまだそうした客観的な内容（即自かつ対自的に善であり義務であるところのもの）を欠いており、やっとただ無限な自己確信でしかないのである。

（1）ゲジヌング Gesinnung――従来よく「心情」などと誤訳されるが、英仏訳も disposition としているとおり、「心的傾向」「意向」である。

（2）即自かつ対自的に善であるところのものは、具体的であり、したがって体系的に規定され、分化しているから。

（3）一四五ページ注（2）参照。

（4）真実の良心は国家においては愛国心の形をとる（§二六八）。だが、もちろん、それは理性的国家においてのことである。宗教的良心は『エンチクロペディー』§五五二（邦訳『精神哲学』§一七六）の長い注解に述べられており、宗教的良心と内容実質のちがった倫理的良心、という二種類の良心があるわけはないと論じられている。

§一三八

この主観性は、抽象的な自己規定として、そしてただおのれ自身だけを確信する純粋な自己確信として、権利、義務、現存在の、すべての規定されたあり方をおのれのなかで消散させる。だが、それとともにまたこの主観性は、ある内容にたいしてただおのれ自身からしてのみ何が善であるかを規定するところの判断する力でもあり、かつ同時に、さいしょはただ表象されただけの善、あるべき善が、現実性をそれに負う当の力でもある。

自己意識は総じてこのように絶対的におのれ自身のなかへ折れ返ってしまうと、この反省のなかでおのれを、どんな現存の与えられた規定もすこしもそれに手出しできず、またすべきでもないような、そういうようなものとして知る。

なにが正しく、なにが善であるかを、内に向かっておのれ自身のなかにもとめ、おのれ自身からして知りかつ規定するという方向は、歴史上「ソクラテス、ストア派等のばあいに①」もっと普遍的な形態化されたあり方としてあらわれる。それは、現実と習俗のなかで正および善と見なされているものが、より善い意志を満足させることのできない時代である。現存の自由の世界がこのより善い意志に不実となったら、このより善い意志はもはや現行のもろもろの義務のうちにはおのれを見出さないのであって、現実のなかでは失われた調和をただ観念的な内面性のなかだけで獲《え》ようともとめざるをえないのである。

こうして自己意識がおのれの形式的な権利を把握し獲得した以上、問題はただ、自己意識がおのれに与える内容がどういう性質のものであるか、という点にかかっている。

追加

〔否定性としての主観性〕われわれが右に述べたような消散をもっとくわしく考察して、すべての規定は（主観性という）この単純な概念のなかで消えてしまい、そしてこの概念からふたたび出発しなくてはならないということを見るならば、それはまず第一につぎの点に存する。すなわち、われわれが権利または義務とみとめるいっさいのものは思想によって、一つの無効なもの、制限されたもの、けっして絶対的ではないものとして示されかねない、という点である。ところが主観性は、どんな内容をもおのれ自身のなかで消散させるけれども、他方、こんどはまたこの内容をおのれ自身から展開することも必要とする。（客観的）倫理のなかで生じるものはすべて、精神のこの活動によってつくり出されるのである。

とはいっても、この主観性の立場の欠陥は、それがたんに抽象的な立場でしかないことである。私が私の自由を自分のなかの実体として知るとき、私は無行動であり、行為しない。だが私がもろもろの行為にすすんでゆき、もろもろの原則をもとめると、私はもろもろの規定をつかもうとするのであって、そのときは、これらの規定が自由意志の概念からみちびき出されたものだという要求が存在する。したがって、もし一方、権利と義務を主観性のなかへ消散させるのが正しいとすれば、他方、こんどはまたこの抽象的な基礎(自由)がおのれを展開しないのは正しくない。

現実がなにかうつろな、精神も姿勢もない存在であるような時代においてのみ、個人は現実的な生動から内面的な生動のなかへ逃げもどることがゆるされているといってよかろう。ソクラテスはアテネ民主主義のほろぶ時代に出現した。彼は現存在するものを消散させ、おのれ自身のなかへ逃げもどって、そこに正と善をもとめようとした。われわれの時代においてもまた多かれ少なかれ、もはや既存のものにたいする畏敬が存在していないということが見られる。そして人間は妥当するものをおのれの意志として持とう、おのれによって承認ずみのものとして持とうと欲する。

(1) ソクラテスについては§二七九、§三四三参照。ストア派は、自然(つまり理性)にしたがって生きよと説いた。「自己の内でただ思惟的にのみ自己との純粋な一致に専念するという、この形式的な原理からすれば、当然どんな特殊な快楽や欲情や関心にたいしても無とんちゃくでなければならない」(ヘーゲル『哲学史』岩波版邦訳、中巻の二、一九二ページ)

§一三九

自己意識は、いつもは通用するもろもろの規定をすべて空虚と見て意志の純粋な内面性のうちにあるばあい、一方、即自かつ対自的に普遍的なものを原理にする可能性であるとともに、他方、普遍的なもの以上におのれ自身の特殊性を原理にして、それを行為によって実現する恣意――悪である可能性でもある。

良心は、形式的な主観性以外のなにものでもないものとしては、まさに、悪に急転しようとしているものなのである。道徳と悪とはどちらも、自己自身への確信が自分だけで存在し、自分だけで知りかつ決定するところに、その共通の根をもっている。

総じて悪の根源は神秘のうちに、すなわち、自由の思弁的なもののうちに存している。つまり、自由は意志の自然性から外へ出るのでなければならず、しかも意志の自然性にたいして内面的であるのでなければならないという、自由の必然性のうちに存している。①

意志のこの自然性が、意志自身の矛盾として、したがっておのれと折り合わずに右の対立においてて、現存在するようになるのである。そのようにして意志そのもののこの特殊性が、さらにすすんでおのれを悪として規定するのである。というのは、特殊性は二重にされたものとしてしか存在せず、ここでは意志の内面性にたいする意志の自然性の対立だからである。この対立においては意志の内面性は、ある相対的で形式的な対自的存在でしかない。この対自的存在はそれの内容をもっぱらただ自然的意志のもろもろの規定、つまり欲求、衝動、傾向などからしか汲み取ることはできないのである。

ところでこれらの欲求、衝動などについては、それらは善でも悪でもありうるといわれる。けれども意志は、それらの欲求、衝動などが自然的なものとしてもっている偶然性というこの規定においてあるがままの欲求、衝動などを、したがってまた意志がここでもっている形式つまり特殊性そのものを、おのれの内容の規定にする以上、この意志は、内的な客観的なものとしての普遍性すなわち善に、対置されている。この善は、意志のおのれのなかへの折れ返りとしての反省、および認識する意識と同時に、直接的な客観性としてのたんに自然的なものにたいする、もう一方の極としてあらわれてくる。したがって、この善に対置されている意志のこうした内面性は悪である。

それだから人間は、即自的あるいは生来的に（自然的に）とともにおのれのなかへの折れ返りあるいは反省によって同時に悪なのである。したがって、自然そのものも、――というのは、もしそれが、自然の特殊的内容のうちにとどまりつづける意志の自然性ではないとしたら、それだけでは悪ではないし、なおまたおのれのなかへはいってゆく折れ返りとしての反省、総じて認識することも、もしそれが自然性にたいする右のような対立の状態にあるのでなかったら、それだけでは悪ではないのである。――

悪の必然性のこうした面には、この悪が必然的にあるべからざるものと規定されているということ、――すなわち、この悪は廃棄されるべきであるということも同様に絶対的に結合されている。そのことは、そもそもあの最初の（自然性と内面性との）分裂の立場が起こってはいけないというのではない、――この分裂の立場はむしろ非理性的動物と人間との分離をなすのだから。――そうではなくて、この分裂の立場のうえにとどまりつづけないようにというのである。普遍的なものにたいして特殊性を本質的なものとして固執しないようにというのである。すなわち、この分裂の立場が無効として克服されるようにというのである。

さらに、悪のこの必然性にあっては、主観性が、こうした反省あるいは折れ返りの無限性として、この普遍と特殊との対立を眼前にもち、この対立のなかにいる当のものである。主観性がこの対立のうえにとどまりつづけるとすれば、つまり悪であるとすれば、それはしたがって対自的に、あるいは自分だけで存在し、個別的なものとしてふるまい、それ自身こうした恣意なのである。それゆえに、個別的な主観そのものがまったくおのれの悪の責めを負うのである。

追加

〔悪の根源〕おのれ自身をいっさいのものの基礎として知る抽象的な確信は、概念の普遍的なものを欲する可能性をふくんでいるが、しかしまた、ある特殊的な内容を原理にし実現するという可能性をもふくんでいる。自己確信という抽象物は、したがってつねに、右の後者であるところの悪に属しているのであって、ただ人間だけが、しかも彼がまた悪でもありうるかぎりにおいて、善なのである。

善と悪は分離できないのであって、その分離できないゆえんは、概念はおのれに対象的となって対象として直接に区別の規定をもつのだという点に存する。悪い意志は、意志の普遍性に対置されたものを欲し、これに反して善い意志は、意志の真実な概念にかなったふるまいをする。――どのようにして意志はまた悪でもありうるのかという問題における困難さは通常、ひとが意志をただそれ自身にたいする肯定的な関係においてしか考えてみず、したがってまた「意志の意欲を」[2]、意志にとって有る一つの規定されたものとして、善として表象する、ということから来るのである。

ところが、悪の根源にかんする問いは、もっとくわしくいえば、どのようにして肯定的なもののなかへ否定的なものが入ってくるのかという意味をもっている。世界の創造にさいして神が絶対に肯定的なものとして前提されるとすれば、どう向いてみようが否定的なものはこの肯定的なもののうちには認められはしない。というのは、神のほうでは否定的なものの入ることをゆるすのだ、と仮定したいと思っても、そのような受動的な関係は不十分であり、取るに足りないものだからである。神話的、宗教的な表象においては、悪の根源は概念において把握されるのではなく、すなわち、一方のものが他方のもののうちに認識されるのではなくて、ただ、なにかあいつぎ、あいならんでいる関係の表象が存在するだけであり、したがって否定的なものは肯定的なものに外から加わってくる。これは、しかし、思想を満足させることはできない。思想は、なにか根拠を、そして必然性を要求するのであって、肯定的なもののうちに否定的なものを、それ自身根ざすものとして、把握しようとするのである。

ところで概念がこのことをどのようにとらえるかという解決はもう概念のうちにふくまれている。というのは、概念には、あるいはもっと具体的にいえば理念には、おのれを区別し、おのれを否定的に定立するというはたらきが、本質的につきものだからである。

ひとがたんに肯定的なもののところだけにたちどまるなら、すなわち、その根源性において は善であるはずの純粋に善いもののところだけにたちどまるなら、このようなものは一つの空虚な、悟性の規定である。悟性はそのような抽象的で一面的なものに固執するのであって、問いを立てることによってまさにこの問いを一つの難問にするのである。

だが概念の立場から肯定性を把握するならば、それは、活動であり、そしておのれをおのれ自身から区別することである、と解される。したがって悪は、善と同様に意志のうちにその根源をもつのであって、意志はそれの概念において、善であるとともに悪でもある。

自然的意志はそれ自身において矛盾である。すなわち、おのれをおのれ自身と区別するという矛盾、対自的かつ内面的であるという矛盾である。

ところで、もしひとが、悪にはもっとくわしい規定がふくまれている、すなわち人間は自然的意志であるかぎりにおいて悪なのである、と言うとしたら、これはふつうの表象に対立していることになろう。ふつうの表象はまさに自然的意志こそ罪がなくて善い意志であると思うからである。だが自然的意志は自由の内容に対立するのであって、そのためにこそ、自然的意志をもつ子供や無教育の人間は、より少ない程度の責任能力のもとにおかれているのである。ひとが人間のことを論じるときは、子供ではなくて自己意識的、自覚的な人間のことを言っているのであり、善について論じるときは、善の知のことを言っているのである。

ところでもちろん自然的なものはそれ自身においては無邪気であって、善でもなければ悪でもない。だが自由としての、また自由の知としての意志に関係させられた自然的なものは、自由でないものの規定をふくんでおり、したがって悪である。人間が自然的なものを意志するかぎり、これはもはやたんに自然的なものではなくて、意志の概念としての善にたいする否定的なものである。

だが他方、もしひとが、悪は概念のうちに含まれていて必然的なのであるから、人間はたとい悪をえらんだとしても責任なしだろう、と言いたがるとしたら、これにはつぎのように言い返さねばならない。すなわち、人間の決断は自分のすることであり、彼の自由と彼の責任とのすることである、と。

宗教的な神話においては、人間は善悪の認識をもつことによって神に似ると言われるのであって、たしかに、ここでは必然性はなんら自然必然性ではなく、決断はまさに善と悪というこの二重にされたものを揚棄することである以上、神に似ている点が存在している。善も悪も私に対立しているのだから、私はどちらでもえらべるし、どちらにでも決心でき、どちらをでも私の主観性のなかに受けいれることができる。つまり、人間は悪を欲しうる、しかし必然的に悪を欲せずにいられないのではない、というのが悪の本性なのである。

（1）三三ページ注（14）にそのごく一部を訳出した『小論理学』§二四補遺三参照。なお本節全体について本書§一一～一五、§一三二注解参照。

（2）［　］のなかはラッソンによる補正。

（3）『旧約聖書』「創世記」第三章第四～五節、「蛇、おんなに言いけるは、汝ら必ず死ぬることあらじ、神、汝らがこれを食らう日には汝らの目ひらけ、汝ら神のごとくなりて善悪を知るにいたるを、知りたまうなりと」

§一四〇

自己意識はそれの目的につけて一つの肯定的な面〔§一三五〕を持ち出すすべをこころえてい

る。自己意識の目的は具体的現実的な行為の企図に属しているから必然的にそうしたある肯定的な面をもっているのである。——そこで、自己意識はそのような肯定的な面のために、つまり一つの義務およびすぐれた意図としてのこうした面のために、行為を他の人たちおよび自己自身にとって善であると主張することができる。同時に、しかし、自己意識はおのれのなかへ折れ返ったもの、したがって意志の普遍的なものを、意識しているのであるから、行為の否定的な本質的内容が自己意識のなかで意志のその普遍的なものと対比されているのである。したがって、そのような行為を他の人たちにとって善であると主張するのはいつわりないし偽善であり、——そのような行為を自己自身にとって善であると主張するのは、おのれを絶対者として主張する主観性のなおもっと高い尖端《せんたん》である。

悪のこの最後の最も難解な形式によって、悪が善に、善が悪に転倒され、意識はおのれをこのような力であると知り、そのためにおのれを絶対的であると知る。——これは、道徳の立場における主観性の最高の尖端である。それは、悪がわれわれの時代に、しかも哲学によって、すなわち、思想の浅薄さというやつ[1]によって達した形式である。この浅薄さというやつは、一つの深い概念をずらせてこうした形態にしてしまったのであって、それは悪に善の名をいつわらせるのとまったく同様に、哲学の名を勝手に称しているのである。

私はこの注解で、こうした主観性の、すでに流行となっているおもな諸形態をかんたんに述べてみたい。

〔a〕いつわりないし偽善にかんしていえば、それにはつぎの諸契機がふくまれている。〔α〕真実の普遍的なものの知――権利と義務についてのただ感情だけという形式における知であろうと、権利と義務についてのもっとすすんだ知識と認識という形式における知であろうと。〔β〕この普遍的なものにさからう特殊的なものを欲する意欲。しかも、〔γ〕右の両契機を対比する知としての意欲。――したがって、意欲する意識自身にとって、その特殊的な意欲は悪として規定されている。これらの規定は、やましいこころをもって行なうことをあらわす。それらはまだ、いつわり、ないしは偽善そのものをあらわすものではない。

はたして、ある行為はただそれがやましいこころをもって、すなわち、いましがた述べた諸契機についての展開された意識をもって行なわれたかぎりにおいてのみ悪であるのかどうかということは、ある時代に、はなはだ重要となったことのある問題である。――パスカルはこの問いを肯定することからの結論をひじょうにうまくひき出している〔『プロヴァンシアル。第四の手紙②』〕。

「徳にたいしていくらかの愛をもっているような半罪人たちはみんな地獄におとされるでしょう。ところが、あのあけすけの罪人たち、こり固まった罪人たち、まじりけなく充実した申し分ない罪人たちときたら、地獄も手に負えないのです。彼らは悪魔に身をゆだねることによって悪魔をだましたのです」[1] ——

自己意識の主観的な権利、すなわち、自己意識は行為が即自かつ対自的に善あるいは悪であるような規定のもとで行為を知っているという主観的な権利は、この規定の客観性の絶対的な権利と衝突するものと考えられてはならない。したがって、この両者は切り離されうるほどおたがいにどうでもよくて偶然的なのだと表象されてはならない。——そのような両者の関係は、とりわけ、有効な恩寵[3]にかんする、むかしのもろもろの問いにさいしても根底におかれたのだが。

悪とはまさに、個人がまったく自分をもっぱら自分のために定立する主観性にほかならない以上、悪は形式的な面からいえば個人の最も自分固有のものであり、したがってまったく個人の責任である〔§一三九と注解を見よ〕。しかも人間は客観的な面からいえば、人間の概念からいって精神として有り、理性的なもの一般として有るのであって、それみずからを知る普遍性という規定を人間はもんくなしに自分のうちにもっている。

それゆえ、もし善の面が人間から切り離され、それとともに、彼の悪い行為が悪いという規定も彼から切り離されて、それが悪いものとして彼の責めに帰されないというようなことになるとすれば、このことは、彼を人間の概念の名誉にふさわしくは取り扱わないことなのである。

上述の区別された諸契機についての意識がどのように規定されて、すなわち、どの程度の明瞭さあるいは不明瞭さにおいて、一つの認識にまで発展しているか、そして、ある悪い行為が多かれ少なかれどこまで文字どおりのやましいこころをもって行なわれたものか、――このことは、もっとどうでもよい面であり、むしろ経験的なものにかんする面である。

〔b〕だが悪は、そしてやましいこころをもって行為することは、まだいつわりないし偽善ではない。いつわりのばあいには、悪をまず第一に他の人たちにとっては善であると主張し、自分は総じて外面的には善で、良心的で、敬虔《けいけん》である等々のふりをする――こうしてそれはただ他の人たちにたいするだましの芸でしかない――という、不真実の形式的規定がつけ加わる。

悪人は、しかし、さらに、彼の他のばあいの善行とか敬虔とかのうちに、総じてもろもろのりっぱな理由のうちに、おのれ自身にとって悪のための正当化を見いだすことができる。なぜなら、彼はそれらの理由によって悪を自分にとっては善に転倒するからである。こうした可能性は主観性のうちにふくまれている。というのは、この主観性は抽象的な否定性だから、いっさいの諸規定がおのれに従属しており、おのれから出て来るのを知るからである。このような悪の善への転倒には、

〔c〕まず第一に、蓋然説として知られているような形態が数え入れられねばならない。[④]それが原理とするのは、ある行為にとって意識がなんらかのりっぱな理由をさがし出すすべを知っているならば、たといその理由がただある神学者の権威でしかなかろうと、また、たとい他の

神学者たちはこの一神学者の判断とはなおはなはだ違っているのがわかっていようと、その行為はゆるされているのであって、そのことにかんして良心は安心していることができるという原理である。

こうした考えにあってさえ、なおつぎのような正しい意識は存在している。すなわち、そのような理由や権威はただ蓋然性しか与えないという意識である。もっとも、良心の安心のためにはこれで十分だというのであるが。そこでは、りっぱな理由とは、それとならんで他のもろもろの、すくなくとも同じようにりっぱな理由の存在しうるような性質のものでしかないということが、みとめられている。また、規定するものはなんらかの理由であるべきだという、この客観性のあとかたも、このばあいまだ認めることができる。

だがこの考えでは善悪の決定は、上述のもろもろの権威もふくまれている多くのりっぱな理由にもとづいており、ところがこれらのりっぱな理由というのはひじょうに多くて、おまけに対立し合っている以上、この考えのなかにはまた同時に、ことがらのこの客観性（理由）ではなくて主観性こそが決定をしなくてはならないのだということがふくまれている。――この面によって、善悪にかんしては好き勝手な恣意が決定をするものにされ、倫理も宗教も底を掘りくずされてしまうのである。

だが、決定は自分の主観性に属するのだという、このことは、まだ原理として言いあらわされてはおらず、かえってむしろ上述のように、なんらかの理由（客観性）が決定をするものと称される。そのかぎりでは蓋然《がいぜん》説はまだいつわりの一形態である。

〔d〕つぎのもっと高い段階は、善い意志とはそれが善を欲するということにこそ存するとされる段階である。行為が善いといわれるためには、このように抽象的善を欲することで足りる、いや、この意欲だけがそのための唯一の必要事だというのである。[5]

行為は規定された意欲として、ある内容をもっているが、抽象的な善はなにひとつをも規定しないのである以上、これにその規定と充実を与えることは、特殊な主観性に留保されている。さきの蓋然説のばあいには、自分自身が学のある「神父さま」でない者にとっては、そうした神学者の権威にもとづいてこそ、善という普遍的な規定のもとへ一定の内容を包摂《ほうせつ》することがなされうる。ところが、ここではそれぞれの主観が直接にこの（神学者のような）高位につかせられているのであって、それぞれの主観が抽象的な善のなかへ内容を置き入れることになる――あるいはこういっても同じことだが、ある内容を普遍的なもののもとへ包摂することになる。

そうした内容は、総じて具体的なものとしての行為における一つの面であって、行為は数々の面をもっており、それらはもしかしたら行為に、一つの犯罪的な悪い行為という賓辞をさえ与えかねない面である。ところが右に述べた、私の主観的な善規定は、行為における、私によって知られた善、善い意図〔§一一四〕⑥である。こういうわけで、諸規定の一つからいえば行為は善であるが、別の諸規定からいえば行為は犯罪的であるという、諸規定の対立が生じる。したがってまた、現実的な行為にあたって、はたしていったい、意図は現実的に善であるのかという問いも生じるように思われる。だが、善が現実的な意図であるという、このことは、いったい、ただ総じてそういうことがありうるというばかりではなく、主体が抽象的な善を規定根拠にしている立場においては、いつもそういうことでありうるのでなければならない。

したがって上述の、善い意図の行為ではあるが別の面からは犯罪的で悪い行為と規定されるような行為によって、そこなわれるところのものもまた、もちろん善いものである。そこで問題は、これらの諸側面のうちのどれが最も本質的な面であるかであるように思われよう。だが、こうした客観的な問いは、ここでは場ちがいになる。あるいはむしろ、ここでは意識の主観性そのものこそ、ひとりそれの決断のみが客観的なものをなしている当のものなのである。

そうでなくとも本質的と善いとはもともと同じ意義なのであって、前者も後者も同じように一つの抽象である。善いとは、意志にかんして本質的であるところのもののことであり、意志にかんして本質的なものとはまさに、ある行為が私にとって善いと規定されているというそのことであるはずである。

だが、任意のあらゆる内容を善のもとへ包摂することはそれ自身、直接につぎのことから生じるのである。すなわち、この抽象的な善はまったくどんな内容ももっていないので、どのつまり、それはまったく、およそなにか積極的肯定的なものを意味するだけのことになるということ。つまり、善とは、なんらかの点で価値があり、またそれの直接的な規定からいって一つの本質的な目的とも見なされうるようなあるもの、たとえば貧しいひとたちに親切をするとか、自分のため、自分の生活のため、自分の家族のために配慮するとか等々を意味するだけのことになるということから、その結果として、任意のあらゆる内容が善のもとに包摂されることになるのである。

さらに、善が抽象的なものであるように、悪もまた無内容なものであって、それは私の主観性からその規定を与えられる。そしてこの面からこそ、不特定の悪を憎んで根絶するという道徳的目的もまた生じるのである。

ぬすみ、卑怯、殺人、等々は、行為として、すなわち総じて一つの主観的な意志によって遂行されたものとして、そうした意志の充足であるという規定、したがって一つの肯定的なものであるという規定を直接もっている。そこで、そうした行為を善い行為とするためには、ただこの肯定的な面を行為にさいしての私の意図として知っていることだけが肝腎である。しかもこの肯定的な面は、私がそれを私の意図のなかで善として知っているからという理由で、行為が善であるという規定にとって本質的な面なのである。

貧しいひとたちに親切をほどこすためのぬすみ。自分の生活のため、自分の〔おそらくはまたおまけに貧しい〕家族のため配慮するという義務ゆえの、ぬすみとか戦いからの脱走。また憎しみと復讐からの殺人。すなわち、自分は正しいという、総じて正しさの自己感情と、相手は悪いという感情とを満足させるための殺人。相手は自分にたいし、ないしは他のひとたちにたいし、世間ないしは総じて人民にたいして不正であるという感情を満足させるために、おのれのうちに悪そのものをもっているこの悪い人間を抹殺し、これでもって悪の根絶という目的にすくなくとも一つの寄与がなされるとするような殺人。それらは、こうして、それらのもつ内容の肯定的な面のために、善い意図にされ、したがって善い行為にされているのである。[7]

あの学識ある神学者たちのように、どんな行為にたいしても一つの肯定的な面を、したがって一つのりっぱな理由と意図を見つけ出すためには、きわめてわずかばかりの悟性の教養で足りるのである。

そこで、ほんらいどんな悪人も存在しないといわれた。というのは、彼は悪を悪ゆえに、つまりまったく否定的なものそのもののために欲するのではなく、いつもなにか肯定的なもののために欲するのであり、したがってこの立場からいえば一つの善を欲するのだからである。

こうした抽象的な善においては、善と悪の区別、したがってまたいっさいの現実的な義務は、消失している。それゆえに、たんに善を欲すること、そして行為にさいして一つの善い意図をもつことは、むしろ、善がただこの抽象のかたちでしか欲せられないかぎり、したがって善の規定が主観の恣意に留保されるかぎりにおいて、かえってこれは悪なのである。

目的は手段を神聖にするという評判のわるい命題もまたこのところに属する。――まず第一にこの文句はそれだけとしては陳腐で無意味である。だから、まったく同様に無規定的にこう言いかえすこともできる――神聖な目的はたしかに手段を神聖化するが、神聖ならざる目的は手段を神聖化しはしない、と。

目的が正しいならば、手段もまた正しい⑧というのは、その手段なるものがまさに、それだけとしてはなにものでもなくて、ある他のもののためにあり、このもののうちに、つまり目的のうちに、おのれの規定と価値をもつところのものであるかぎり、――つまりそれが真に一つの手段であるばあいには、――類語反復的《タウトローギッシュ》な表現である。

だが、右の命題で思われているのはたんに形式的な意味ばかりではなくて、あるもっと規定されたものがこの命題のもとに解されている。すなわち、ある善い目的のために、それだけとしてはけっして手段ではない或るものを用いること、それ自身としては神聖な或るものをそこなうこと、つまりなにか犯罪をある善い目的のために手段にすることが、ゆるされている、いや、おそらくはまた義務であるというのである。

この命題で念頭に浮かんでいるのは一方、法的ないし倫理的な別々の諸規定における前述の肯定的なものの弁証法についての無規定な意識である。すなわち、なんじ殺すべからずとか、なんじのしあわせ、なんじの家族のしあわせのために配慮すべしとかいうような、同様に無規定な普遍的命題の弁証法についての無規定な意識である。司直、軍人たちには、人間を殺す権利ばかりでなく義務がある。そのばあいは、しかし、どういう性質の人間のゆえに、またどういう事情のもとに、このことがゆるされており、かつ義務であるかが、厳密に規定されている。だから私の福祉、私の家族の福祉でも、もっと高いもろもろの目的の下位に置かれ、したがって手段にまでおとしめられなくてはならない。

他方しかし、犯罪といわれるものは、まだなんらかの弁証法をいれる余地のあるような、無規定のままにしておかれた普遍性ではなくて、もうその規定された客観的な限界づけをもっている。ところでそのような規定にたいして、犯罪からその本性を取り去るものとされるような目的のかたちで対置されるもの、つまり神聖な目的とはほかでもなく、なにが善いか、また、より善いかについての、主観的な意見なのである。そこに起こるのは同じこと、すなわち、意欲が抽象的善のところに立ちどまるということである。つまり、善と悪、正と不正の、即自かつ対自的に有りかつ妥当する規定されたあり方が、いっさい廃されて、個人の感情や表象や好みに帰せられるということなのである。

最後に、主観的な意見がはっきりと正ないし権利と義務との規準であると述べられる。なぜ

なら、

〔e〕あるものを正しいと考える信念こそは、それによって行為の倫理的本性が規定される当のものであるとされるからである。ひとが意欲する善はまだどんな内容をももっていない。ところが信念の原理は、行為を善の規定のもとへ包摂するのは主観のすることであるという、このもっとすすんだ中味《なかみ》をもっている。これによって倫理的な客観性の外見すらもすっかり消失している。

そのような教説は、これまでしばしば言及した自称哲学と直接つながるものである。この自称哲学は、真なるものが認識されうること[9]を否認する。[10]——だが、もろもろの倫理的な命令とは、意志する精神がおのれを実現するかぎりでのこの精神の真なるもの、この精神の理性的なあり方なのである。

そうした自称哲学の営みは、真なるものの認識とは見かけだけのものでしかない認識圏を飛び越える空虚なうぬぼれであると称する以上、それは直接また行為にかんしても見かけのものを原理にせざるをえず、したがって倫理的なものは個人の独自な世間観と特殊な信念にありと[11]せざるをえないのである。

そういうように哲学のおちいっている堕落は、もちろんさしあたって世間の眼には、ただ、ひまなアカデミーのくだらぬおしゃべりに起こっただけの、きわめてどうでもよい事件と見える。だが、そうした哲学的見解は必然的に倫理的な物の見方にまで形成されて哲学の本質的な一部分をなすのであって、そうしてはじめて現実において、かつ現実にとって、それらの見解における正体をなすものが現われるのである。

主観的な信念こそ、それによってのみ行為の倫理的本性が規定される当のものである、という見方がひろまることによって生じた事態は、たしかに以前はたびたびいつわりないし偽善の問題が論ぜられたけれども今日ではもう論ぜられないという事態である。なぜなら、悪を偽善、ないしは、いつわりと呼ぶことがその根底にもっている前提はつぎのことだからである。すなわち、(一) ある種のもろもろの行為は即自かつ対自的に非行、悪徳、犯罪であるということ、(二) そしてそれらをおかす者は、彼が敬虔と正直の諸原則と、もろもろの敬虔で正直な外的行為とを、まさに外見のために悪用するという、その外見のうえではそれらを知っていて承認するかぎりでは必然的に右のもろもろの行為を非行、悪徳、犯罪であると知っているということ。いいかえれば、およそ悪にかんしては、善を認識し、かつこれを悪と区別するすべをこころえているということ。これが前提とされていたのである。

いずれにしても、しかし、人間はどんな悪徳的で犯罪的な行為をも行なわないことという要求、――そしてこれらの行為は、彼が人間であって畜生ではないかぎり、そうした行為として彼の責めに帰されねばならないことという絶対的要求が、行なわれていたのである。

ところが、もし善い心、善い意図、主観的な信念こそは、もろもろの行為にその価値を与えるのだと宣言されるなら、もはやどんないつわり、ないしは偽善も存在せず、およそどんな悪も存在しない。というのは、そのばあいには自分の行なうことを、いろいろの善い意図や動機の反省によって、なにか善いものにしてしまうすべをこころえているからであり、自分の行なうことは自分の信念という契機によって善いものなのだからである。[2]

こうなるともはや即自かつ対自的に犯罪や悪徳である行為は存在しないのであって、さきに〔一二六ページ以下（本書三六九ページ）〕引用した、あけすけで自由な、こり固まった、まじりけのない罪人のかわりに、意図と信念による完璧《かんぺき》な正当化の意識が登場したわけである。

私の行為にさいして私がもつ善の意図と、それが善いということについての私の信念、これが私の行為を善たらしめるという。行為の判定と裁きが問題になるかぎり、この原理によれば、ただ行為者の意図と信念、彼の信仰の面でだけ、彼は裁かれるべきなのである。――しかもそれは、キリストが客観的真理への信仰を要求し、したがって、悪い信仰、すなわち内容からいって悪い信念を有する者にたいしては判定も悪いことになる、つまりこの悪い内容にふさわしいことになる、といったような意味での信仰ではない。そうではなくて、右の原理によれば、人間が行為にさいしてどこまでも自分の信念に忠実であったかどうかという、信念に忠実という意味、それのみが義務にかなったものをふくんでいるとされる形式的な主観的忠実という意味での、信仰の面で裁かれるべきだというのである。

この、信念の原理にあっては、信念は同時に一つの主観的なものと規定されているのであるから、なるほどまたある誤りの可能性にたいする考えも押しよせてこずにはいない。したがってその点では、ある即自かつ対自的に存在している法則が前提とされてはいる。だが、法則は行為しない。行為するのは現実的な人間だけである。そして人間のもろもろの行為の価値というばあいに、右の原理によれば肝腎なのはただ、彼がどこまで右の法則を自分の信念のなかへ受け入れたかという点である。

だが、もしそういうわけで、この法則にしたがって評価判定されるべきもの、つまり総じてこの法則にしたがって測られるべきものが、行為ではないとするなら、なんのためにこの法則がまだ存在し、かつ役立つというのか、わけがわからない。そのような法則は、一個のただ外的でしかない文字、じっさい、一つのからっぽな言葉にまで、ひきさげられてしまう。なにしろ、それは私の信念によってはじめて一つの法則たらしめられ、私を義務づけ拘束するものにされるのだからである。

即自かつ対自的に存在している法則は、神の権威、国家の権威を味方としている。また、この法則こそが絆《きずな》となって、人間たちおよびそのすべての行為と運命がそのなかでしめくくられて存立していた幾千年という権威、つまり無数の個人たちの信念をふくむもろもろの権威を、この法則はもっている。――しかも私がそれにたいして自分一個の信念を対置し、私の主観的な信念として、それの妥当性だけが権威であるという。このような、最初はとてつもなく大きく見えるうぬぼれも、主観的信念を規準にするというその原理そのものによってかたづけられているのである[12]。

　ところで、この信念の原理のばあいでも、浅薄な学と劣悪な詭弁《きべん》によっては放逐されるわけがない理性と良心が持ち込むところの、いっそう高度な不整合によって、なるほど、あるあやまりの可能性はあるとみとめられる。けれども、犯罪も悪も総じて一つのあやまりであるというのだから、まちがいはその最も軽いものに還元されているわけである。けだし、あやまちは人の常だからである。だれがいったい、あれやこれやについて、自分は昨日の昼めしにキャベツや菜っ葉を食べたかどうかとか、無数の、大事でないことや大事なことについて、思いあやまらなかっただろうか。

　けれども、もし肝腎なことはもっぱらただ信念の主観性とそれを守りぬく固さにあるとすれば、大事なことと大事でないこととの区別はなくなってしまう。

　だが、あやまりの可能性をもっている右のいっそう高度な不整合は、ことがらの本性から来るのに、それは、悪い信念とは一つのあやまりにすぎないという言い方のなかで事実上ただ不誠実という別の不整合に転化するだけである。一方では、信念こそ、倫理的なものと人間の最高の価値とがそのうえにうち立てられているものであるとされ、したがって信念は最高かつ神聖なものと称される。しかも他方では、問題なのはあやまちにほかならず、私の信念の固いことは些々《ささ》たる偶然的なものであり、本来なにか外面的なものであり、私の身になにやかやで起こることのありうるものであるとされる。

じじつ、私の信念の固いことは、もし私がなにひとつ真なるものを認識できないとすれば、なにかきわめて些々たるものである。そして、私がどのように考えるかはどうでもよいのであって、私にとって考えることとしてのこっているものは、あの空虚な善、つまり悟性の抽象物である。

そのうえ、なおつぎのことを言っておくと明らかになる点だが、信念という根拠にもとづく正当化のこうした原理にしたがうなら、私の行動に反対する他のひとたちの行為の仕方にとって生じる結論は、彼らは彼らの信仰と信念にしたがって私のもろもろの行為を犯罪と考えるのである以上、彼らのそういう行為の仕方はまったく当然なのだということになるのである。

この結論は、そうだとすると私のほうがすこしもすぐれているわけではないばかりでなく、反対に私はただ自由と名誉の立場から不自由と不名誉の関係へおとしいれられるだけである。つまり、即自的にはまた私のものでもあるところの正義公正のなかで、私はただ他人の主観的信念を知らされるだけであって、その正義が実行されると自分はただある外的な強力によって取り扱われているとしか思えないことになるのである。

［f］さいごに、この主観性が完全に自分を把握して言い表わす最高の形式は、プラトンから借りたイロニー、つまり反語とか皮肉の名で呼ばれている形態である。――じっさいただ名前だけがプラトンから取られているのであって、プラトンはこれをソクラテスのあるやり方について用いた[13]。このやり方は、ソクラテスが真理と正義のイデアないし理念のために、教養のない意識やソフィスト的な意識の思い込みとうぬぼれに反対して、相手とじかに話し合うさいに用いたのであるが、しかしイデアないし理念そのものをではなくて、ただ右のような意識をイロニー的に取り扱ったわけである。

イロニーはただ相手の人たちに反対する談話の態度にだけかかわる。人に向けることなしにでも思想の本質的運動は弁証法であるが[14]、プラトンはとうてい、弁証法的なものそれ自身だけを、あるいはイロニーをさえも、究極的のものであるともイデアそのものであるとも考えたりはしなかった。反対に彼は、思想の、いわんや主観的意見の、あっちへ行ったりこっちへ来たりを、イデアの実体性のなかへ沈め入れて、けりをつけた[3]。――

ここでもっと考察しなくてはならないところの、主観性が自分を究極のものととらえるこの絶頂とは、つぎのようなことでしかありえない。すなわち、主観性が真理と権利と義務にかんして決定し決心するはたらきは前述の諸形式のなかにもう即自的には存在しているが、主観性がそのうえにまだ自分をこのように真理と権利と義務にかんして決定し決心するはたらきであると知ること、これこそ、主観性のこの頂点にほかならない。

つまりそれはつぎのことに存する。すなわち、（一）主観性は倫理的に客観的なものをたしかに知ってはいるけれども、（二）自分自身を忘れかつ放棄してこの倫理的に客観的なものの重大さに没頭するのではなく、かつそこから行為するのではなくて、（三）この倫理的に客観的なものに関係しながらも同時にこれを自分から離しておき、（四）そして自分を、しかじかに意欲しかつ決定する主体、しかもまったく同様に別なようにも意欲し決定しうる主体である、と知るということである。

（この主観性は、あからさまにいえばつぎのように主張するであろう）

諸君はじっさいにかつ正直に、法則というものを即自かつ対自的に存在するものと考える。私もまたそのなかまなのである。しかし私はまた諸君よりもっとすすんでもいる。私は法則を越えてもおり、それを何とかすることができる。ことがらがすぐれたものなのではなくて、私がすぐれたものなのである。私は法則とことがらにたいする主人であり、主人はそれらを自分の好みとしてただもてあそぶだけである。私が最も高いものを没落させるこうしたイロニー的意識のなかで、私はただ自分を楽しむだけである、と。

この形態の主観性は、もろもろの権利、義務、法則のもついっさいの倫理的な内容の空虚さ、

――つまり悪、しかもそれ自身のうちでまったく普遍的な悪であるばかりではない。この形態の主観性はまた、自分自身をいっさいの内容のこうした空虚さとして知り、この知のなかで自分を絶対的なものと知るという形式、つまり主観的空虚さをもつけ加えるのである。

こうした絶対的な得意さが、自分自身の孤独な礼拝にとどまらないで、なにか共同体（教団）といったものをつくることもありうる。そしてこの共同体の絆と実体はといえば、まあおたがいに良心的であり善い意図であるのを保証し合うことであり、この相互的な潔白をよろこぶことである。また、とりわけ、このように自分を知りかつ表明することのすばらしさと、このように愛護することのすばらしさとで元気づけることである。だがそのような共同体をつくることがどこまでできるか。――これについては私の『精神現象学』の六〇五（四六〇）[15]ページ以下で論じておいた。

また、美しいたましい[16]と呼ばれてきたものがある。それはいっそう高貴な主観性であって、この主観性はいっさいの客観性の空虚さのうちに、したがっておのれ自身の非現実性のうちに消えてゆくのである。

このほかさらに、主観性のもろもろの形態がある。それらの形態がどこまで、ここで考察した段階に近しい言い現わし方であるかということも、私は『精神現象学』の同所で論じておいた。同書の「C」良心の節ぜんぶを参照していただきたい。同書ではより高い段階が別なふうに規定されているが、総じてこのもっと高い段階への移行にかんしてもとくに参照していただきたい。

追加

〔道徳の詭弁〕 表象はもっとさきへゆくことができるのであって、悪い意志を自分には善の外見に変えてしまうことができる。表象はたとい悪をその本性上は変えることができないとしても、それが善であるかのような外見を悪に付与することはできる。というのは、どんな行為にもなにか肯定的なものがあるからであって、悪にたいする善の規定もとどのつまりはまた肯定的なものに帰着する以上、私は行為を自分の意図にかんしては善い行為と主張することができる。したがって、たんに意識のなかでばかりではなく、肯定的な面からもまた悪は善と結合しているのである。

もし自己意識が行為をただ他の人たちにとってだけ善と称するなら、この形式はいつわりないし偽善である。だが、もし自己意識が行為を自分自身にとって善と主張するなら、これは、自分を絶対的なものと知る主観性のなおいっそう高い絶頂である。このような主観性にとっては、善と悪は即自かつ対自的には消滅している。この主観性は何でも自分の欲するもの、できるものを善だと称しうる。これが絶対的な詭弁の立場であって、それはあつかましくも立法者となり、善悪の区別をおのれの恣意に関連させるのである。

いつわり、ないしは偽善にかんしていうならば、たとえば宗教的な偽善者〔タ、ル、テ、ュ、フ[17]の徒〕がとりわけこれに属する。この連中はあらゆる儀式に従い、また自分でも信心深いつもりかもしれないが、他の面ではしかし何でもやりたいことはみんなやる連中である。

こんにちではもはや偽善者のことはほとんど語られないが、その理由は一方、この非難がなにかあまりにきつすぎるように見えるからであり、他方また、偽善はその直接的なすがたでは多かれ少なかれ消滅しているからである。こういうまったくの嘘っぱち、善のおおいをかぶることは、いまではあまりに見えすいたものになってしまって、見ぬかれないはずはない。そして、一方では善を行ない、他方では悪をなすという分離は、増大する教養がもろもろの対立的規定をぐらつきやすいものにしてからは、もはやそんなには存在していないのである。

これに反して、いつわりが今や帯びるにいたった、もっと精巧なすがたが、蓋、然、説の形態である。これは、ある違反行為をしてもそれを自分の良心にとってなにか善いこととして表象されるようにしようとする、ということをふくんでいる。それは、道徳的で善なるものがなんらかの権威によって規定されており、したがって悪を善と主張する数々の理由と同じほど数々の権威が存在する場合にだけ、生じうる。決疑法派《カズイステイク》[18]の神学者たち、ことにイエズス会士たちは、そのような良心上の疑問解決例を編集し、それを無限に増大させた。

ところで、これらの問題例解はきわめて細かな小理屈にまでもっていかれる以上、多くの衝突が生じるのであって、善と悪の諸対立ははなはだぐらついたものとなり、したがって個別のことにかんしてはひっくり返るものだという正体を示すのである。この決疑法においては、ひとが要求するところのものはただ蓋然的なものでしかない。すなわち、なんらかの根拠、いいかえればなんらかの権威でもって証明されうるような、近似的な善でしかない。したがってこの立場のもつ独特の規定は、それがたんにある抽象的なものしかふくんでおらず、具体的内容はなにか非本質的なものとして立てられ、むしろ依然としてたんなる意見にゆだねられたままだという点である。そういうわけだから、だれかがある犯罪をおかして、しかも善を欲したばあいがありうる。たとえば、もしある悪いやつが殺されると、この殺人は悪に抵抗し、悪を減らそうと欲したのであるということが、肯定的な面であると称されうる。

つぎに、蓋然説からもっとすすんだものとなると、肝腎のことはもはや権威とか、ある他人の主張ではなくて、主観自身、すなわち自分の信念であり、これによってのみなにかが善となりうるというのである。この立場の欠陥は、事はたんに信念だけに帰するとされる点であり、したがって、即自かつ対自的に有る正——それにとって右の信念はただ形式にほかならないような——というものはもはや存在しないということである。

たしかに、私があることを習慣と風習から行なうか、それとも、そのことの真理を確信して行なうかは、どうでもよいことではない。だが、客観的な真理は私の信念とはまたちがってもいる。というのは、私の信念のほうは善悪の区別をぜんぜんもっていない――信念はいつも信念だ――のであって、悪いというのはただ私がそれについて信念をいだいていないもののことらしいからである。

ところで、この立場は一つの最高の立場、善悪を消し去るほどの立場でありながら、同時に、この最高のものもまた誤りうる危険にさらされているということが認容されるのであって、そのかぎり、この最高の立場はその高みからくだってもとどおり偶然的となり、どんな尊敬にも値しないように見える。この形式はじっさい、イロニーである。すなわち、そのような信念の原理などは大したものではないという意識であり、信念というこの最高の規準のかたちで恣意が支配しているにすぎないという意識である。

この立場はほんらい、フィヒテ哲学から生じたものである。フィヒテ哲学は、自我が絶対的なもの、すなわち絶対的な確実性、普遍的な自我性であり、これがそのもっとさきの展開によって客観性にまですすんでゆくのであると言明する。

フィヒテについてはほんらい、彼は実践的なものにおいて主観の恣意を原理にしてしまったとは言えない。しかし、のちにフリードリッヒ・フォン・シュレーゲルによって、特殊な自我性の意味において、この特殊的なもの自身が善と美にかんして神として立てられてしまった。したがって客観的に善なるものとは私の信念の形成物でしかなく、ただ私によってのみ一つの支えを与えられるといわれ、主人であり支配者である私がそれを出現させたり消滅させたりしうることになる。

私はなにか客観的なものにたいしてふるまいながら、同時にその客観的なものは私にとっては没落しているのであって、私はもろもろの形態を呼び出したり破壊したりしながら、一つのとてつもなく巨大な空間のうえに浮かんでいるのである。

このような、主観性の最高の立場が生じうるのは、信仰のまじめさがほろびてしまって、〔意識が〕[19] わずかにただいっさいの事物の空虚さのうちにおのれの本質を有しているような、ある高い教養の時代においてのみである。

〔1〕パスカルは同じ手紙でまた、十字架につけられたキリストがその敵どものために行なったとりなしをも引用している。「父よ、彼らを赦《ゆる》したまえ。その為す所を知らざればなり」(『新約聖書』「ルカ伝」第二章第三四節)、——これは、もし彼らがしたことを知らなかったという事情が、彼らの行為に、悪でないという性質、したがってゆるしを必要としないという性質を与えていたのであったとすれば、よけいな乞いである、とパスカルは言う。なおパスカルはアリストテレスの見解を引用〔この箇所は『ニコマコス倫理学』第三巻第二章にある〕している。アリストテレスは、行為者が「無意識」〔οὐκ εἰδώς〕であるか、それとも「無識」〔ἀγνοῶν〕であるかを区別する。無知のうち、前のほうのばあいには彼は非自由意志的に行為するのであって〔この意味の無知は外的な事情に関係する——上述§一一七を見よ〕、その行為は彼に責めを帰されはしない。だが後のほうのばあいにかんしてはアリス

トテレスはこう言っている、「すべての悪しきひとは、何を為すべきであり何を為すべきでないかを識《し》らないひとなのであって、このような過ち〔ἁμαρτία〕のゆえに、人びとは不正なひととなったり、総じて悪しきひととなるのである。善悪の選択の無識は、ある行為を非自由意志的な〔責めが帰されるわけにはいかない〕ものであるということにさせるのではなくて、ただ、悪いものであるということにさせるだけである」。アリストテレスは認識することと意欲することとの連関について、もちろん、うすっぺらな哲学において流行となっているよりもっと深い洞察をもっていたのである。このうすっぺらな哲学の説くところでは、認識しないこと、心情と感激こそ、倫理的行為の真実の原理であるという。

〔2〕「彼が自分の信念を完璧だと感じていること、この点は私はすこしもうたがいません。ですが、そういう感じの信念からとてもひどい冒瀆をやりはじめる人間がなんと多いのではないでしょうか。ですから、もしこうした根拠がいつのばあいでもゆるすことができるのだとすれば、もはやもろもろの決心が善いか悪いか、尊敬に値するものか嫌疑をかけられるものかにかんして、どんな理性的判断も存在しません。そうなれば妄念が理性と同じ権利をもち、あるいは、理性がおよそどんな権利も、どんな有効な威信ももたず、理性の声は無意味なものとなります。うたがいさえしなければ、その人は真理のなかにいるのです。

　そのような寛容はただもっぱら非理性のためのものともいえるでしょうが、私はそこから来るいろいろの結果を考えて見るとぞっとします」フリードリッヒ・ハインリッヒ・ヤコービ〈序文の注(16)参照〉が一八〇〇年八月五日、オイティンにて、（フリードリッヒ・レオポルト・）シュトルベルク伯（一七五〇〜一八一九。クロップシュトック崇拝の「ゲッティンゲン詩社」に属したドイツの詩人）

の宗教改変（一八〇〇年カトリックに改宗）にかんしてホルマー伯爵あてに書いた手紙〔ベルリン刊、ブレヌス誌、一八〇二年八月号〕。

〔3〕故人となった私の同僚（カール・ヴィルヘルム・フェルディナント・）ゾルガー教授（一七八〇～一八一九。ドイツ・ロマン主義の美学者）は、なるほど、フリードリッヒ・フォン・シュレーゲル（一七七二～一八二九。初期ロマン派の理論的指導者）氏によってその著作経歴の比較的はやい時期に持ち出されて、ついには、あの、自己自身を最高のものと知る主観性にまで高められたところの、イロニーという言葉を取り入れはした。けれども、そのような規定からは遠く隔たったゾルガー教授のもっとすぐれたセンスと、彼の哲学的な洞察は、イロニーという言葉のうちに、とりわけ、ほんらいの弁証法的なものの側面、思弁的考察を動かす脈搏《みゃくはく》の側面をとらえ、これをしっかりとつかんだのである。

だが、それがまったく明らかだとは私は思うわけにはいかない。また彼がなおその最後の内容豊富な労作たる、アウグスト・ヴィルヘルム・フォン・シュレーゲル（前者の兄。一七六七～一八四五。シェイクスピアの名訳者）氏の『演劇芸術と文学にかんする講義』にたいする詳細な批判〔ヴィーン年報、第七巻、九〇ページ以下〕のなかで展開している諸概念にも、私は同感するわけにはいかない。

ゾルガーはこの批評の九二ページでこう言っている、「真のイロニーの出発する観点は、人間がこの現在の世界に生きるかぎり、彼はその使命を、たとえどんなに高い意味の使命であろうと、ただこの世界のなかでのみ果たしうるという観点である。われわれがそれでもってもろもろの有限な目的を超出すると信ずるものはすべて、思いあがったからっぽのうぬぼれである。――どんな最高のものでも、われわれの行動にとってはただ境界のある有限な形態化においてのみ現存在する」。

これは、正しく解すればプラトン的であり、同書でそのまえに言及されたような、〔抽象的〕無限者のなかへはいりこもうとする空虚な志向に反対して、はなはだ真実を言っている。だが最高のものが、倫理的なものと同様に、――そして倫理的なものは本質上、現実および行為としてあるのだが、――境界のある有限な形態化においてあるということは、それが一つの有限な目的であるということとは、はなはだちがっている。形態化されたあり方、すなわち有限なものの形式は、内容すなわち倫理的なものから、それの実体性と、それがそれ自身のうちにもっている無限性とを、すこしも取り去りはしないのである。

ゾルガーはさらにこうも言っている、「それゆえにこそ、それ〔最高のもの〕は、われわれに即しては、最も些々《ささ》たるものと同じほど空無であり、われわれおよびわれわれの空無な感覚とともに必然的に没落する。というのは、真実にはそれはただ神のうちにのみ現存するからであるが、この没落のさいにそれは、ある神的なものとして光明に満たされる。この神的なものの、まさしくわれわれの現実性の消滅のうちに啓示される直接的な現在が存在しなかったならば、われわれはこの神的なものに関与しないことになろう。だが、もろもろの人間的な事件そのもののなかで直接にこのことがわかるところの気分は、悲劇的イロニーである」

イロニーという勝手な名前に問題があるのではないかもしれない。だが、われわれの空虚さとともに没落するものこそ最も高いものであり、われわれの現実性が消滅するさいにはじめて神的なものが啓示されるということ、この点にはなにか明らかでないものが存している。そのことはまた同書の九一ページにもつぎのように言っているのだが――

「われわれは、英雄たちが彼らのもろもろの意向と感情における最も高貴にして美しいものについて、たんに成果の点でばかりではなく、それらの意向と感情の源泉と価値の点でも思いあやまるのを見る。然り、われわれは最も善きもの自身の没落においておのれを高めるのである」

最高に倫理的な人物たちの悲劇的な没落がわれわれの関心〔といっても、いばりちらしたまったくの悪党と犯罪者どもの正当な没落は、たとえばある現代悲劇、『罪』（アドルフ・ミュルナー作。一八一六年刊）の主人公（ノルウェー人フーゴー。彼はスペイン人カルロスの妻エルヴィラを恋し、カルロスを殺して結婚したのち、カルロスが実は自分の弟とわかって、その罪のゆえに夫婦とも自殺した）がその一人であるが、それはなるほど犯罪法学上の関心事とはなるけれども、ここで論じている真の芸術にとってはなんら関心事とはならない〕をひき起こし、われわれを高め、われわれをそのこと自身と和解させることができるのは、そのような人物どうしがおたがいに同等に正当で異なった倫理的権能をもって登場するばあいだけである。彼らの倫理的権能は不幸にも衝突におちいったので、この両者の対立によって彼らは、ある倫理的なものにたいして罪があることになり、そのことから両者の正と不正が明らかになる。またしたがって真の倫理的理念が浄化され、この一面性にたいして勝利を占めつつ、それゆえ、われわれのなかで和解されて現われてくる。そのかぎりにおいてのみ彼らの悲劇的没落はわれわれの関心をひき起こすのである。したがって、われわれのなかにある最も高いものが、没落する当のものなのではない。われわれは最も善いものの没落においてではなくて、反対に真なるものの勝利においてこそ、おのれを高めるのである。そしてこれこそは古代悲劇の真実の純倫理的な関心事である〔ロマン主義の悲劇においてはこの規定がなおもっとさきの変容をこうむるが〕。これらの点は、私は『精神現象学』〔四〇四ページ以下。なお六八三ページ以下（「倫理的行為。人知と神知、罪と運命」の項と、「精神的芸術作品」の二の「悲劇」のところ）参照〕のなかで詳しく述べておいた。

だが、そのような衝突の不幸とこの不幸にとらわれた個人たちの没落をともなわない倫理的理念が、倫理的世界のなかで現実的かつ現在的に存在する。そして、この最も高いものはそれの現実性においてなにかある空無的なものとしてあらわされはしない。このことこそ実在的な倫理的現存在たる国家が目的とし、かつ成就するところのものであり、倫理的自己意識がそれ（国家）において有し、直観し、知るところのものであり、そして思惟する認識が概念において把握するところのものである。

（1）三一ページ原注〔1〕参照。

（2）ブレーズ・パスカル（一六二三〜六二）はカトリックの最も禁欲的なジャンセニズム（ヤンセンを祖とする極端なアウグスティヌス主義の神学思想）に帰依し、その本拠ポール・ロワヤル修道院に身を寄せたが、反対側に立つ世俗的キリスト教の代表イエズス会（イグナチウス・ロヨラが一五三四年に設立した修道会）からジャンセニズムが攻撃されたのにたいして一六五六〜五七年までに匿名の公開状『目下ソルボンヌで論議されていることがらについて、ある田舎の住人に、友達の一人が書き送った手紙』を書き、恩寵論、道徳論を展開した。「第四の手紙」は一六五六年二月二十五日と記してある。

（3）grâce efficace――ふつうカトリックで「助力《じょりき》の恩寵」と訳される。「十分なる恩寵」（grâce suffisante）は「現実の恩寵」（grâce actuelle）ともいわれる。これらについての論争を、パスカルが『プロヴァンシアル。第二の手紙』に要約しているのによると、「ジェズイットの言い分は、万人にひとしく与えられている神の恩寵があって、これは人間の自由意志しだいで（善行成就に）有効にも無効にもなる、これでもう、そのうえ神のどんな助力も必要がないのであって、神は有効にふるまわれてなんら欠くるところがない、というのです。それゆえ彼らはこれを十分なる恩寵と呼ぶのです。事を行なうのにこの恩寵だけで十分だからです。ところが一方、ジャンセニストの言い分は、現に十分でありながら有効でない恩寵などはありえない、つまり、意志を促して実際に行動させないような恩寵は、事を行なうための十分な恩寵とはいえない、というのです。なぜなら、彼らによれば、人は有効なる恩寵なしには何事もなしうるためしはないからです。……新トミストたちの教説では……有効なる恩寵はだれにでも与えられているわけではない、というのです」(人文書院版邦訳『パスカル全集』第二巻七九ページ参照)。ヘーゲルの趣意は、もし恩寵つまり神の力、すなわち客観的なものが、ある人びとにだけ与えられ、他の人びとには与えられていないとすれば、神の力つまり客観的なものと、人間の自由つまり主体的なものとが、まるでただ偶然的にしか関係しないかのように取り扱われることになるという点である。

(4) 追加を参照。ジェスイットの道徳論の基礎。パスカル『プロヴァンシアル。第五の手紙』にくわしい。ヘーゲルもおもにこれに拠っているが、G・H・ジョイスによると、パスカルの解釈はカリカチュアであって真の解釈ではなく、「蓋然」は数学的蓋然ではなくて、「重要な理由に支えられたきわめて可能的な真」という意味である由。

(5) この「d」はカント学説そのものではなくて、直観哲学によるその歪曲にたいする批判と解される。

(6) ガンス版では§一一一としている。ノックスは§一二〇がもっとよかろうと注している。

(7) 当時ドイツに愛国的な学生団体、ドイツ・ブルシェンシャフトが結成され、自己の内心の確信さえあればいかなることをしてもさしつかえないという思想さえ生ずるにいたった。この団体に属するザントという学生が、一八一九年、ロシアのスパイではないかと疑われていた著名な詩人コッツェブーを殺害する事件が起こる。事件の衝撃は大きく、純粋な愛国の至情より発した行為がふつうの意味での殺人といえるかどうかという問題がさかんに論ぜられた。『法の哲学』の執筆にはそういう時代背景がある。

(8) ノックス注によると、本書のイタリア訳（一九一三年）の訳者メッシーは、これを一七世紀前半に出てヘーゲルの時代も行なわれていた、ジェスイット道徳論の書、ブーゼンバウム『道徳神学精髄』の、「目的が許されるなら、手段もまた許される」という言葉から取ったらしいと注している。

(9) ヘーゲル『覚え書』は、ここに「哲学的な形式」と記している。

(10) 三四ページ注(16)参照。

(11) ヘーゲル『覚え書』は、ここに「原則」と書き入れている。

(12) とてつもなく大きなうぬぼれと見えても、それは当の原理そのものによって、小さな主観的信念でしかないのだから、巨大でもなんでもなく、かたづけられ、消えてしまっている、という意味。

(13) たとえばプラトンの『国家』(337 a) 以下のトラシュマコスを相手にしたソクラテスの正義問答。ソクラテスのイロニーについてくわしくはヘーゲル『哲学史』(岩波版邦訳、中巻の一、六七〜七一ページ) 参照。

(14) 弁証法はもと、対話・問答の技術（ディアレクティケー・テクネー）から来た言葉だからこう言った。プラトンのイデアは不変不動の永遠の真実在だから、ヘーゲル的意味での弁証法的運動発展の外にあり、プラトン弁証法は真理のほうへみちびく方法でしかなく、イデアが認識され観想されると、このなかへ沈め入れられてしまう。

(15) ( ) のなかはホフマイスター版による。河出版邦訳では三七二ページ以下。

(16) シラーがカントの道徳的義務論の厳粛説に反対して〈三三〇ページ注（2）参照〉義務とこころの傾くところとの調和した状態としてとなえたもの。ノヴァーリスなども用いた言葉で、ヘルンフート派ないしモラヴィア派〈一七二ページ注（2）参照〉の養った精神生活のタイプがその一例だとノックスは注している。

(17) モリエール（一六二二～七三）の喜劇『タルテュフ』（一六六四年）の主人公。

(18) 決疑法（**Kasuistik**）とは宗教改革後のカトリックで良心上の疑問解決のために、いろいろの可能な出来事に適用できる、神の与えた道徳的規則を、ひどくこまかく例解的に作成して、個々のばあいにカトリックの道徳的神学を適用する法。

(19) ［ ］のなかはラッソンによる補正。

道徳から倫理への移行

§一四一

善は自由の実体をなす普遍的なもの、しかしまだ抽象的なものであるから、したがって善にとっては、総じてもろもろの規定とこれらの規定の原理とが、しかしこの原理は善と同一的なものとして、要請されている。それはちょうど、規定するはたらきのたんに抽象的な原理たる良心にとっても、それのもろもろの規定の普遍性と客観性が要請されているのと同じことである。この両者、善と良心は、どちらもそれだけで全体性にまで高められると、無規定なものとなる。この無規定なものはとうぜん、規定されるべきである。

だが、これら二つの相対的な全体性を絶対的な同一性にまで統合することはもう即自的には成就されている。というのは、自己自身にたいする純粋な確信という主観性、自分だけで自分の空虚さのうちに舞いあがってすがたを消すこの純粋な自己確信の主観性こそ、まさに善の抽象的な普遍性と同一だからである。——したがって善と主観的意志との具体的な同一性、すなわち両者の真理が、倫理である。

概念のそのような移行にかんするもっとくわしいことは論理学のなかで理解できるようになる。ここではただつぎのことだけ言っておこう。すなわち、(一) 制限された有限なもの——それはここでは、抽象的な、ただあるべきでしかない善と、同様に抽象的な、ただ善であるべきでしかない主観性とであるが、——の本性は、それらのもの自身にそれらのものの反対物をもっている。つまり、その(抽象的な) 善は即自的にそれの現実性をもっており、そしてその(抽象的な) 主観性は〔すなわち倫理的なものの現実性の契機は〕即自的に善をもっている。(二) しかしそのような主観性と善とは一面的なものだから、まだ、それらが即自的にそうであるところのそのものとして定立されてはいない。（三）そのような善と主観性は、この定立されるということを、両者の否定性のなかで達成する。すなわち、（イ）両者はどちらも、即自的には両者において有るところのものを両者においてもっていないとされる。つまり善は主観性と規定をもたず、規定するほうのものたる主観性は即自的に有るものをもたないとされる。（ロ）このような一面的な仕方で両者がそれぞれ自分だけで全体性として制定されると、両者はどちらもたちまち揚棄され、そのことによって両者（善と主観性）は契機――概念の両契機にまでおとされる。このような否定性のなかで両者は定立されることになるのである。（四）この概念は両者の一体性であることが明白になる。そしてこの概念はまさしくこのようにおのれの両契機が定立されていることによって実在性を得たわけである。したがってこの概念はいまや理念として有る。それは概念が、おのれの両規定（両契機）を実在性にまで仕上げたところの、そして同時に両者の同一性のなかで両者の即自的に有る本質としてあるところの、あり方である。

　自由の現存在は、（一）直接的には権利としてあったが、（二）自己意識の折れ返りとしての反省のなかでは善として規定されている。（三）第三のものは、それの移行中のここでは、右に述べた（どちらも抽象的な）善と主観性との真理であるから、したがって同じくこの主観性と権利ないし正との真理でもある。

倫理的なものは主体的な心がけである、だが、即自的に有る権利ないし正の主体的な心がけである。——この理念が、自由の概念の真理であるということは、なにか前提されたものであるわけはなく、感情とかそのほかどこかから取って来られたものであるわけはない。そのこと（倫理的なものという理念が自由の概念の真理であるということ）は——哲学においては——一つの証明されたものでしかありえない。そしてそのことのこうした演繹《えんえき》はもっぱらただ、権利と道徳的自己意識とが両者の成果としてのそのことのなかへ帰ってゆくものであることを、両者自身においてみずから証示するということのうちにふくまれている。

哲学においては証明し演繹することを免れていることができると信じる連中は、哲学が何であるかということの最初の思想からもまだ遠くはなれているのであって、ほかのところでは論じてもよかろうけれども哲学においては、概念なしに論じようとする者は口をはさむ権利がないのである。

追加

〔権利ないし法と道徳との一面性〕　これまでわれわれが考察してきた二つの原理は、抽象的な善も良心もともに、それに対置されたものを欠いている。抽象的な善は揮発して一つのすっかり無力なものとなり、そのなかへ私はどんな内容をでももちこむことができる。また精神の主観性（良心）も、それには客観的意志が欠けている以上、抽象的な善におとらず無内容となる。

それだからこそ、人間が空虚性と否定性の苦しみだけでも免れるために、いっそ奴隷と同じくまったくの依存状態にまで身をおとすことになるような、客観性へのあこがれが生じかねないのである。ちかごろ、たくさんのプロテスタントたちがカトリック教会に移ってしまったのは、自分の内奥が無内容であることをみとめて、なにか確固たるもの、支え、権威をつかもうとしたがゆえに、そうなったのである。——たとい彼らの得たものは、べつだん、思想の堅固さではなかったにしても。

主観的な善と、客観的な即自かつ対自的に有る善との、一体性が倫理であって、このなかで、概念からいえばもう和解は行なわれている。というのは、道徳が総じて主観性の面からいっての意志の形式であるとすれば、倫理は、たんに意志の主観的形式と自己規定であるばかりではなく、それ〔倫理〕の概念を、すなわち自由を内容としているということであるからだ。

権利的ないし法的なものと道徳的なものとは、どちらも自分だけで現存するわけにはいかないのであって、倫理的なものを担い手とし基礎としていなければならない。というのは、法には主観性の契機が欠けており、道徳は道徳でまたこの契機をもっぱら自分だけでもっており、そこで両契機はどちらも自分だけではなんら現実性をもたないからである。

無限なもの、理念だけが、現実的である。権利ないし法はただ、一つの全体の分枝としてのみ、一つの即自かつ対自的に確固たる樹に蔓《つる》でからみつく植物としてのみ、現存在する。

中公
クラシックス
W12

法《ほう》の哲学《てつがく》 I
ヘーゲル

2001年11月10日初版
2021年5月25日6版

訳　者　藤野　渉
　　　　赤沢正敏

発行者　松田陽三

印刷　凸版印刷
製本　凸版印刷
DTP　平面惑星

発行所　中央公論新社
〒100-8152
東京都千代田区大手町 1-7-1
電話　販売 03-5299-1730
　　　編集 03-5299-1740
URL http://www.chuko.co.jp/

訳者紹介

藤野 渉（ふじの・わたり）
1912年（明治45年）熊本県生まれ。
京都大学文学部卒業。名古屋大学名誉教授。著書に『史的唯物論と倫理学』『哲学とモラル』、訳書にマルクス『経済学・哲学手稿』ほか。1983年（昭和58年）逝去。

赤沢正敏（あかざわ・まさとし）
1922年（大正11年）広島県生まれ。
東京大学大学院修了。愛知教育大学教授。訳書に、ユージン・カメンカ『マルクス主義の倫理学的基礎』（藤野渉との共訳）ほか。1970年（昭和45年）逝去。

Published by CHUOKORON-SHINSHA, INC.
Printed in Japan　ISBN978-4-12-160018-9　C1210

■「終焉」からの始まり

――『中公クラシックス』刊行にあたって

二十一世紀は、いくつかのめざましい「終焉」とともに始まった。工業化が国家の最大の標語であった時代が終わり、イデオロギーの対立が人びとの考えかたを枠づけていた世紀が去った。歴史の「進歩」を謳歌し、「近代」を人類史のなかで特権的な地位に置いてきた思想風潮が、過去のものとなった。

人びとの思考は百年の呪縛から解放されたが、そのあとに得たものは必ずしも自由ではなかった。固定観念の崩壊のあとには価値観の動揺が広がり、ものごとの意味を考えようとする気力に衰えがめだつ。おりから社会は爆発的な情報の氾濫に洗われ、人びとは視野を拡散させ、その日暮らしの狂騒に追われている。株価から醜聞の報道まで、刺戟的だが移ろいやすい「情報」に埋没している。応接に疲れた現代人はそれらを脈絡づけ、体系化をめざす「知識」の作業を怠りがちになろうとしている。

だが皮肉なことに、ものごとの意味づけと新しい価値観の構築が、今ほど強く人類に迫られている時代も稀だといえる。自由と平等の関係、愛と家族の姿、教育や職業の理想、科学技術のひき起こす倫理の問題など、文明の森羅万象が歴史的な考えなおしを要求している。今をどう生きるかを知るために、あらためて問題を脈絡づけ、思考の透視図を手づくりにすることが焦眉の急なのである。

ふり返ればすべての古典は混迷の時代に、それぞれの時代の価値観の考えなおしとして創造された。それは現代人に思索の模範を授けるだけでなく、かつて同様の混迷に苦しみ、それに耐えた強靭な心の先例として勇気を与えるだろう。そして幸い進歩思想の傲慢さを捨てた現代人は、すべての古典に寛く開かれた感受性を用意しているはずなのである。

（二〇〇一年四月）